Le Grand Mystère De Jésus

Théodore Hersart La Villemarqué

LE GRAND
MYSTÈRE DE JÉSUS

PASSION ET RESURRECTION

Drame Breton du Moyen Age

AVEC UNE ÉTUDE SUR LE THÉATRE

CHEZ LES NATIONS CELTIQUES

PAR LE VICOMTE

HERSART DE LA VILLEMARQUÉ

Membre de l'Institut
Académie des Inscriptions et Belles-Lettres

DEUXIÈME ÉDITION

PARIS

Librairie Académique

DIDIER ET Cie, LIBRAIRES-ÉDITEURS

35, QUAI DES AUGUSTINS.

Champion
7250
Folk-lore
8-8-1922
gen.

LE
GRAND MYSTÈRE
DE
JÉSUS

D'après la gravure d'Urse Graff : Passionis Christi, 1507.

PILATE.

Si en le condamnant, je fais mal, je m'en lave les mains
à cette heure, sans reproche ni souci, en ce qui le
regarde.

SCÈNE X, 1re *partie* (p. 119).

LE GRAND
MYSTÈRE DE JÉSUS

PASSION ET RESURRECTION

Drame Breton du Moyen Age

AVEC UNE ÉTUDE SUR LE THÉATRE

CHEZ LES NATIONS CELTIQUES

PAR LE VICOMTE

HERSART DE LA VILLEMARQUÉ

Membre de l'Institut

(Académie des Inscriptions et Belles-Lettres)

DEUXIÈME ÉDITION

PARIS

Librairie Académique

DIDIER ET Cᵉ, LIBRAIRES-ÉDITEURS

35, QUAI DES AUGUSTINS.

1866

Paris. — Imprimé chez Bonaventure, Ducessois et Cᵉ,
55, quai des Grands-Augustins.

PREFACE

C E livre complète mes études **sur** la poésie des races celtiques.

Dans le *Barȝaȝ Breiȝ* (Chants populaires de la Bretagne) et les *Bardes bretons,* j'ai voulu donner une idée de leur génie poétique, sous sa double forme, agreste et travaillée;

Dans *les Romans de la Table Ronde* et les *Contes des Anciens Bretons,* puis dans *Myrdhinn ou l'Enchanteur Merlin,* j'ai essayé d'apprécier leur inspiration romanesque;

Dans la *Légende Celtique* et la *Poésie des Cloîtres*, j'ai esquissé le tableau de leur épopée religieuse;

Ici, j'aborde enfin leur littérature dramatique.

La difficulté d'en publier *in extenso* le monument ancien le plus considérable m'a longtemps arrêté.

Ce monument,—*Le Mystère de la Passion et de la Résurrection de Jésus-Christ,* vulgairement appelé le *Grand Mystère* ou *Miracle de Jésus* (en breton *Burzud braz Jezuz*) — n'est pas présentable tel qu'on l'a refondu au xviiie siècle; et tel qu'on le chante dans les campagnes bretonnes, aux veillées de la semaine sainte, il est incomplet.

J'avais aussi le regret de rencontrer des lacunes dans une édition gothique du même

Mystère, faite à Paris, en 1530, sous ce titre que je transcris en entier, avec ses abréviations :

Aman eʒ deʒrou an Passion ha goude an Resurrection

Gāt Tremēvan an ytron] Maria ha he Pemʒec leueneʒ

Hac en diueʒ eʒ edy Buheʒ mab den.

È Paris a neueʒ imprimet en bloaʒ mi! pemp cant ha tregont.

E Paris ho guerʒeur e ty Éoʒen Quilleure c quichen an Pont-Bihan en. assaing an † du en ru hāuet La Bucherie.

C'est-à-dire :

Ici commence la Passion et puis la Résurrection

Suivies du Trépas de Madame Marie et de ses quinʒe joies

Et enfin de la Vie de l'homme.

« Imprimé de nouveau à Paris, l'an 1530.

« Se vend à Paris chez Ives Quillévéré près du Petit-Pont, à l'enseigne de la *Croix noire,* dans la rue dite la Bucherie[1]. »

Quoique l'éditeur breton n'eût à sa disposition qu'une copie où il manquait plusieurs pages, et où plus d'un vers boitait, son texte est extrêmement précieux. Le Père Grégoire de Rostrenen, qui en a été propriétaire, l'a jugé de même.

Voici la note qu'il a écrite de sa main sur la garde du livre : « Tout cet ouvrage est disposé « en tragédie.

« J'ai eu bien de la peine à l'avoir, parce « qu'on ne voulait pas s'en défaire à aucun « prix.

---

[1] Bibliothèque impériale. Un vol. in-24 non paginé, marqué Y n° 6,183, relié en maroquin rouge, avec tranches dorées et gardes en papier doré orné d'arabesques. Les lacunes existent à la page 93 et à la page 105.

« Signé,

    « Fr. Grégoire de Rotrénen, *prêtre,*

« Capucin du diocèse de Quimper, 1730. »

Mais la réimpression de Quillévéré ne pouvait suffire pour remettre sur pied le poëme dramatique; un autre exemplaire était indispensable.

Je le cherchais depuis plusieurs années quand un hasard providentiel vint me servir à souhait.

Consultant le catalogue des imprimés de la Bibliothèque Impériale, mes yeux furent frappés par un titre breton fourvoyé, on ne sait comment, parmi les titres latins d'ouvrages de théologie. Ce titre était précisément celui de l'exemplaire gothique incomplet. Le nouvel éditeur, un certain Georges Allienne, de Morlaix, qui datait son édition de l'an 1622, ajoutait en un style *sui generis ,* dont plusieurs modernes ont conservé la tradition :

An oll corriget hac amantet gant Tanguy Gueguen, bœlec hag organist, natiff a Leon.

Ce qui signifie (mais est-il besoin de traduire ?)

« Le tout a été corrigé et amendé par Tan-
« guy Guéguen, prêtre et organiste, natif de
« Léon[1]. »

Heureusement les prétendues corrections et améliorations du prêtre organiste léonais étaient moins importantes que je ne le craignais, et tout se bornait à quelques légers rajeunissements de mots et d'orthographe.

Cette nouvelle édition m'offrit un texte complet ; il n'y manquait que quelques vers ou parties de vers déjà perdus ou mutilés dans l'édition de 1530.

En publiant moi-même celle-ci de nouveau,

---

[1] Un vol. in-32 marqué D portant le n° 6,397. Reliure en veau.

j'ai puisé.dans l'autre les pages qui en comblent les lacunes, ainsi que les variantes qui l'éclairent. Mon édition en est la reproduction exacte. Seulement, pour plus de clarté, j'ai cru devoir marquer par des chiffres et par des croix les divisions scéniques dont aucune n'existe dans les deux textes. J'ai de plus indiqué quelquefois par des points les lacunes; et j'ai mis entre crochets les mots ou moitiés de mots visiblement omis.

Quant à l'orthographe, je l'ai naturellement conservée telle quelle, malgré ses contradictions, ses incorrections, ses inconséquences de tout genre. Je n'ai d'ailleurs éprouvé d'embarras que pour la reproduction de deux lettres. Une barre placée, comme signe d'abréviation, au-dessus de l'*n* et des voyelles dans les manuscrits bretons et les imprimés gothiques, marque, on le sait, que cette *n* doit être soit

doublée [1], soit suppléée à la prononciation [2];
or, tantôt la barre existe et tantôt elle n'existe
pas dans le texte que j'ai suivi; son absence
est-elle un défaut de typographie? Le doute
m'a porté à écrire, conformément à l'imprimé,
tantôt par une seule *n,* tantôt par deux. Mais
on conçoit que j'ai toujours obéi aux signes
abréviatifs placés šur les voyelles, et transcrit
régulièrement les mots où je les ai trouvés.

La reproduction de l'u = v = w m'offrait
aussi quelque difficulté : pour en sortir, sans
employer soit le double u et le double v des
époques archaïques, soit le w des xie et xiie siècles restitué au breton dans le xviiie siècle par
le bénédictin Le Pelletier, je me suis généralement servi, comme Zeuss, du signe *v.*

------

[1] *Sic* ñ, V. G.; añ, *lege* ann.

[2] *Sic* ā, V. G.; gāt, *lege* gant; hāuet, *lege* hanvet; tremēuan,
lege tremenvan.

Mais c'est la traduction qui était la chose malaisée. Si j'y avais complétement réussi, je le devrais surtout aux lumières de mes devanciers les lexicographes bretons du xvᵉ siècle, Lagadeuc, Auffret et Jean Corre; à Dom Le Pelletier, par les mains duquel mon texte a passé, et à Le Gonidec qui a le premier interprété dans son ensemble un Mystère armoricain du moyen âge[1]. Leurs erreurs elles-mêmes ne m'ont pas été inutiles.

Pour les mots romans ou français, malheureusement trop nombreux, Ducange et les glossaires des xɪɪɪᵉ et xɪvᵉ siècles m'ont beaucoup aidé.

En m'efforçant de serrer mon original breton d'aussi près que possible, j'ai voulu cependant rester toujours français.

───

[1] Voir *Buhez Santez Nonn.* (Paris, Merlin, 1837.)

ᴃ.

Le désir d'être clair, qui m'a fait diviser le Mystère en scènes, m'a porté à joindre à ma traduction les indications scéniques les plus indispensables.

J'ai tâché de suppléer aux notes par une introduction étendue.

Si je n'ai pas cru devoir surcharger ce livre des trois petits poëmes sans valeur édités à la suite en 1530, et encore moins de la plate rédaction moderne du *Mystère de Jésus*, je n'ai pu me résigner à laisser se perdre les curieux fragments traditionnels du même Mystère, les *dialogues de la Passion*. Quoique également rajeunis de style, comme tous les ouvrages transmis oralement, ils sont très-anciens de fond, d'idées, et même quelquefois d'expressions et de rhythme. Ils offrent plusieurs mots ou tournures archaïques, et, malgré l'avis contraire d'un docte académicien, de mes confrères, suivant lequel le peuple breton ne chanterait « que ce qu'il comprend, » j'affirme que ces mots sont pour les chanteurs tout aussi inintelligibles qu'un grand nombre de ceux du texte gothique.

Les fragments populaires eussent-ils été moins vénérables, je les aurais publiés, à cause de la pureté du langage, bien supérieure à celle de l'édition gothique, et surtout à raison de leur valeur poétique et morale. Aucune des personnes qui ont goûté les chants de la Muse bretonne ne le regrettera, je l'espère.

Celle-ci m'a ouvert la voie il y a vingt-cinq ans; elle m'accompagnera jusqu'au bout.

Heureux si le nom qui rayonne au front de mon livre le protége!

LE THEATRE

CHEZ LES NATIONS CELTIQUES

PERSONNE n'ignore aujourd'hui, grâce aux investigations modernes, que le génie dramatique n'a pas plus fait défaut que les autres génies à la race celtique, et qu'il était d'usage chez elle de représenter, pour le plaisir ou l'édification publique, certaines actions mémorables.

Je me propose d'étudier ces jeux populaires dans les deux Bretagne. Si je n'embrasse pas dans mon cadre l'Irlande et l'Écosse, c'est que, à la différence de la Cambrie, de la Cornouaille et de l'Armorique, il ne nous reste pas de monument bien caractérisé du théâtre gaëlique. Il semble même que le génie des Gaëls, si étendu à d'autres égards, n'ait pas abordé ce genre littéraire, et ne se soit jamais fixé dans des drames proprement dits. Chose singulière ! le nom paraît manquer comme la chose à la branche celto-irlandaise, et l'un des savants les plus autorisés d'Irlande[1] y voit une centième preuve que ses ancêtres n'ont point subi le joug de Rome.

Pour avoir subi un pareil joug, les Bretons ou Kymris ne doivent pas plus aux Romains l'invention de leurs jeux scéniques que ne la leur ont due les Indous et les Chinois. Ils ne la tiennent pas davantage, comme le voudrait Ottfried Muller, de je ne sais quelle obscure tradition de l'antiquité; il y faut reconnaître un produit spontané. On l'a dit souvent : nous naissons avec un penchant naturel à l'imitation, nous aimons à entrer dans les situations, les sentiments, les passions d'autrui. Reproduire

---

[1] M. Whitley Stokes.

jusqu'aux attitudes, contrefaire jusqu'à la voix des hommes un peu singuliers est une de nos manies; les enfants surtout se plaisent à singer les grandes personnes; ils jouent au métier, au père ou à la mère, à l'empereur, au roi, au général; que l'âge vienne et que l'art s'en mêle, ce génie mimique naturel se condense en une action imitative qui devient le drame véritable.

I

LE THÉATRE GALLOIS.

On a la certitude de l'existence du théâtre et par conséquent des jeux dramatiques dans l'île de Bretagne aux premiers siècles de l'ère chrétienne. Les lieux où ils étaient représentés portaient le nom caractéristique de *guaremou* ; ils ont porté plus tard celui de *plan guaré* dans la Cornouaille anglaise, et y ont servi jusqu'au xviie siècle[1]. Je serais disposé à prendre aussi pour d'anciennes enceintes théâtrales quelques-uns des clos connus en Bretagne sous la dénomination de *gwaremou* ; c'est le nom que donnent les villageois au cirque célèbre de Locmariaker ; toutes étaient en plein air et de forme plus ou moins ronde[2].

Les pièces primitivement jouées sur le théâtre breton n'appartenaient pas, on le sent bien, aux genres élevés de la littérature dramatique; ce qu'on y jouait surtout c'était des pantomimes. Nous les trouvons en grande vogue dans la Cambrie méridionale dès le ve siècle. Elles faisaient partie des cérémonies religieuses de ses habitants encore païens et duraient plusieurs jours. Les acteurs paraissaient sous divers déguisements, même sous des peaux de bêtes ; on les voyait danser, sauter, pirouetter

---

[1] Le mot *guaremou* est traduit par *theatra* dans les Gloses d'Oxford (Notices des principaux manuscrits des anciens Bretons, p. 14). Zeuss (*Grammatica Celtica*, p. 1,083) a mal lu et inexactement écrit *guaroimaou,* qui est du reste le pluriel exact, le mot étant formé de *guaroi* (=*guarai*=*guare*=*guarae*=*c'hoari*) et de *ma,* place, pl. *maou.*

[2] Borlase, *Antiquities of Cornwall,* 2e éd., p. 207. Cf. M. Edwyn Norris, *the ancient Cornish drama,* t. II, p. 454.

en chantant, et parfois pousser l'enthousiasme jusqu'à un tel degré de fureur qu'ils tombaient morts sur place[1].

Des pantomimes à peu près semblables existaient en même temps en Gaule. Ausone nous y montre Erato dansant « des pieds, du corps, et même du visage [2]. »

Au commencement du moyen âge, ces représentations tournèrent en Cambrie à la fantasmagorie, sans perdre leur caractère mimique, et contribuèrent de la sorte aux divertissements des cours. Les chefs gallois les employaient comme le moyen le plus certain de réjouir leurs peuples. Après une victoire fameuse remportée en l'année 1135 par Griffith Rys qui chassa l'étranger et rendit leurs biens à ses sujets, le prince cambrien donna une fête comme on n'en avait pas vu, disait-on, depuis le roi Arthur. A cette fête il y eut non-seulement des joutes poétiques et musicales entre les bardes du pays, des assauts de vaillance et d'adresse entre les chevaliers, des

---

[1] Bollandus, 1 Maii (Vita S. Brioci, p. 93.)
. . .Saltat pede, corpore, vultu.

disputes ingénieuses entre les savants, mais encore des représentations de toutes sortes, des jeux féeriques et jusqu'à des mascarades [1].

Le clergé cambrien lui-même appela les mimes à son aide dans les grandes solennités chrétiennes. Un évêque gallois illustre, Giraud de · Barry, qui avait visité l'Angleterre, la France et l'Italie, et devait être moins porté que tout autre à s'étonner, trouva néanmoins aux spectacles de ses compatriotes certains caractères d'originalité remarquables.

Comme il parcourait le midi du pays de Galles avec l'archevêque Baudoin pour y prêcher la troisième croisade, il arriva, le premier jour du mois d'août de l'année 1188, dans une bourgade où des milliers de personnes se trouvaient rassemblées autour d'une église. Cette

---

[1] Gwedi adynnill ei diroedd fe wnaeth Gruffydd ab Rhys wledd anrhydeddus yn Ystrad Tywi; lle y gwahoddes efe attaw bawb a ddeuant yn heddwch o Wyned, a Phowys, a Deheubarth, a Morganwg, a'r Mers, a pharottoi... pob ymryson doethineb, a phob ddidanwchd kerdd arwest a kerdd dannau a chroesawi prydyddion, a cherdorion, a chynnal pob chwareuon hud a lledrith, a phob arddangos. (Brut y Tywysogion, *Myrvyrian Archailogy* of Wa les, t. II, p. 558.)

bourgade était Aberhodni (aujourd'hui Aber-hondhu, près Breccon).

« On y célébrait, dit-il, la fête de sainte Almédha ; tous les ans, des pèlerins sans nombre s'y rendent des points les plus éloignés du pays. Plusieurs de ces pèlerins sont malades et y recouvrent la santé, grâce à l'intercession de la sainte. Certaines cérémonies de la fête me frappèrent par leur singularité : des jeunes hommes et des jeunes filles, se prenant la main, se mirent à danser dans l'église, puis, poursuivant leurs danses au dehors dans le cimetière et alentour, ils y déroulèrent une farandole immense qu'ils animaient de leurs chansons. Mais voilà tout à coup que la chaîne se brise, les chants cessent, les danseurs se prosternent la face contre terre, et y demeurent immobiles et comme en extase. Ce n'était toutefois qu'une feinte, chacun ne tarda pas à se relever ; la chaîne se reforma, et danseurs de repartir avec un entrain tout nouveau. Quand la danse cessa, ils commencèrent à représenter, tant des pieds que des mains, devant le peuple, divers métiers auxquels il est défendu de se livrer sérieusement les jours fériés [1] : l'un se mit à conduire une charrue, l'autre excitait les bœufs de l'aiguillon, et les deux laboureurs, comme pour charmer leur travail, entonnaient leur chanson rustique accoutumée. Celui-ci imita le cordonnier, celui-là le corroyeur; une femme, tenant une quenouille et un fuseau, fila; une seconde s'empara du fil ainsi obtenu afin de l'employer; une troisième en fit un tissu.

« Le spectacle fini, les acteurs furent ramenés à l'église, où ils déposèrent sur l'autel le produit des largesses des spectateurs, et ce fut merveille de les voir comme s'éveiller au pied de cet autel et revenir à eux-mêmes. »

Tels étaient les trois actes ou les trois tableaux de cette singulière pantomime religieuse; elle se jouait (le fait est curieux) aux lieux mêmes et par ceux du clan qui devait produire un jour la grande tragédienne Siddons. Fut-elle

---

[1] Opera quæcumque festis diebus illicite perpetrare consueverant, tam manibus quam pedibus, coram populo representantes. (GIRALDUS CAMBRENSIS, *Itinerarium Cambriæ*, éd. de Camden, p. 823.)

jouée jusqu'à son temps? Par les enfants
peut-être; ce sont d'étranges conservateurs.
A l'origine, elle rappelait les représentations
hiératiques de l'ancien théâtre grec : un but moral, un sens mystérieux et symbolique qui n'é-
chappait pas aux initiés, les attiraient au spectacle dont la fête de sainte Almédha, ou d'autres
fêtes patronales, étaient l'occasion : c'est l'é-
vêque gallois qui l'affirme. Il termine son récit
par ces paroles remarquables : « Il est constant
que plusieurs des pèlerins venus à la fête s'en
retournent chez eux corrigés et améliorés par
suite de ce qu'ils ont vu et de ce qu'ils ont senti
aux représentations pieuses dont j'ai parlé :
ainsi le permet la miséricorde de Dieu, plus
porté à se réjouir de la conversion des pécheurs que de leur damnation [1]. »

Dans d'autres pièces purement profanes, les
personnages, au lieu d'être muets et de se livrer
à des danses et à des pantomimes ou tout au
plus à des chants alternés et dialogués, repré-

---

[1] Sic itaque, divina miseratione quæ peccantium conversione
magis gaudet quam eversione, multos ultionem (actionem?) hu-
jusmodi tam videndo quam sentiendo, festis de cætero feriando
diebus corrigi constat et emendari. (*Idem, ibidem.*)

sentaient de véritables Moralités. La descrip-
tion que fait un écrivain de la fin du xiie siècle
des jeux dramatiques en usage à la cour des
chefs gallois de son temps conviendrait très-
bien aux pièces qu'on destinait ailleurs à montrer en action un précepte moral.

« Les compositions théâtrales connues,
dit-il, sous les noms divers de poëmes, ar-
guments, jeux féeriques, mascarades, et représentés par des personnages ayant des
caractères, des états, des costumes différents
de ceux qui leur appartiennent en propre,
ont pour but d'établir, par la discussion,
certaines vérités morales, comme l'honneur
et la récompense dus à la vertu, la honte
et la punition réservées au vice; ou bien de
mettre en relief ces maximes par des exemples qui montrent le malheur des méchants
et le bonheur des gens de bien. Si l'on veut
réussir dans ces sortes d'ouvrages, il faut
que le précepte en discussion ou l'action représentée apparaisse en pleine lumière, de
telle sorte que les spectateurs, depuis le plus
intelligent jusqu'au plus stupide, voient les

choses dans leur vrai jour, et avouent que l'art, sous le masque, a atteint son but, je veux dire la vérité [1]. »

Pour réussir, quoi qu'en dît l'auteur, il fallait sans doute autre chose, et le Boileau de cette poétique était peu familier avec Aristote et Horace. Mais n'est-il pas intéressant de le voir trouver dans son cœur certaines règles éternelles du drame?

A en juger par quelques poëmes dialogués antérieurs au XIIe siècle, où M. Stephens a vu avec raison des scènes d'anciennes pièces perdues, les personnages les plus en vogue sur le théâtre des cours galloises étaient précisément ceux de la légende nationale. Le roi Arthur y préside à des joutes auxquelles prennent part les chevaliers de la Table-Ronde : dans l'une d'elles, vingt-huit de ses compagnons sont vaincus par Tristan, qu'on ne peut reconnaître sous le masque dont il a la figure couverte : le chevalier va se retirer quand un vingt-neuvième champion s'avance. Le nouveau venu est sans

---

[1] *Iolo* Mss. Ap. Stephens, *Literatur of the Kymri*, p. 92.

armes, son éloquence vaut un glaive, c'est
le neveu du roi lui-même, c'est le héros à
la bouche d'or, c'est Gwalhmaï, le Gauvain
des romans français de la Table-Ronde. Quoiqu'il devine bien à qui il a affaire, il demande poliment son nom à Tristan. Tristan
se nomme; Gwalhmaï alors lui rappelle leur
vieille confraternité d'armes, et les deux amis
se jettent dans les bras l'un de l'autre. Mais
à la vue d'Arthur et de sa suite qui s'ap-
prochent pour reconnaître le mystérieux vainqueur de ses vingt-huit chevaliers, Tristan « se
gonfle comme la mer aux flots tumultueux, »
il veut se battre contre Arthur lui-même, il ne
craint pas Arthur, dit-il, il le brave en neuf
cents combats; tant qu'il aura son épée sur sa
cuisse et sa main droite pour le défendre, il ne
redoutera personne. Gwalhmaï essaye de le
calmer : « Combattre Arthur, ton ami, ton
parent! » Tristan réfléchit un peu par considé-
ration pour son compagnon d'armes; celui-ci
le presse davantage: « Les chênes, si élevés
qu'ils soient, se laissent mouiller par l'ondée;
voyons, viens baiser ton parent. »

« —Que l'ondée mouille donc le sillon! » répond modestement Tristan, « j'irai où tu voudras. »

Et suivant Gwalhmaï, dit la rubrique, il vient trouver Arthur.

Son ami le présentant au roi :

« Arthur, l'ondée mouille toutes les têtes; réjouis-toi, voici Tristan. »

Le roi répond :

« Oui Gwalhmaï, l'ondée mouille même les toits les plus élevés; sois le bienvenu, Tristan, mon neveu.

« Cher Tristan, noble chef de guerre, aime ta race, souviens-toi du passé et de moi-même, le père de la patrie.

« Tristan, roi des batailles, sois honoré comme le plus digne, et honore-moi comme ton souverain; qu'il n'y ait plus de froideur entre deux amis.

« — Arthur, je t'entends, je me soumets à toi, et je suis à tes ordres [1]. »

----

[1]   TRISTAN
          Gorwlychyt cafot cant rhych!

La moralité de ce petit drame chevaleresque saute aux yeux, et il n'était pas nécessaire que l'auteur reproduisît tant de fois, non sans l'affaiblir, l'image par laquelle il peint l'éloquence victorieuse des natures les plus hautaines.

On voit qu'Arthur était le *Deus ex machina* du drame comme du roman gallois, et tout ce qu'un cadre comme sa cour offrait de favorable aux inventions théâtrales. Évidemment, aucun des autres personnages marquants de son entourage n'était négligé. A côté de Tristan, pouvait-on oublier Pérédur, le bassin magique et la lance sanglante? Pouvait-on surtout

---

Mynneu af ir le mynych.
(Ac yno daeth Trystan gyda Gwalchmai at Arthur.)

GWALCHMAI.

Arthur, attebion cymmen,
Gorwlychyt cafot cant penn :
Llyma Tristan, bydd lawen !

ARTHUR.

Gwalchmai, attebion difai,
Gorwlychyt cafod cant tai.
Croesaw wrth Tristan, fy nai......

TRISTAN.

Arthur, o honot y pwillaf,
Ac iti ben y cyfarchaf,
Ac a fynnach mi ai gwnaf

Myvyr Arch., t. I, p. 178.

oublier Myrdhinn et Viviane? la merveilleuse
histoire de l'enchanteur et de la fée, ses ruses,
ses sortiléges, sa magie, ses métamorphoses
n'offraient-elles pas un thème à souhait aux
jeux féeriques et aux mascarades? Quant à la
moralité proprement dite, si elle ressortait assez peu des aventures amoureuses du héros,
elle éclatait du moins dans son dévouement à
son pays et à son roi. Le personnage comique
lui-même, le Momus, le Loki nécessaire pour
égayer un peu la scène, ne manquait pas là; le
majordome du roi, toujours gouailleur et toujours berné, offrait un *gracioso* parfait[1].

Hors des cours, dans les monastères et sur
les théâtres ecclésiastiques, c'étaient Dieu, la
Vierge et les saints qu'on jouait à la place des
anciens héros. Les poëmes des bardes du
moyen âge sont remplis d'allusions à des pièces
qui ont dû ressembler beaucoup aux vieux
Mystères latins, français, allemands et anglais,

[1] Sur ces divers éléments dramatiques, on peut consulter les
Mabinogion, traduits par lady Ch. Guest, et, s'il m'est permis de
renvoyer à un de mes livres, les *Romans de la Table-Ronde,*
4ᵉ édition.

par l'intention pieuse et la qualité des personnages. Une des dernières et des plus curieuses,
composée de 1450 à 1480, va jusqu'à mettre le
diable en jeu : au dénoûment, on voit Satan
pris et enchaîné, après une foule de traits de
sa façon commis au préjudice des habitants
de Monmouth; pas plus qu'à l'archange Michel, son premier vainqueur, il ne peut résister à la puissance d'un saint du pays [1].

L'esprit national, si vivace en Galles à toutes
les époques, se donnait ainsi carrière sur la
scène populaire jusque dans des combats fic-
tifs contre l'ennemi du genre humain.

Malheureusement il nous est impossible de
juger des Mystères gallois : on sait qu'Henri VIII
les défendit comme trop favorables au culte
catholique, et fit brûler la plupart des recueils
qui les contenaient : ceux qui ont pu échapper
au feu sont aujourd'hui tenus secrets par je ne
sais quel puritanisme assez hors de saison.
Mais une littérature voisine, moins persécutée,
peut-être pour avoir été moins longtemps hos-

---

[1] Stephens, *loco cit.*, p. 90 et 91.

tile à l'Angleterre, supplée la lacune regrettable de celle des Gallois; je veux parler de la littérature cornique.

.

II

LE THÉÂTRE CORNIQUE.

C'est aussi par des pantomimes que débute le drame en Cornouaille; on y mit en scène, comme en Galles, d'anciens types nationaux chers au peuple.

Quand on visite Londres, on voit à l'entrée du palais du lord-maire, à Guild-Hall, deux géants de granit. Ils ont chacun quinze pieds de haut, le front couronné de lauriers, de longues barbes, des ceintures pendantes, des cottes de mailles, des sandales, une épée au côté, une lance à la main et le regard très-farouche : on les prendrait pour deux frères,

b.

si l'un ne portait, comme un chasseur, un arc et un carquois jetés sur les épaules, tandis que l'autre s'appuie, comme un roi, sur un bouclier blasonné que couronne un aigle aux ailes étendues.

Celui-ci fut roi, en effet, selon la légende, et même le premier roi de Cornouaille; son compagnon appartenait à cette race de géants chasseurs dont il avait purgé l'île de Bretagne. De la tradition légendaire, tous deux passèrent sur le théâtre cornique, auquel l'ancien théâtre anglais les emprunta pour les faire figurer dans les grandes cérémonies publiques. On les vit notamment paraître à l'entrée de Philippe II et de Marie Tudor à Londres, et au couronnement d'Élisabeth. En les prenant sous sa protection, ou plutôt en se mettant sous la leur, le peuple de la Cité voulut sans doute consacrer un antique souvenir national qui avait pour lui sa valeur[1].

Voici le souvenir tel qu'il se montre à tra-

---

[1] W. Hone, *Ancient Mysteries described, especially the english miracle Plays, extant among the unpublished manuscripts in the british Museum.* — *The Giants of Gildhall*, p. 262.

vers le prisme de l'imagination cornique et armoricaine dès le milieu du xie siècle.

Trois frères, chefs futurs des trois branches celtiques de Bretagne, de Cornouaille et d'Écosse, célébraient pas des jeux leur arrivée d'Orient dans l'île d'Albion. Surviennent vingt géants qui veulent les chasser : la fête est interrompue, les épées se croisent, un combat furieux s'engage ; dix-neuf des géants mesurent la terre de cadavres longs de douze coudées. Le dernier qui restait debout était d'une force si prodigieuse qu'il arrachait un chêne comme un simple arbrisseau.

« Celui-ci, dit l'aîné des trois frères, nous l'enchaînerons, et puisque notre fête a été troublée par les siens, nous en donnerons une nouvelle dans laquelle il aura son rôle. »

Et s'adressant à son plus jeune frère, le futur chef des Cornouaillais, qui n'avait pas de rival dans le monde comme lutteur :

« Veux-tu, pour notre amusement, entrer en lice demain avec lui ?

« —Soit, répondit le frère cadet. »

Et le lendemain tous les guerriers étaient

réunis en cercle pour assister à la lutte entre le jeune roi et le géant. Elle fut longue et acharnée. Le géant eut d'abord l'avantage ; il enfonça trois côtes à son adversaire, une à droite et deux à gauche ; mais le roi reprit le dessus, et voulant donner au géant une leçon dont on se souviendrait encore dans trois mille ans, il le chargea sur ses épaules et l'emporta au sommet d'un promontoire d'où il le précipita dans la mer[1].

Les deux champions semblent s'être appelés, l'un *Gorinur*, c'est-à-dire le *lutteur*[2] ; l'autre *Caur-magauc* ou le *géant replet*[3], noms bretons que Geoffroi de Monmouth, sous une influence à la fois classique et biblique, a changés en *Corineus* et en *Goëmagog*, lesquels ont prévalu dans la légende écrite comme sur le théâtre forain.

---

[1] *Y Brut y brenhined.* Mss. du collége de Jésus, à Oxford, n° XLI, fol. 46. Cf. l'éd. du Myvyr. Arch., t. II, p. 115.

[2] L'Armerie (*Dict. franç.-breton*, p. 223) écrit *Gorinour*, comme on prononce dans la Cornouaille française, où la lutte du roi et du géant est restée célèbre.

[3] De *Caur*, gigas (*Vocab. cornic.* Cf. Zeuss, p. 115) et de l'adj. de *mag* (Corn. Camb. et Arm.) *nutrimentum*. Ponticus Virunnius a trouvé écrit *goer magog*.

Ainsi les habitants de Tarascon représentaient autrefois, et représentent encore, chaque année, la victoire de leur patronne sainte Marthe sur la Tarasque, monstre effrayant qui, d'après les traditions, ravageait les rives du Rhône.

Avant la pantomime guerrière chère aux anciens Bretons, chacun des deux acteurs figurant Corineus et Goëmagog chantait ses mérites personnels à peu près à la manière des lutteurs Tal-houarn et Cador, dans la magnifique scène où Brizeux a reproduit avec art un original populaire[1]. Un troisième acteur, le maître de la lice, ouvrait et fermait la scène par le récit du combat du roi de Cornouaille contre le géant.

Dire de quelle époque date ce jeu national chez les Cornouaillais de l'île et du continent serait difficile, mais on peut affirmer sans crainte qu'il remonte au berceau de cette race d'intrépides lutteurs.

---

[1] Dans nos vergers bretons, sous nos chênes antiques,
C'était un souvenir des coutumes celtiques.

　　　　　Les Bretons, poëme, chant viie.

c

C'est probablement contre de pareils jeux, qualifiés de *ludicra* par ceux qui les dédaignaient, que s'élève Gildas dans un de ses écrits [1].

Le clergé du moyen âge aurait eu de plus justes motifs de blâmer le théâtre cornique si, comme on a lieu de le croire, on y représenta les tristes infortunes conjugales des chefs nationaux Gorloïs, Marc, Arthur lui-même et de tant d'autres; si Tristan y parut avec la femme de son oncle sous l'habit d'un fou; si Merlin, employant bien mal ses enchantements, y joua le rôle déshonnête de Mercure dans *Amphitryon;* en un mot si le vice glorifié fit un mensonge du titre de *Moralité* donné à certaines pièces du même répertoire.

Quoi qu'il en soit, une contre-mine ecclésiastique, habilement dirigée, ne tarda pas à pousser vivement sa pointe contre le théâtre profane.

Rien n'empêche de supposer que le clergé ait commencé son œuvre, en Cornouaille comme

---

[1] *Epistola.* Ed. de Stevenson, p. 73.

ailleurs, entre le viii° et le ix° siècle. Ce qu'il y
a de certain, c'est qu'au xiv° il était pleinement
maître du terrain, qu'il en avait chassé les
jongleurs et les pantomimes, et qu'il y trônait
avec des pièces dramatiques semblables à
celles dont nous avons regretté en Galles la
disparition.

Le nom que donnait à ces pièces le clergé
cornouaillais est une véritable révélation; par
ce nom, elles se rattachent à la liturgie primitive d'une grande partie de l'Europe. L'Église,
de très-bonne heure, on le sait, eut recours à
l'élément dramatique pour mieux inculquer
dans l'esprit des fidèles les vérités de la religion : des représentations commémoratives et
symboliques offraient au peuple de vraies le-
çons de morale et de théologie. Mêlées de can-
tiques dialogués ou antiennes, avec versets et
répons, elles eurent pour acteurs le prêtre of-
ficiant et le diacre, le chœur et le peuple, con-
courant à l'exécution d'un même acte religieux [1]. Quelque chose est resté de l'usage

---

[1] Voy. Fabricius, *Codex apocryphus novi Testamenti*, t. III,

primitif dans l'office catholique de la semaine sainte, où la Passion est chantée à trois voix : un diacre qui récite la partie narrative de l'évangile, un sous-diacre qui psalmodie sur un ton aigu les paroles de la Synagogue, un prêtre qui répète celles du Sauveur. Office et drame n'étant alors qu'une même chose, le premier nom passa aux cérémonies figuratives du culte, et quand elles furent devenues une habitude, on les appela des *Ordinaires* (Ordinalia). Ainsi on disait l'Ordinaire de Beauvais pour le recueil des offices de la cathédrale de cette ville (et il est à remarquer qu'il contient un drame liturgique sur le prophète Daniel); on disait l'Ordinaire d'Origny-Sainte-Benoite, où l'on trouve un vrai mémoire renfermant des instructions très-détaillées sur la mise en scène des drames ecclésiastiques.

Eh bien, les plus anciennes pièces du théâtre cornique arrivées jusqu'à nous portent précisément ce nom d'*Ordinaire* ou d'office, *Ordinale, Ordinalia*.

---

p. 1, et le commentaire lumineux de Charles Magnin (*Journal des Savants,* mai 1860, p. 317 et *pass.*).

Destiné à remplacer par les figures véné-
rées de l'Histoire sainte les types trop souvent
immoraux de la chronique populaire, un de
ces drames, qui a pour titre *Ordinale de origine mundi*, est venu jusqu'à nous [1].

Il pouvait être joué à toutes les époques de
l'année; mais il doit l'avoir été spécialement
à l'anniversaire de la mort d'une certaine
Maximilla, dont le martyre avait été cousu
à un thème hiératique depuis longtemps en
vogue. Il reçut vers l'an 1432 un attrait de va-
riété et un piquant d'imprévu du supplément
dont je parle.

Malgré cette date relativement moderne du
texte et les remaniements auxquels il n'a pas
échappé, il est curieux à étudier comme spé-
cimen du drame religieux cornique à son point
culminant. Je l'aurais mieux aimé sans doute
plus simple, plus sobre d'ornements et de di-

---

[1] Il ouvre le précieux recueil de M. Edwyn Norris, secrétaire
de la Société Asiatique de Londres, à la science duquel la poésie
cornique doit la plus grande reconnaissance pour les textes qu'il a
édités avec tant de soin sous le titre de *The Ancient Cornish
drama* (Oxford, 1859), d'après un ms. du milieu du xv° siècle; pour
ses excellentes études philologiques et ses traductions fidèles.

dascalies, plus archaïque surtout de langage, mais je n'ai pas eu le choix.

Il se divise assez bien en sept parties ou scènes d'inégale longueur qu'on pourrait intituler *Adam, Noé, Abraham, Moïse, David, Salomon*, et enfin *Maximilla*.

Aux données historiques fournies par les six premiers noms, l'auteur a mêlé, comme principe d'intérêt, à défaut d'intrigue, des symboles puisés à la grande source des Écritures apocryphes et des légendes du moyen âge.

Après la scène de la création, la tentation et la chute d'Adam, la mort d'Abel et la naissance de Seth, qui n'offrent guère que le texte sacré très-peu modifié, l'auteur arrive à la vieillesse de notre premier père. Ici commence, avec l'inconnu à dégager, le genre d'intérêt dont j'ai parlé.

Adam, lassé de lutter depuis tant de siècles contre la terre qui crie à chaque coup de pioche qu'il lui porte, s'arrête, et, s'appuyant sur son instrument de travail et de pénitence :

« Bon Dieu! que je suis fatigué! Que je verrais avec bonheur arriver l'instant du départ!

Que ces ronces ont de dures racines! Mes deux bras se brisent à les arracher.

« Seth, mon fils, je veux t'envoyer sans retard à la porte du Paradis vers le Chérubin qui la garde; tu lui demanderas si je ne finirai point par obtenir un peu d'huile de miséricorde du Dieu bon qui nous a créés. »

Adam ajoute que ce baume lui fut promis après sa faute, à sa sortie du Paradis.

SETH.

« J'irai volontiers, cher père, mais je ne sais pas le chemin.

ADAM.

« Suis mes pas à leur trace flétrie; ni herbe, ni fleur n'a poussé là où j'ai passé, quand nous sommes revenus de ce lieu, ta mère et moi. »

Seth part, muni de la bénédiction paternelle, et arrive à la porte du Paradis.

LE CHÉRUBIN.

« Seth, qu'es-tu venu chercher si loin, dis-moi?

SETH.

« O Ange, je vais te le dire : mon père est

vieux et affaibli, il n'aimerait pas à vivre plus longtemps, et il te prie, par moi, en vérité, de lui envoyer un peu de cette huile de miséricorde qui lui a été promise pour son dernier jour[1].

LE CHÉRUBIN.

« Passe ta tête à travers cette porte et regarde.

SETH.

« Je le ferai avec joie. Quel bonheur de pouvoir considérer ce qu'il y a là-dedans pour le dire ensuite à mon père! »

Il regarde et, se retournant vers l'Ange :

« Dieu! quelle délicieuse vue est celle-ci! Quel malheur d'avoir perdu cette terre! Mais il y a ici un arbre que je m'étonne de voir mort; je crois qu'il est sec et dépouillé de la sorte à

---

[1]
　　　　A el, me a lever thy's :
　　　　Ov thas eu coth ha squytheys,
　　　　Ny garse pelle bewe ;
　　　　Ha gen ef ef a'd pygys
　　　　A leverel guyroneth,
　　　　A'n oyl dotho dythywys
　　　　A versy, yn deith dyweth.
　　　　　　　　　　(T. I, p. 56.)

cause du péché commis par mon père et par ma mère.

LE CHÉRUBIN.

« O Seth, puisque tu es là à la porte du Paradis, dis-moi encore ce que tu vois.

SETH.

« Je vois de si belles choses que la langue de l'homme ne les pourrait exprimer ; que de bons fruits! que d'admirables fleurs! quelle douce musique et quels doux chants! Je vois aussi une fontaine brillante comme de l'argent, d'où coulent quatre grandes rivières et où l'on voudrait se mirer. Au-dessus s'élève le grand arbre aux rameaux sans feuilles; son tronc, du haut en bas, comme ses branches, n'a plus d'écorce, et quand je regarde à ses pieds, je vois que ses racines descendent jusqu'aux enfers, au milieu d'épaisses ténèbres, tandis que son front se perd au milieu du ciel dans une lumière éclatante.

LE CHÉRUBIN.

« Regarde encore, regarde tant que tu pourras avant de quitter ce lieu.

SETH.

« Puisqu'on me le permet, j'en suis bien content. Je retourne un instant à la porte pour voir, si je puis, d'autres belles choses encore. »

Il va et regarde.

LE CHÉRUBIN.

« Eh bien! vois-tu quelque chose de plus cette fois?

SETH.

« Oh! il y a un serpent roulé autour de l'arbre, une horrible bête, vraiment!

LE CHÉRUBIN.

« Regarde plus attentivement l'arbre, regarde bien ce que tu verras entre les plus hautes branches.

SETH.

« O Chérubin, ange du Dieu de grâce, je vois tout au haut de l'arbre, parmi les rameaux, un petit enfant nouveau-né, enveloppé de langes et serré dans des bandelettes.

LE CHÉRUBIN.

« Cet enfant que tu vois c'est le Fils de Dieu. Quand les temps seront accomplis, il rachètera avec sa chair et son sang ton père Adam et ta mère, et tous les hommes de bien.

« C'est lui qui est l'huile de miséricorde promise à ton père; c'est lui qui, par sa mort, sauvera l'univers entier. »

Seth, au comble de la joie de connaître ce grand mystère, bénit le futur Sauveur du monde, et se dispose à retourner près de son père pour lui raconter ce qu'il a vu; mais l'ange ne veut pas le laisser partir sans lui faire un don mystérieux qui n'est pas sans rapport avec le baume de la miséricorde, et dont l'avenir expliquera le sens caché.

LE CHÉRUBIN.

« Voici trois pepins de la pomme que ton père a mangée. Quand il mourra, place-les entre sa langue et ses dents, et tu en verras sortir trois tiges. Après ton retour chez toi, il ne vivra plus que trois jours.

SETH.

« Mon père va être bien joyeux! »

Et il se hâte de revenir vers Adam :

« Ah! cher père, j'ai vu dans le Paradis la fontaine de la grâce, et au-dessus un grand arbre aux rameaux nombreux, et, au milieu de ses branches, un petit enfant enveloppé de bandelettes.

« Cet enfant est l'huile de la miséricorde que Dieu, le Père du ciel, t'a promise, et l'ange m'a dit que tu rendrais ton âme quand trois jours seront passés [1]. »

A cette nouvelle, le front ridé du vieil Adam s'épanouit. Le premier sentiment de joie qu'il ait éprouvé depuis son malheur éclate:

« O doux Seigneur, soyez mille fois adoré! Oui, ma vie a été assez longue, je remets mon âme entre vos mains. Quel bonheur de m'en

---

[1]
  A ! das ker, my a welas
  Yn Paradys fenten ras,
  Ha war-n-ythy un wethen
  Hyr, gans mur a scorennow,
  Hag yn creys hy varennou
  Un flogh maylys gans lysten.

  Hen eu an oel a versy
  O dethywys dy 'so sy
  Theworth an Tas Deu a'n nef,
  Ha'n el thy'm a leverys
  Pan vo try ddyth tremenys
  Te a thascor the enef. (P. 63 et 64.)

Cf. Le *Delu y byd* (Imago mundi); et l'extrait de l'*Image du monde*, donné dans l'agréable livre de M. L. Moland, *Origines littéraires de la France*, p. 85.

aller vainqueur du travail et des chagrins du monde! Trop longtemps j'en ai été l'esclave! » Et il meurt, plein de confiance en la miséricorde de son Père céleste.

Cependant Seth lui creuse une tombe dans la terre, après lui avoir mis dans la bouche les trois pepins mystérieux de la pomme de l'Arbre de vie.

A la mort d'Adam finit le premier acte ou le premier tableau du drame.

Pendant le second, qui commence à la contruction de l'arche, les trois germes déposés dans la bouche d'Adam se développent silencieusement sous la montagne où il dort, qui sera un jour celle du Calvaire, et sur la quelle Noé, en sortant de l'arche, dresse un autel pour sacrifier.

La germination divine continue pendant la scène où Abraham paraît sur la montagne et y dispose tout pour immoler son fils.

Mais à la quatrième scène, avec Moïse, les germes ont percé la terre, et on les voit verdir sous la forme d'un arbrisseau. Sa vertu l'emporte sur la verge miraculeuse qui peut se

c.

changer en serpent, frapper l'Égypte et son roi, diviser les flots de la mer, et faire jaillir l'eau du rocher.

Moïse et Aaron viennent de chanter l'Alleluia en voyant Pharaon et sa suite noyés dans les flots; ils ont gravi la montagne du Calvaire avec leurs frères Caleb et Josué, et ils parlent d'y bâtir une ville, quand Moïse s'arrête tout à coup.

MOÏSE.

« Quelles sont ces trois verges si vigoureuses? Par ma foi! je n'en vis jamais de plus belles! Elles sont le symbole des trois personnes de la Trinité. Je veux les couper, quoi qu'il puisse arriver, et les emporter chez moi. Que Dieu le Père soit adoré! »

AARON.

« Sûrement, ces verges sont bénies, car elles répandent une bien bonne odeur; il n'est aucune plante au monde qui en ait, je crois, une aussi agréable.

MOÏSE.

« Leur vertu est telle, que je veux les entourer de linon et de soie. »

Comme il parle ainsi, Josué est piqué au pied par une vipère. Mais Moïse lui fait faire un acte de foi en Dieu et à la vertu des trois verges, et Josué s'écrie : « Je suis guéri! »

Caleb, mordu, lui aussi, par un crapaud noir, pendant son sommeil, baise les trois verges au nom du Père, et il est guéri pareillement.

Avant de mourir, Moïse, débarrassant les trois verges du linon et de la soie qui les enveloppent, les remet en terre sur le mont Thabor. « Je vous replante, dit-il, en adorant le Père du ciel; accomplissez ses décrets, prenez racine et repoussez. »

Les trois verges reparaissent au cinquième acte qui est une vraie Moralité où l'auteur veut montrer, par l'exemple du roi David, les dangers de l'oisiveté, de la bonne chère et de la mollesse; mais le voile dont les verges miraculeuses ont été enveloppées depuis le commencement de la pièce disparaît, et Dieu lui-même descend du ciel pour révéler le haut mystère de leur destination.

DIEU LE PÈRE.

« Gabriel, hâte-toi de te rendre à Jérusalem;

dis au roi David qu'il trouvera en Arabie, sur
le mont Thabor, des verges plantées par Moïse;
il faut qu'il les transporte à Jérusalem, car un
enfant naîtra de moi à Bethléem pour racheter
le monde, et on fera d'elles une croix où sera
crucifié le Christ, mon cher Fils. Bienheureux
qui l'adorera! »

L'ange rapporte le message au roi, qui fait
part à son héraut d'armes de la révélation divine, et monte aussitôt à cheval, suivi de ses
gardes, pour aller chercher l'instrument du salut du monde.

LE ROI DAVID.

« Nous voilà arrivés sans obstacle à la montagne; enfants, descendez vite; voici devant
nous les verges qui poussent verdoyantes, en
l'honneur de notre grand Dieu, les verges de
grâce; je veux les couper au ras de terre, et les
emporter. »

Le conseiller du roi les prend, et les res-
pirant:

« Vous n'avez jamais senti nulle part une
aussi bonne odeur; Dieu est ici, je le vois
bien.

LE ROI.

« Jouez, ménestrels et tambours, et vous, mes trois cents harpes et mes trois cents trompettes, tympanons, rotes, violes, guitares, psaltérions, luths et timbales, orgues et cymbales, et vous, chanteurs de symphonies. »

Après que chacun s'est livré à la joie, et sans doute à des danses sacrées [1] :

« A cheval, dit le roi, écuyers et chevaliers, et retournons vite chez nous. »

Mais voilà que, sur la route, un pauvre homme l'arrête :

« Cher seigneur, venez à mon aide, je suis aveugle ; bénissez-moi avec ces verges. »

Un autre se présente :

« Et moi, je suis boiteux ; donnez-moi la force de marcher, et je croirai parfaitement que ces verges sont celles de la grâce elle-même. »

Un troisième accourt :

« Au pauvre sourd qui n'entend goutte, cher seigneur, que le Père fasse miséricorde ; si les

---

Cf. ps. CXLIV : *Et ludet rex David et ipse pompabit.*

verges peuvent me guérir, j'en rendrai mille grâces à Dieu.

LE ROI.

« Puisque vous croyez tous à la vertu de ces verges, soyez guéris par elles au nom du Père, du Fils et du Saint-Esprit. »

De retour chez lui, David plante les trois verges divines sur un tertre vert, et leur donne pour gardes son héraut d'armes et son échanson.

Le lendemain matin, comme il se dispose à les visiter et à les transplanter dans un lieu plus convenable, un messager arrive.

LE MESSAGER.

« Cher seigneur, voici une chose merveilleuse : les verges ont pris racine en terre, et les trois n'en font plus qu'une seule; levez-vous et venez voir.

LE ROI.

« Gloire à Dieu le Père, roi du ciel; il est admirable dans toutes ses œuvres! »

Et accourant au lieu du miracle :

« Elles resteront là où elles sont, puisque c'est Dieu lui-même qui les a plantées; malheur à qui lui désobéit! Mais pour rendre honneur à cet arbre, je veux qu'on l'entoure d'un treillis d'argent; nous verrons ainsi combien il grossira. »

L'arbre, en effet, grandit assez pour que David, après son crime, puisse venir pleurer sous son ombre, et y chanter son poëme touchant : *Beatus vir qui timet Dominum, misericors et miserator et justus.*

Quand, au sixième acte, Salomon, continuant le monument expiatoire commencé par son père, arrive aux lambris du temple, les charpentiers, à défaut de bois convenable pour la maîtresse-poutre, lui proposent d'abattre l'arbre sacré que protége le treillis d'argent, et dont la grosseur est énorme :

SALOMON.

« Par ma foi, vous aurez fort à faire pour le couper ; mais allez, puisque vous n'en trouvez pas d'autre, et gloire à Dieu! »

Les dimensions de l'arbre ne sont pas cependant ce qui embarrasse le plus les charpentiers : une fois coupé et ajusté et quand ils le veulent mettre en place, il est tantôt trop

court, tantôt trop long. Découragés, ils viennent trouver le roi pour lui raconter l'aventure.

SALOMON.

« Puisqu'il en est ainsi, portez l'arbre avec
de grands honneurs dans le temple. Posez-le
là par terre et adorez-le, je vous l'ordonne
sous peine de mort. Allez cependant, gentils
charpentiers, et cherchez dans mes forêts un
autre arbre comme il vous en faut pour faire la
poutre qui vous manque. »

Cet acte se termine par des donations de
terre, que le roi accorde, pour les récompenser, aux constructeurs du temple, et par la
consécration, comme grand-prêtre ou évêque,
du conseiller royal qui échange gaiement son
casque contre une mitre, et son épée contre un
bâton épiscopal.

Le nouveau prélat prend alors congé de ses
diocésains, non sans arroser largement sa
nouvelle dignité.

C'est à ce dénoûment qu'on a soudé, avec
plus ou moins d'habileté, le Mystère du martyre
de Maximilla. Il porte cette didascalie en latin :

« Ici les acteurs marmotteront comme des

prières, et Maximilla viendra dans le temple.

« Elle s'assoiera sur le fourneau sacré et le feu du fourneau embrasera ses vêtements.

« Alors elle criera, disant :

— « O Dieu, mon père! par pitié, sauvez-« moi, sauvez-moi du mal qui m'oppresse. « Hélas! hélas! hélas! je suis perdue! mes « habits sont en feu. »

Et embrassant l'arbre sacré du temple, sur lequel le Christ doit souffrir la mort :

« En ce bois du Christ, moi je crois. Mon « seigneur Jésus-Christ, Dieu du ciel, par « votre puissance, calmez l'ardeur de ce feu « et de ces flammes, vous dont le corps ra-« chètera Adam et Ève, et les élèvera au ciel « avec des chants. »

L'ÉVÊQUE.

« Que la vengeance du ciel tombe sur toi, tête folle! Où as-tu jamais entendu Dieu appelé Christ par personne au monde? Nous avons la loi de Moïse, et le nom du Christ n'y est pas écrit.

« Il n'y a, nous l'affirmons, d'autre Dieu que le Père céleste de là-haut, et toi, sotte fillette, tu te fais un Dieu à toi-même! Par les dieux! que je sois pendu si tu sors de ce lieu avant d'avoir expié ton forfait et rétracté toutes tes paroles!

MAXIMILLA.

« Je ne me rétracterai pas, évêque de fous. Oui, les trois verges sacrées ont été plantées par David, et elles se sont réunies en une seule, symbole admirable et manifeste des trois personnes de la Trinité. »

Ici, dit la rubrique, l'évêque remonte et s'assied sous son dais.

Cependant Maximilla continue son acte de foi que le prélat en fureur interrompt par les plus grossières injures, appelant la jeune fille « infâme coureuse de corps de garde, sorcière, coquine, idolâtre, » etc. Finalement, cessant de s'exprimer en langue cornique, il l'envoie à la torture avec ces paroles en jargon mixte anglo-français, qu'il adresse à son conseiller :

By Godys fast! wel y seyd!
Vos eet bon, se Deu ma eyd [1]!

---

[1] Par la foi de Dieu! c'est bien dit! Vous êtes bon, si Dieu m'aide! (T. I, p. 204.)

Alors les exécuteurs se saisissent de la jeune fille « qui se fait des faux dieux »; ils la jettent hors du temple comme une païenne et une excommuniée, et épuisent sur elle tous les tourments qu'ils peuvent inventer.

MAXIMILLA (*mourant*).

« Jésus-Christ, Seigneur du ciel, ayez pitié de mon âme, car c'est pour vous que je souffre, c'est pour vous avoir invoqué que je meurs! Pardonnez-moi mes fautes.

UN EXÉCUTEUR.

« Entendez-vous, camarades, comme cette misérable appelle à son secours ce qui n'existe pas? Elle aurait bien voulu disputer avec notre évêque et l'amener, par ses sortiléges, à adorer de nouveaux dieux.

UN AUTRE EXÉCUTEUR (*la frappant*).

« O franche coquine, ordure, fille du diable, tu vas mourir malgré ton Dieu et sa puissance. (*Elle meurt.*)

UN TROISIÈME EXÉCUTEUR.

« Je vous salue, seigneur évêque bien-aimé; voilà la gredine morte, mais, malgré les tour-

ments de l'agonie, elle n'a pas rétracté ses paroles.

L'ÉVÊQUE.

« Elle a reçu le prix de sa désobéissance :
la voilà payée selon ses mérites. »

Quant aux bourreaux, pour leurs bons ser-
vices, ils reçoivent des donations en terres, et,
en s'éloignant, ils s'écrient : « Honneur, honneur au gentil évêque! C'est un plaisir que de
servir un généreux prélat comme lui! »

Dans une dernière scène, l'évêque ordonne
qu'on emporte du temple l'Arbre sacré et qu'on
le noie dans la piscine de Bethsaïda; mais on
ne peut y parvenir. Alors il commande de le
jeter, en guise de pont sur le Cédron; mais tous
les efforts sont encore inutiles : l'arbre qui doit
porter les membres sacrés du Fils de Dieu
résiste à la profanation.

L'épilogue annonce aux spectateurs, pour
le lendemain, la représentation du Mystère de
la Croix, complément de celui de ce jour :

« Que la bénédiction de Dieu, dit le meneur
du jeu, descende pleinement sur vous, hóm-
mes, femmes et enfants : la pièce est finie;

mais venez demain de bonne heure pour voir jouer la Passion que Jésus-Christ a soufferte pour nous. Allez-vous-en, au nom du Père; et vous, musiciens, sonnez du hautbois [1]. »

Tel est le drame cornique; il peut donner l'idée de ceux qui existent encore et de ceux qui n'existent plus. S'il ne diffère pas, en fait d'art, des pièces religieuses qu'on jouait partout au moyen âge, il a cependant son cachet. Ce n'est pas sans calcul que l'auteur breton, quittant les routes battues du Mystère de la Chute et de la Réparation, joué ailleurs par personnages allégoriques, a pris des sentiers secrets pour chercher l'Arbre de vie. Ce symbole cher aux Orientaux ne devait pas moins plaire aux races celtiques; leur culte pour certains végétaux qu'ils croyaient envoyés du Ciel et doués de toutes les vertus a été cent fois exposé. Inutile de redire ce que tout le monde sait sur le gui sacré des Gaulois. Les Cambriens vénéraient « la jeune pousse du bouleau et du chêne qui tire le pied du captif de l'entrave [2] »; les

---

[1] *Ordinale de origine mundi*, t. I, p. 116.
[2] *Les Bardes bretons*, p. 188.

Bretons de la Cornouaille armoricaine croient encore aujourd'hui que la racine d'un certain arbuste qu'ils appellent « l'Arbrisseau de la vie » empêche de mourir[1]. Les anciens Cornouaillais insulaires, auxquels les missionnaires chrétiens apportèrent d'Orient le rameau du Salut, furent d'autant plus prompts à adopter cet emblème ; les Cambriens n'avaient-ils pas de très-bonne heure adopté le *graal* eucharistique, à l'exclusion de leur bassin magique ? N'avaient-ils pas substitué à la lance bardique la lance qui perça le côté du Sauveur ? Sur la scène comme dans les récits épiques, les symboles nouveaux absorbèrent les anciens symboles, et le mystère de l'Arbre sacré, représenté par les druides selon des rites que Pline a décrits, fut remplacé par le mystère divin de la Croix.

La recherche de l'Arbre de vie par Seth, puis, par le roi David, des trois tiges de salut nées des trois pepins du fruit de mort, offrait un tour d'imagination non moins propre à charmer

---

[1] C'est le houx-frelon. Voy. *la Légende celtique,* 3ᵉ édit., p. 244.

les spectateurs de notre drame; leurs aïeux, à la suite des druides, avaient assisté, sous la voûte de leurs grandes forêts, à la recherche du rameau céleste « qui guérit tout. » Plus d'un de leurs chants populaires roulait encore sur la découverte de cette panacée par leur devin le plus fameux; il n'était pas jusqu'au jardin du Paradis terrestre entrevu qui ne leur rappelât le jardin perdu de leurs songes mythologiques « plein de fruits d'or et de fleurs brillantes. » Je n'ai pas besoin de faire remarquer la prise naturelle qu'avait sur l'esprit breton, si amoureux des triades mystiques, la triple semence du fruit de mort, produisant trois jets de vie qui, réunis en un seul, doivent porter le Sauveur du monde.

Mais ce n'étaient pas seulement toutes les sources du naturalisme et du mysticisme indigène que remuait merveilleusement le dramaturge cornouaillais; il ravivait certaines grandes figures bibliques en leur prêtant des traits empruntés à la légende nationale. Croirait-on que le portrait du roi David, à un certain moment, est la copie de celui du roi Arthur, ce glorieux fils de la Cornouaille ? La scène où il paraît accompagné de son échanson et de son conseiller débute comme un conte populaire bien connu du cycle de la Table-Ronde[1].

Où le drame se nationalise et se localise, pour ainsi dire, d'une manière d'autant plus singulière que la scène se passe toujours en Judée, c'est lorsque David, Salomon et l'évêque du temple, ni plus ni moins que des princes cornouaillais, donnent des fiefs aux fidèles exécuteurs de leurs volontés. Le choix de ces fiefs, au nombre desquels figure Kelliwig, une des trois cours du roi Arthur, a porté à penser que le mystère cornique a été composé par un des religieux de Glazenny. En admettant une hypothèse assez plausible, d'après laquelle le manuscrit publié par M. Norris serait l'*Ordinaire* de Glazenny même, cet honneur ne serait pas le seul qui reviendrait à cette localité; il en est un autre plus grand, et je m'étonne que l'intention satirique du drame n'ait pas frappé son éminent traducteur anglais.

---

[1] *La Dame de la fontaine.*

Quelle est cette Maximilla victime de son culte pour la croix; condamnée comme « sorcière, idolâtre, hérétique, fille du diable; » comme s'étant arrogé le droit de régenter les évêques ni plus ni moins qu'*un homme*[1]; comme obstinée, endurcie, incorrigible; qui a pour juge un prélat qu'on dit juif, mais qui est évidemment franco-anglais, ce que prouve son jargon barbare? Aucun martyrologe ne fait mention d'elle; son nom même ne se trouve nulle part dans le catalogue des saints. C'est donc un nom imaginaire; mais il déguise à peine une réalité vivante, et sous le masque transparent, tout le monde reconnaît Jeanne d'Arc.

L'héroïque jeune fille avait trouvé en Armorique douze cents lances bretonnes et un troisième Arthur pour suivre sa bannière[2]; elle

---

[1]   Out war-n-as, a pur vil scout,
       Hep thout pestryores stout,
       Kyn fy mar pront ty a'n pren
       Nigh for sorw y am ful woud
       Thou harlot, for Goddys bloud!
       Ro thy'm cusyl *avel den.* (P. 202.)

[2] Arthur, comte de Richemond.

d

trouva en Cornouaille, aussitôt après son supplice, un noble cœur pour la chanter. Les Cornouaillais avaient dans les veines du sang de
cette jeune paysanne bretonne, de cette Pé-
rinaïk ou Pérette, qui s'était laissé brûler par
les Anglais pour avoir défendu l'héroïne française, et « soutenu qu'elle était bonne et que
ce qu'elle avait fait était bien fait [1]. » Comme
les Armoricains, ils détestaient les maîtres
saxons; comme eux, ils avaient vu une en-
voyée du Ciel dans celle qui avait eu mission
de chasser de France le *dragon blême*, et,
comme le duc de Bretagne, ils avaient conçu
pour elle « cette **vénération** qu'inspirent les
choses saintes. »

A l'imitation **du poëte** français du Siége
d'Orléans, qui avait célébré le patriotisme de
Jeanne, l'auteur cornouaillais voulut honorer sa piété et son martyre; il voulut flétrir
adroitement le **bourreau** mitré, créature et
favori du Régent d'Angleterre [2]. Quels trans-

---

[1] Quicherat, t. IV, p. 474.

[2] Pour tout ce qui concerne Jeanne d'Arc et son jugement, voir sa
vie présentée dans un jour si lumineux, d'après les documents con-

ports, quels applaudissements durent saluer les allusions du drame! Quel *triomphe,* comme on disait alors en France, dut remporter un pareil Mystère! La mise en scène, pour peu qu'elle fût seulement suffisante; les masques, pour peu qu'ils fussent exacts, complétaient un spectacle dont nous ne pouvons nous faire idée qu'en nous rappelant ceux de la Grèce : ici comme là, un théâtre dans une position parfaitement choisie pour l'effet, une représentation en plein air, sous les feux du soleil, avec la mer en perspective et des promontoires pittoresques à l'horizon : ici comme là, des multitudes de pèlerins accourus des extrémités du pays, en habits de fête, à une véritable assemblée religieuse suivis de tout l'attirail de tentes et de provisions indispensables à un campement prolongé; ici comme là, des passions qui s'enflaient d'elles-mêmes au souffle des plus généreux sentiments.

Quand je relève par la pensée l'amphithéâtre

temporains, par M. Wallon, de l'Institut. Relire surtout les pp. 200, 201, 210, 322 du t. I, et 240 du t. II de ce bel ouvrage justement couronné par l'Académie française. Cf. *Myrdhinn,* p. 324.

aujourd'hui en ruine, quand je garnis de milliers de spectateurs les hauts gradins qui montent de la base au sommet, quand je regarde la scène mobile avec ses quatre ou cinq étages, ses loges, ses escaliers tournants, ses trappes, ses allées souterraines, ses acteurs bariolés et fourmillants, je puis bien trouver très-primitif un tel théâtre comparé aux nôtres, et convenir tout franchement que ce que l'on y joue n'est point précisément une œuvre littéraire; mais ne suis-je pas forcé d'avouer que c'est une action admirable? Oui, sous peine de passer pour manquer de cœur, chose pire que de manquer de goût, cette inspiration vengeresse, cette protestation en faveur de l'innocence, de la faiblesse, de la foi opprimée, cet anathème à l'iniquité triomphante, ce châtiment public infligé au Caïphe anglais, cette ironie poignante à laquelle on le livre en proie dans la personne des bourreaux, et, pour tout dire d'un mot, cette justice dramatique, voilà ce qu'on doit admirer ici sérieusement.

Le poëte breton répondait aux proclamations mensongères du pouvoir anglais contre Jeanne, et commençait à sa manière le grand procès de réhabilitation.

Il préludait, d'un autre côté, au procès du Juste, à la grande immolation annoncée pour le lendemain : Jeanne précédait Jésus dans la mort sur la scène bretonne, comme son patron saint Jean-Baptiste le Martyr le précédait en général sur la scène française. Rapprocher la victime divine de la victime humaine, n'était-ce pas un trait de sentiment incomparable, et n'avais-je pas raison de louer l'auteur qui a conçu une telle figure et le peuple qui l'a applaudie ?

Mais il nous faut quitter le théâtre cornique; ce serait en regrettant de ne point assister au Mystère dont il nous a donné l'avant-goût, si nous ne devions pas le retrouver tout à l'heure sur une autre scène celtique.

d.

III

LE THÉATRE BRETON

Notre Bretagne française, dont l'inspiration poétique a fait depuis quelques années le sujet de travaux si remarquables, a été jugée comme une des terres celtiques les plus passionnées pour les représentations théâtrales. L'autorité reconnue de tous en ces matières, le regrettable Charles Magnin, la signalait dès 1834 à ses auditeurs de la Sorbonne [1]. Il devinait qu'il y avait là une mine digne d'être exploitée, et indiquait, entre autres coutumes bretonnes, les cérémonies des noces parmi les débris évidents d'un ancien drame national. Ces « drames nuptiaux, » comme il les appelle, interdits au clergé dès le

---

[1] Voir l'analyse de son cours publiée dans le *Journal général de l'Instruction publique* de France (n° du 2 juillet 1835 et suivants).

cinquième siècle par les synodes armoricains,
et qui ont passé, dit-il, de l'aristocratie dans le
peuple, donnent un rôle secondaire à la nouvelle mariée, à sa vieille mère, à sa sœur aînée,
à sa plus petite sœur, et un rôle capital à deux
espèces de bardes qui se constituent l'avocat,
l'un de l'épousée, l'autre de l'époux, vantant
à qui mieux mieux, en vers improvisés sur un
thème invariable, les qualités de leurs clients.
A ces petites pièces populaires, trop connues
pour qu'on insiste ici, il faut joindre comme
plus anciens encore de pensée, de caractère et
de forme, ces bardits païens destinés à accom-
pagner les danses guerrières et mimiques en
l'honneur du soleil, que nous trouvons figurées
sur deux médailles des Cénomans. Dans la
première, récemment décrite par M. Henri
Martin, un Gaulois bondit en brandissant d'une
main sa hache de bataille, et rejetant de l'autre
en arrière sa longue chevelure flottante; sur la
seconde, un guerrier danse devant une épée
suspendue en répétant évidemment l'invocation de la Danse du Glaive, « Roi de la bataille, » dont les paysans bretons ont retenu

l'air et les paroles [1]. La tragédie grecque des premiers temps ne fut aussi, on l'a dit mille fois, qu'une ode sacrée chantée et dansée par deux chœurs autour de l'autel de Bacchus : les prêtres de Mars, les Saliens ou danseurs, dans les rondes auxquelles ils se livraient, devant la statue de leur dieu, figuraient de même des rites guerriers ayant un vrai caractère scénique. On a pu voir de nos jours, à Paris, des sauvages de l'Amérique du Nord se livrer à des danses pareilles.

Le dialogue qui, à ce qu'il semble, ne venait pas toujours en aide aux gestes, aux bonds et aux chansons, dans les jeux militaires armoricains, se montre dans une troisième espèce de coutume perpétuée jusqu'à notre époque; je veux parler de la fête rustique du mois de juin, aussi nommé « le Jeu du printemps et de la jeunesse. » Il n'a que trois rôles, deux de jeunes gens et un de jeune fille; les autres acteurs constituent une sorte de chœur qui répète en dansant les chants dialogués des trois ac-

---

[1] *Barzaz Breiz*, t. I, p. 76. Cf. le médaillier celtique de M. Hucher.

teurs principaux. Le sujet est ce vieux thème éternellement nouveau, la jeunesse et l'amour, « les deux plus belles fleurs du monde. » Le meneur du jeu, à défaut de costume, porte des couleurs particulières : un nœud de rubans vert, bleu et blanc le distingue. Si ces couleurs avaient été, chez les Bretons d'autrefois, celles des druides, des bardes et des devins, comme l'assure la tradition galloise, elles ne manqueraient pas d'importance. Pour les acteurs de la pastorale armoricaine, elles sont l'emblème de la paix, de la sincérité et de la candeur. J'ajouterai que la réunion avait lieu près d'un monument celtique, et la ronde finale, autour de ces grandes pierres qui passent pour être le théâtre des danses nocturnes des nains. De plus, on m'a certifié que jeunes garçons et jeunes filles avaient coutume autrefois d'y déposer en arrivant des bouquets d'épis·verts et de fleurs bleues de lin, offrande prohibée par un concile breton du viiᵉ siècle; et l'on peut conclure d'un récit populaire bizarre que le jeu, au lieu d'être mené au son de la voix d'un jeune campagnard, le fut primitivement au son d'une harpe d'ivoire aux cordes d'or [1]. Ceci nous rejetterait en pleine époque païenne, et indiquerait je ne sais quel mystère sacré joué par la jeunesse sous l'influence de la religion.

Parmi les débris des jeux bretons d'une origine purement profane, et datant du moyen âge, je ne puis oublier le « Jeu du roi Arthur. » Les jeunes enfants de nos villages ont conservé, avec ce jeu, une ombre des représentations scéniques où figuraient les preux de la Table-Ronde. Ce que leurs ancêtres, admis parmi la foule aux cours plénières des grands châteaux, avaient vu jouer par des jongleurs, ils le jouèrent, à leur manière, dans les campagnes. A défaut de trône, on cherchait une grosse pierre isolée, on y faisait asseoir un marmot, le plus grave et le plus sage de la bande; on le couronnait de feuillage, et les autres enfants, filles et garçons, se prenant par la main, formaient une ronde autour de lui en chantant une chanson bretonne qui avait pour refrain :

« O roi Arthur, je vous salue! Je vous salue, roi de renom! »

---

[1] *Barzaz Breiz*, t. II, p. 228.

En disant ces mots, on se prosternait la face contre terre, après avoir tourné trois fois.

Il est à remarquer que, bien des siècles après les représentations dramatiques des cours plénières, et jusqu'à mon temps, le « Jeu du roi Arthur » a continué parmi les enfants des manoirs ; mais ce n'était plus qu'une parodie des cérémonies sérieuses des châteaux et de la scène naïve du village ; le roi Arthur des petits messieurs, trop semblable à celui des derniers romans de la Table-Ronde, jouait comme lui un rôle de muet, et on le saluait de ces vers ironiques :

> Je vous salue, grand roi Artu,
> En vous disant trois fois : *Mutu.*

Tandis qu'expiraient ainsi les échos des vieux spectacles indigènes, d'autres voix chantaient sur la scène bretonne du même ton que dans la Cornouaille anglaise. Après avoir complétement détrôné les représentations telles quelles des Armoricains païens, le drame chrétien nouveau venu tendait à régner à côté et bientôt à l'exclusion de celui des châteaux et de la place publique.

Ses commencements furent faibles, comme en tous pays, et, comme en tous pays, lyriques. Il jaillit de dessous l'autel pareil à ces sources miraculeuses qui venaient d'elles-mêmes offrir aux prêtres l'eau du sacrifice. Les actions des saints nationaux chantées dès le jour de leur mort dans l'église, près de leur tombe, devinrent, avec le temps et avec ce que le temps y ajouta, la matière de compositions dramatiques. L'ode primitive, la légende rimée et psalmodiée, le récit déclamé, les danses symboliques et modestes qui couronnaient la fête commémorative, ne suffirent bientôt plus pour exprimer la reconnaissance envers le bien-aimé compatriote, mort pour la terre, né pour le ciel. On voulut le faire revivre ici-bas, et l'on emprunta pour cela au drame sa forme expressive et animée; on le mit sur la scène, et les événements de sa vie se déroulèrent, se succédèrent dans leur ordre naturel et complet sans aucune limite de temps et de lieux, sous les yeux de ceux qui regrettaient de ne le connaître que par ses bienfaits. Le même sentiment patriotique avait donné naissance, à Rome, aux pièces de théâtre connues sous le nom de *Prétextes*, sorte de *chronicle play*, comme disait Shakspeare, ayant pour sujet les citoyens illustres. Plus anciennement, en Grèce, il avait fait naître des œuvres inspirées par le même culte envers des héros ou des dieux [1].

Si le génie des Armoricains a imprimé quelque part un cachet d'originalité, s'il ne s'est pas épuisé dans cette poésie lyrique dont la richesse aujourd'hui n'est plus contestée par personne, s'il s'est ému et passionné, s'il a produit de « petites tragédies pleines de poésie et d'entrain, des scènes vraiment touchantes et très-dramatiquement conduites, » dont Charles Magnin a signalé plusieurs [2]; s'il s'est manifesté ailleurs que dans la ballade populaire, c'est incontestablement dans les premières pièces rustiques tirées de la légende celtique. Qu'il eût là « une mine de diamants, » comme l'a dit une femme célèbre à laquelle la Bretagne a inspiré le même enthou-

---

[1] Lire, dans le *Correspondant* du 25 décembre 1858, un article aussi bien pensé qu'élégamment écrit, de M. V. Fournel, à ce sujet.

[2] *Journal des Savants*, août 1847, p. 453 et 451.

e

siasme que l'Allemagne à madame de Staël [1],
peu importe; ce qu'il s'agit de savoir, c'est
s'il y a puisé, et l'on n'en peut douter quand
on connaît les fragments des légendes orales
ou des récits dramatisés qu'on jouait autrefois
en Bretagne. J'en ai publié quelques-uns et j'en
pourrais citer bien d'autres près desquels pâ-
lissent, il faut l'avouer, la plupart des monuments écrits du même genre.

Il y a plus de vingt-cinq ans que je caractéri-
sais comme il suit la manière de procéder des
auteurs; mes nouvelles recherches ne m'ont
pas fait changer d'avis : « Le poëte, ou plutôt
l'auteur dramatique, car chacune de ses œuvres est un drame, indique souvent, dès le début, le dénoûment, dans quelques vers qui
servent de prologue; puis il dispose la scène,
y place ses acteurs, et les laisse discourir et
agir librement; point de réflexions, elles doivent ressortir de l'ensemble des discours et des
aventures; rien d'inutile, tout se tient, tout
s'enlace, tout marche droit au but. Toujours à

---

[1] *La Filleule,* par George Sand, p. 470.

l'écart, l'auteur n'intervient qu'en de très-rares occasions, soit dans le courant de la pièce, lorsque le sens l'exige impérieusement, soit à la fin, lorsque le drame en suspens hésite, au moment d'atteindre le but.

« Son allure, brusque et sans transitions, est parfaitement naturelle; il raconte un événement que tout le monde a présent à l'esprit; il est donc inutile qu'il entre dans de longs détails, il suffit qu'il saisisse les traits saillants et qu'il les mette dans un jour tel qu'ils puissent frapper la vue et se graver dans l'âme du spectateur. Quelquefois la nature l'inspire à rendre l'art jaloux [1]. »

La première refonte dramatique date à peu près de l'époque où la légende originale fut traduite du breton en latin et lue dans les églises, au lieu d'y être chantée, dansée et mimée [2]; ceci eut lieu du XIIe au XIIIe siècle. Trouvant alors un personnage vivant d'une vie en apparence plus forte et plus complète,

_____

[1] *Barzaz Breiz*, introduction, 1re édition (1839).

[2] D. Morice, *Preuves*, t. I, col. 184 et 1302, et t. II, col. 1192 et 1524.

plus merveilleuse surtout, les nouveaux poëtes le prirent pour modèle, au préjudice du
type primitif trop simple, à leur goût, et
déjà vieilli : il en résulta une œuvre plus
savante sans doute, ou que du moins on
jugeait telle, une action plus développée,
une forme plus raffinée, mais, pour ainsi
dire, une création nouvelle dont la longueur
et la rhétorique faisaient regretter la prestesse
lyrique, la brièveté, la simplicité, la naïveté,
l'austère rudesse de l'original. C'est le sentiment qu'on éprouve quand on entend chanter les courtes légendes dramatiques des
saints celtiques les plus populaires, celles
de saint Patrice, de saint David, de saint
Gwénolé (pour ne citer que ces trois grands
noms), et quand on les compare ensuite
avec leurs longues vies *historiées par personnages.*

Quoi qu'il en soit, dans cette première classe
de drames, on est encore, je le répète, en pays
celtique, et la couleur locale ne manque pas.

Dans une seconde classe où l'on voit en
scène des saints de l'ancien et du nouveau

Testament, et du martyrologe chrétien, Abraham, Moïse, Jacob, Joseph, saint Jean-Baptiste, saint Pierre, saint Paul, sainte Anne,
sainte Hélène, sainte Cécile, sainte Barbe,
et quelques autres, il y a beaucoup moins
d'originalité. L'inspiration vient trop souvent
des pays étrangers, de la France parfois, les
modèles aussi, et ils sont loin d'être parfaits. Cependant, sous les costumes d'em-
prunt, on sent battre encore accidentellement
de vrais cœurs bretons, comme on sentait des
cœurs français battre dans la poitrine des
Grecs introduits par Racine sur le théâtre
de Versailles.

L'esprit armoricain respire mieux, et le
caractère national reparaît, avec les mœurs
du pays, dans une troisième classe de Mystères, dans ceux qui finissent par aborder et
par mettre en scène la personne du Saint
des saints.

On a souvent signalé l'impuissance de la
poésie chrétienne à représenter ce divin Modèle ; Ozanam en a donné une excellente raison : « La figure du Christ, a-t-il dit, inspire

trop de respect pour que les mains puissent s'en approcher sans trembler; les peintres ont pu la tracer, parce qu'il n'y avait pas d'image authentique, mais les poëtes ne peuvent lui prêter la parole et l'action, parce que la réalité de l'Évangile les écrase. La Providence n'a pas voulu, ajoute l'éloquent écrivain, que rien de ce qui ressemblait à la poésie, à la fiction, pût envelopper ce dogme fondamental du christianisme, sur lequel repose toute l'économie de la civilisation et de l'univers[1]. »

L'esprit moderne, malgré son audace, n'a pas mieux réussi que l'esprit chrétien; et cependant le dernier venu était un ami d'autrefois; il connaissait bien le doux Maître! mais il a hésité à le peindre autrement que de profil, comme s'il avait eu peur de rencontrer un regard qui fût allé jusqu'à son cœur et l'eût fait fondre en larmes : *Conversus Petrus flevit amare.*

Aussi, n'était-ce point la fiction, l'art, le mouvement, le pathétique, la passion hu-

---

[1] *Œuvres complètes*, t. II, p. 234.

maine, tout ce qu'on demande au théâtre, que recherchaient les auteurs des premiers Mystères de Jésus; c'était la fidélité à la tradition évangélique, sans aucune de « ces altérations que le respect dû à l'Écriture ne permet pas, » dit très-bien Corneille; sans ces libertés théâtrales qui eussent été « une espèce de sacrilége, » ajoute Racine; et, pour continuer à emprunter son langage à ce grand tragique chrétien, « ils voulurent remplir toute leur action avec les seules scènes que Dieu lui-même, pour ainsi dire, avait préparées. »

Si l'on ne peut toujours appliquer à leur œuvre le *tragicum spirat* et le *feliciter audet* d'Horace, on peut du moins répéter après le chantre d'Esther :

Tout respire ici Dieu, la paix, la vérité.

Les plus anciens Mystères écrits, sinon en breton du moins en Bretagne, sous l'inspiration de l'histoire de Notre-Seigneur Jésus-Christ, n'avaient pas d'abord d'autre but : on peut le voir par la *Résurrection de Jésus,* œuvre des religieux de l'ordre de Saint-Benoît, et dont

un manuscrit du xiie siècle, venu de Noirmou-
tiers à Tours, se trouve maintenant à la grande
Bibliothèque de Paris. Il commence au moment où les gardes du tombeau sont introduits
devant Pilate, pour ne finir qu'après la visite de
Jésus à ses disciples réunis, et après sa victoire
sur l'incrédulité de Thomas. A la différence
des drames sévèrement liturgiques, que des
prêtres seuls exécutaient dans l'intérieur des
églises, celui-ci se jouait devant la porte, *ante
ostium ecclesiæ*, sur un théâtre, par des membres de la famille monastique, pour l'édification et le divertissement des fidèles [1]. Qu'ils
représentassent de même en Bretagne les autres
mystères de la vie du Sauveur, il n'est guère
permis d'en douter. Mais ces opéras pieux, en
raison de la langue où ils étaient écrits, n'é-
taient guère qu'à l'usage des clercs; les laïques
ne les entendaient pas plus que les offices de
l'église et n'en jouissaient que par les yeux.

La condescendance ecclésiastique, d'où sor-

---

[1] M. de Coussemaker, *Drames liturgiques du moyen âge*, p. 37.
Cf. Charles Magnin, *Journal des Savants*, cahier de mai 1860,
p. 312 et *passim*.

tirent en France les *farcitures,* puis les Mystères en langue vulgaire, eut le même résultat
en Basse Bretagne, et aux couplets, stances,
versus ou versets latins, au récit évangélique
plus ou moins dramatisé, répondirent des
gwersou (comme les nommaient les Bretons)
qu'on mit dans la bouche d'acteurs appelés à
représenter les personnages du divin récit.

Par le petit nombre de ces personnages
dont il n'y avait qu'une dizaine (le récita-
teur, Jésus, saint Pierre, saint Jean, la Vierge,
sainte Véronique et sa sœur, Judas, quelques
bons anges); par l'action peu développée,
par la brièveté, la simplicité, la naïveté, j'allais
dire la puérilité du dialogue; par l'absence
d'apprêts et d'ornements dans la versification;
par le ton tout à fait rustique, enfin par
l'allure elliptique et l'archaïsme du langage,
ces petites pièces sont les sœurs jumelles des
légendes bretonnes sous leur forme dramatique la plus rudimentaire. Elles sentent moins
l'encens que la fleur de l'ajonc ou de l'aubépine. Elles n'ont ni les robes blanches et flot-
tantes, ni les couronnes d'or, ni les grandes

ailes des anges gothiques. Nu-tête et nu-pieds, court vêtues et légères, et cependant modestes, elles circulent à travers la foule en chantant d'une voix douce et qui fait rêver; plus d'une mère émue les arrête au passage, et, les caressant, les emmène comme une fille de plus, comme celle qui sera la lumière, la joie, la musique, la consolation du foyer. Leurs pères devaient être ces *kloer* villageois, si justement célèbres parmi les poëtes bretons.[1]

Mais avec le temps, les créations pieuses des bardes illettrés parurent trop agrestes au clergé, aux châtelains et aux citadins; ils reléguèrent dans les champs, comme des roturiers, les jeux naïfs du temps passé, et demandèrent à de vrais clercs des spectacles moins indignes d'eux.

Ceux-ci, qui venaient de répondre à un appel semblable en arrangeant d'une manière

[1] Voir, p. 241, les *Dialogues de la Passion.* J'y signale les archaïsmes *taguel* pour *tevel, aguel* pour *avel* (Cf. Zeuss, p. 149 et 154); *moror*, lat. *mæror; iac'hat* pour *iec'hed; a'nn inaou* pour *euz ann dinaou*, etc., et tout le discours de Jésus. Les bras de saint Jacques, substitués *au sein d'Abraham* (p. 258), sont aussi un indice de haut moyen âge. Cf. *De Vita Caroli Magni,* édit. Ciampi (p. 3).

plus artificielle les légendes des saints bretons,
traitèrent de même le texte évangélique, et il
sortit de leurs mains sous une troisième forme.

C'est elle qu'il s'agit maintenant d'examiner.

Trouvant l'œuvre des poëtes primitifs dé-
fectueuse sous bien des rapports, les personnages trop peu nombreux, l'action pas assez
développée, la trame pas assez fournie, la langue bien rustique et vieillie, le rhythme par trop
simple, la musique monotone, la mise en scène
sans ampleur, les nouveaux poëtes amplifiè-
rent chaque détail, multiplièrent les acteurs sub-
alternes, et comblèrent les lacunes, soit à l'aide
des apocryphes, soit même à l'aide des légendes
déjà mises en drames ailleurs. En s'inspirant
ainsi aux sources étrangères, ils prétendirent,
hélas! enrichir leur diction à l'aide du vocabulaire de la France, bientôt leur maîtresse; ils
compliquèrent et raffinèrent le système rhythmique de leurs devanciers, enfin, ils appelèrent
à leur aide toutes les pompes théâtrales,
toutes les séductions posssibles pour enchanter
l'oreille, faire pleurer les yeux, convertir les
cœurs.

La même poétique, si je puis me servir de cette expression ambitieuse, les mêmes ressorts de nature à tirer de l'âme des sources de terreur et d'attendrissement, avaient été employés ailleurs par tous les auteurs de Mystères : avec quel mérite littéraire? je n'ai pas à l'examiner. En ce qui regarde notre vieux théâtre français, un critique éminent, d'un esprit très-ouvert, hormis peut-être à certains genres qu'il écarterait volontiers, M. Sainte-Beuve, persiste à émettre une opinion déjà ancienne chez lui. A son goût, presque aucune beauté dramatique dans les Mystères français; vulgarité, trivialité, nul choix, des succès de hasard, l'interminable pour cachet, la passion du long chez les auteurs et les auditeurs. Les Bayle, les Suard, tous les gens d'esprit ont eu raison de sourire de ces amusements de grands enfants, et le Mystère gothique n'a eu qu'un sort bien mérité quand il est mort sous les risées, au XVI° siècle [1].

---

[1] Cf. le *Tableau de la poésie française,* au XVI° siècle (p. 173 et suiv., éd. de 1843), et *Les Nouveaux Lundis,* p. 252 et suiv. (1865).

M. Paulin Pâris n'est pas du même sentiment. Il aime passionnément ce vieux théâtre, et y admire surtout le Mystère de la Passion, qu'il regarde comme « le plus beau monument de notre ancienne littérature dramatique. »

Charles Magnin, avec toutes sortes de ménagements, et cette courtoisie délicate qui était dans ses habitudes, contredit aussi M. Sainte-Beuve, au nom de la vérité, plus chère au savant que l'amitié. Pour moi, je me garderai bien d'intervenir dans une querelle d'hommes si compétents, auxquels je pourrais joindre pour ou contre MM. du Méril, Saint-Marc Girardin, Louis Moland, Victor Fournel, Vallet de Viriville, Onésime Le Roy, dom Piolin et M. Douhaire, le critique qui aurait « le mieux compris les beautés religieuses des *Mystères* français du moyen âge, » selon l'avis du Père Cahour[1].

Il suffit à mes forces d'avoir à apprécier le théâtre breton.

---

[1] Voir, dans les *Études religieuses, historiques et littéraires* (février et mars 1854), le travail remarquable de ce Jésuite lui-même sur les Mystères au xve siècle.

Si le succès justifie tout, comme on le pré-
tend aujourd'hui; si, seul, il prouve le mérite,
même littéraire, les dramaturges de l'Armorique en auraient eu un considérable. On se
ferait difficilement l'idée du succès qu'obtinrent
leurs Mystères, surtout le Mystère de Jésus.
La tradition est unanime pour l'attester d'un
bout à l'autre du pays bretonnant. Je l'ai constaté en Léon, en Cornouaille, en Tréguier, en
Vannes, dans toutes les paroisses où la coutume des représentations populaires a persisté
jusqu'à nos jours : partout j'ai entendu parler
des magnificences du *Grand Mystère,* des sanglots qu'il faisait pousser, des regrets qu'on
éprouve de ne plus le voir représenter. Un mot
frappant, devenu proverbial, peint bien l'effet
qu'il produisait : « Les foules y vont en chantant et s'en reviennent en pleurant[1]. »

Ce qui se passe aujourd'hui dans les Mis-
sions et les Retraites bretonnes, devant les tableaux coloriés imaginés par Le Nobletz et ex-
pliqués par les prédicateurs d'une manière si

[1]   Ann dud az a enn eur gana,
      Hag a zistro enn eur oela.

dramatique, n'est rien en comparaison de ce qu'on raconte de la terreur et de l'attendrissement des spectateurs du *Grand Mystère*. La légende rapporte qu'un chef irlandais devint fou de douleur au récit de la Passion; c'est l'image de l'impression profonde que sa mise en action produisait en Bretagne.

La réunion en un vaste ensemble, remanié et élaboré, des scènes rustiques abandonnées à l'édification des paysans correspondait à la transformation en églises ducales, magnifiquement sculptées, de ces pauvres oratoires miraculeux, vénérés par les campagnards. Clercs, châtelains et bourgeois coururent au spectacle nouveau, à l'appel du crieur des Mystères; mais était-ce pour y admirer ce plan, cette perfection d'ensemble, cette justesse de proportions que nous admirons toujours dans nos cathédrales gothiques? A vrai dire, je crois que la beauté plastique attirait moins leur attention que la nôtre; je ne saurais trop le répéter, c'est l'édification, la vérité, c'est le grand Modèle, c'est Jésus lui-même qu'ils y venaient chercher; les satisfactions de l'esprit leur étaient données par surcroît. En nous mettant à un point de vue différent du leur, en jugeant d'après nos idées classiques et nos convenances modernes un style dramatique qui n'a rien de commun avec elles, nous ne le comprendrions pas plus que les architectes grecs n'auraient compris le style gothique. L'inspiration à défaut d'art, une pensée forte et complète, de l'imagination, de la poésie, des touches vives, des scènes et des situations pathétiques, une méthode de composition au seul point de vue de l'instruction, de l'élévation des âmes, de l'amélioration morale, voilà ce qu'on doit s'attendre à trouver quelquefois dans le *Grand Mystère de Jésus*, et fréquemment dans les courts dialogues rustiques qui l'ont précédé.

Je plaindrais les délicats qu'un pareil genre d'intérêt laisserait indifférents.

On lit dans l'histoire du plus grand saint qu'ait eu la Bretagne au moyen âge, Yves de Tréguier, qu'un vendredi saint de l'année 1294, il prêcha la Passion en breton sept fois en sept différentes églises; et l'auteur ajoute : « Le monde courait après lui de paroisse à autre pour entendre ses admirables sermons comme d'un apôtre. »

Ce prédicateur infatigable de Jésus crucifié avait dans les poëtes passionnistes de son temps des confrères qui prêchaient aussi à leur manière ; et, pour disputer le *monde* à des concurrents qui faisaient appel au spectacle afin de conquérir les âmes, il fallait véritablement une espèce de miracle.

A défaut des sermons perdus de saint Yves, voyons ce qu'était l'art pieux d'un prédicateur des Mystères, quand, au lieu de laisser dans leurs niches les personnages du drame divin, il les en faisait descendre et mettait la morale et la foi en action.

De ces personnages, le premier évoqué par l'auteur de notre drame est un des disciples de Jésus, l'apôtre saint Luc, qui atteste publiquement ce qu'il a vu de ses yeux et signé de son sang. Certes, si elle nous émeut, dans Eschyle, la situation du soldat persan témoin de la ruine de la flotte royale devant Salamine, racontant le désastre de la patrie à la mère de Xerxès et aux vieillards qui l'entourent, n'est-elle pas émouvante aussi l'attitude de l'évangéliste venant faire le récit de la mort de son Dieu qu'il a suivi jusqu'au lieu du supplice? Il me semble que ce moyen de s'emparer tout d'abord de l'attention des spectateurs ne manque pas d'une certaine habileté.

Sans prétendre le comparer avec la *Protase* des Grecs, je le trouve du moins supérieur au prologue du *ludi magister* ou meneur du jeu, ce régisseur du théâtre gothique, dont les fonctions étaient d'annoncer de temps en temps à l'auditoire ce que devaient faire et dire les acteurs. Ici, acteur lui-même, l'évangéliste commence son récit par le souvenir du souper auquel il assista chez Simon le Lépreux avec Jésus, les apôtres, Jaïre, Marthe, Lazare ressuscité, et Marie-Madeleine qui se convertit en entendant son frère faire une peinture effrayante de l'enfer d'où il revient.

Après cette courte indication du sujet de la première scène, ou plutôt de ce qu'on peut appeler ainsi, car l'auteur n'a pas de divisions scéniques, le témoin cède la place aux hôtes de Simon, qui vont agir chacun selon son rôle.

La seconde scène est la trahison de Judas, son complot et ses arrangements avec les Pharisiens ; la troisième, l'immolation de l'agneau pascal, le banquet auquel on le sert, le lavement des pieds, l'institution eucharistique, la prédiction du sacrifice divin dont l'agneau est l'image. Cette scène a pour prélude un dialogue pathétique entre Jésus et sa mère qui, prévenue de tout, le conjure de la manière la plus touchante de ne pas mourir, ou du moins de mourir d'une mort douce, d'éviter les ignominies de la croix, d'avoir pitié de lui-même ; pressante prière auquel Jésus demeure tendrement insensible, et que Marie achève en tombant aux pieds de son fils, et lui baisant les mains [1].

La quatrième scène annoncée par le témoin de la Passion est l'agonie de son Maître au

[1] Cf. M. Louis Veuillot, *Vie de N. S. Jésus-Christ* (p. 420 et 421), où l'on trouve résumées, dans ce grand style que l'on connaît, les opinions des Pères au sujet de la Vierge, durant la Passion. Cf. aussi le Mystère français des Gréban.

Jardin des Olives, la lutte que Jésus soutient contre la Raison, l'assistance qu'il reçoit d'un ange, son arrestation et la fuite de ses disciples.

Aux trois scènes suivantes, le témoin raconte ce qu'il a vu chez Anne, chez Caïphe, chez Pilate, et ce qu'on va voir se renouveler : l'interrogatoire, les soufflets, les crachats, la violation de la loi, le reniement de saint Pierre et son repentir, le désespoir de Judas, et sa mort, œuvre d'une furie qui l'envoie en enfer avec un baiser vengeur.

La scène huitième, où le témoin se nomme, se passe devant Hérode qui ordonne de revêtir Jésus de la robe blanche de son fou.

La neuvième et la dixième ont lieu devant Pilate, qui, après avoir fait flageller Jésus et l'avoir laissé habiller d'une robe en lambeaux, couronner d'épines, mettre en parallèle avec des voleurs, finit par le condamner à mort, de peur de déplaire à César.

Le chemin du Calvaire, que le témoin a pris en suivant Jésus, est le prologue de la scène onzième. On y voit accourir Marie, demandant aux passants des nouvelles de son fils,

tout éperdue, en proie aux plus violents pa-
roxysmes de la douleur, et ne pouvant reconnaître Jésus entre les condamnés qui marchent au supplice.

Avant la douzième scène, le témoin fait le
récit sommaire du crucifiement.

Avant la treizième, il annonce la conversion du bon Larron, la prière de Jésus pour
ses bourreaux, la remise de Marie à saint Jean
qui doit le remplacer près d'elle.

La suite de cette exposition précède les trois
dernières scènes du drame divin, et le témoin
sacré l'achève au moment où Joseph d'Arimathie, Nicodème et les trois Marie arrivent
pour déposer le Christ dans sa couche glorieuse jusqu'à la résurrection.

La seconde partie du Mystère a pour sujet
de ses divers prologues les apparitions suc-
cessives de Jésus à sa mère, à Joseph d'Arimathie, à la Madeleine, à saint Pierre pénitent, à
Cléophas et à saint Luc, puis à tous les apôtres,
hormis à Thomas, et enfin au disciple incrédule
que la foi entraînera jusqu'au bout du monde.

Si cette façon de procéder perpétuellement

par thèse et antithèse, à la manière de l'École, nous paraît aujourd'hui bien simple, bien élémentaire et même nuisible à l'intérêt, n'oublions pas qu'elle avait pour but de réveiller sans cesse l'attention d'un auditoire confus, distrait, tumultueux; rappelons-nous d'ailleurs qu'elle avait été celle des maîtres du théâtre antique, et qu'on l'avait suivie à Rome, où le chœur jouait plus ou moins le rôle du témoin de notre Mystère.

Mais soutenir l'attention des spectateurs n'était pas tout pour le poëte; il fallait qu'il finît par leur arracher la victoire; il fallait, comme dit, dès le début, le témoin ou plutôt l'auteur, que chacun s'en allât pleurant. Alors seulement il se sentait vainqueur, et pleurant lui-même, comme saint Augustin, après son célèbre discours au peuple d'Hippone, il remerciait « le Maître des âmes de lui avoir donné l'inspiration selon le besoin. »

Assurément, je ne qualifierai pas de sublime le degré d'élévation auquel il est parvenu, mais on voudra bien me permettre de trouver touchants des passages tels que le débat et les adieux de la mère et du fils, la rencontre de Marie et de saint Jean sur le chemin du Calvaire, les larmes de saint Pierre, l'entrevue de Jésus et de la Madeleine dans le jardin, et quelques autres scènes encore, qui, à travers un langage extrêmement mêlé et un art des plus imparfaits, ont eu le secret, je l'avoue, de remuer au fond de mon cœur des sentiments contre lesquels je n'ai pas su lutter.

> Contre l'émotion qui réveille une larme
> A tort on se défend.

C'est vous qui avez dit, cela, M. Sainte-Beuve.

Inutile de faire remarquer les ressorts mis en jeu par l'auteur pour arriver de même aux effets salutaires de la terreur; sa peinture de l'enfer, destinée à impressionner convenablement l'auditoire dès le début; le tableau de l'impénitence finale, dans la personne de Judas; le dernier soupir du traître, percé d'un trait d'ironie diabolique, plus cruel que la corde elle-même, ont un caractère sombre et vigoureux qui prouve chez le peintre une souplesse

de pinceau capable d'arriver à la vraie tragédie. Mais je ne me lasserai pas de répéter qu'il
visait plus haut. Si sa poétique ne venait pas
d'Aristote, elle venait du cœur. Je ne le blâ-
merai point cependant, avec les théologiens,
d'avoir, par instinct plutôt que par connaissance des règles aristotéliques, passionné certains caractères, notamment celui de la Vierge,
type divin de résignation, et qui reste muette
dans l'Évangile pendant les souffrances de son
fils. Il ne pouvait qu'au prix de quelque chose
d'humain l'introduire sur la scène. Je lui re-
procherais plutôt d'avoir dépassé la mesure et
changé la mère en amante. Ses principaux effets dramatiques lui ont été fournis moins par
l'histoire que par les textes apocryphes où
l'homme a mis la main.

L'auteur, quel qu'il soit, de la tragédie
grecque intitulée *le Christ souffrant* [1], avait
puisé ses couleurs à la même source pour
peindre la sainte Vierge; seulement, au lieu de
rester ainsi que lui dans la nuance délicate

---

[1] Χριστός πάσχων.

indiquée par les livres saints, il a encore plus
outré la teinte que le dramaturge breton; il a
altéré d'une manière presque sacrilége le type
consacré, il a prêté à la Mère de Dieu une douleur extravagante; que dis-je? jusqu'à des projets de suicide; et, empruntant à Euripide un
vers célèbre, il a mis dans la bouche de la sainte
Vierge les paroles d'une autre femme au désespoir[1].

Les deux Jean Michel et les frères Gréban,
dans leur drame français, également né de la
double inspiration authentique et apocryphe
(de 1437 à 1486) ne sont pas allés aussi loin
que l'imitateur d'Euripide; ils ont cependant
dépassé la hardiesse de l'auteur breton. En les
comparant avec lui, on est frappé du contraste
perpétuel qui existe entre leurs témérités et la
tenue, la réserve, la gravité constante de leur
confrère armoricain. Cette gravité va jusqu'à
la sécheresse dans les plus anciens Mystères
latins qui ne sont guère que la glose de l'évangile du jeudi-saint. On trouve la même roideur

Δικρ ὑω γυνή γὰρ εἰμι κἀπὶ δάκρυοις ἔφυν.

f

chez l'auteur du fragment français de la Passion écrite au xɪɪ° siècle, fragment dont la concision presque liturgique et le ton sévère diffèrent tant de la prolixité, du ton badin, goguenard, souvent même obscène des dramaturges arrivés trois siècles après. Les auteurs du temps de Philippe-Auguste et de saint Louis, qui cherchaient à pénétrer les *hauts mystères du Graal,* ne se seraient jamais permis des licences pareilles. Ils auraient répondu comme l'ermite indigné au chevalier du Saint-Graal :

> ...... Ains est grand tort !
> Le jour où Jésus-Christ est mort !

Le réalisme repoussant, le langage ordurier, les plaisanteries ignobles des bourreaux de Jésus ou de leurs dignes compères les démons, si fort du goût des sujets de Louis XI ou de Gilles de Retz, n'auraient pas été supportés sur l'ancien théâtre français. On n'en voit pas non plus de trace sur l'ancien théâtre breton : les joies naïves de la fête des *Innocents (Fatuorum, Innocentium)* ou du *Deposuit* ne commencèrent à dégénérer qu'au xv° siècle en Bretagne, et n'y furent proscrites qu'alors. Aux siècles précédents, l'exaltation des *Humbles* et des *Fous*[1], comme on les appelait, ne donnait naissance qu'aux légendes les plus délicates et les plus charmantes[2]. Les maîtres de la scène bretonne auraient cru manquer de respect au divin sujet de leur inspiration dramatique en souillant l'oreille de leurs auditeurs par des expressions dont le parfait naturel ne rachetait nullement l'indécence. La piété, jointe à une certaine délicatesse de cœur, dirigeait leur goût et l'empêchait de s'égarer. Ils étaient bien les contemporains de ce dévot prince breton qui ne voulait pas faire passer son cheval sur l'ombre de la Croix[3]. C'est guidé par le même instinct de pudeur que la muse rustique des Bretons n'a jamais proféré « de ces mots qu'il ne faut pas entendre[4]. » On sent qu'elle a joué tout enfant sous les murs de

---

[1] Deposuit potentes de sede et exaltavit *humiles.* (Cantique de la Vierge.) Cf. M. Clément, *Histoire de la musique religieuse,* p. 1, ch. 11.

[2] Celle de Salaün *le fou* date du xiv⁰ siècle.

[3] Charles de Blois (D. Lobineau, *Vies des Saints de Bretagne*).

[4] Brizeux, *les Noces,* petit drame traduit du breton. (*V.* le poëme de *Marie.*)

l'église, devant la porte ou à côté, et que la Mère n'a jamais été loin.

Le souci instinctif des convenances théâtrales ne fut pas le seul que le désir du bien inspira au poëte breton : l'exécution matérielle du drame, la perfection de la parole chargée d'expliquer l'ineffable sacrifice d'un Dieu mort pour l'Humanité, fut évidemment une de ses plus vives préoccupations. Quand on étudie de près les détails techniques de son rhythme, on reste frappé du même étonnement que lorsqu'on regarde à la loupe quelque reliquaire ciselé du XIIIe siècle ; si ce n'est pas le même fini, c'est le même raffinement. Au lieu du mètre tout simple de la poésie populaire et des petites scènes dialoguées de la Passion, où le nombre des syllabes et la rime constituent seuls la versification, au lieu du distique de huit pieds et du triplet ordinaire sans entrelacement de rimes et sans rimes intérieures, on voit reparaître le ternaire savant des bardes avec son cliquetis d'assonances, son parallélisme de lettres, son harmonie presque étourdissante. Il reparaît redoublé, réduit même en système régulier. Le poëme dramatique est divisé d'un bout à l'autre, comme les Mystères corniques, en stances de six vers, soit de cinq, soit de huit, soit de dix syllabes ; les deux premiers vers rimant ensemble, le quatrième avec le cinquième, le troisième avec le sixième. Indépendamment des chutes symphoniques qui terminent la strophe, il y a des rimes intérieures répétées à peu près régulièrement, par deux fois dans les vers de huit pieds, par trois fois dans les vers de dix, à la quatrième, à la septième, à la neuvième syllabe, et correspondant assez généralement les unes aux autres. La rime finale est très-souvent reprise à chaque nouvelle stance, de manière à ce que le dernier vers de l'une forme un ternaire monorime de même mesure avec les deux premiers vers de la suivante, et pour ainsi dire une chaîne musicale notée.

Ce n'est pas tout encore, le ternaire est double ; dans les vers décasyllabiques, la troisième rime, appelée à le compléter, est fournie par le quatrième pied du troisième vers rimant avec le sixième, et ce sixième vers présente lui-

f.

même, au quatrième pied, une rime sonnant
avec la dernière du quatrième et du cinquième
vers, de nature à produire pour l'oreille un
nouveau triplet. Qu'on juge des difficultés d'un
système rhythmique aussi compliqué !

Il offrait au poëte plutôt une gêne qu'un res-
sort, et cependant il s'y est constamment
soumis.

J'avoue que je ne puis m'empêcher d'être
frappé de sa patience. Le désintéressement de
son inspiration poétique ne me touche pas
moins : qu'un Eschyle ou un Sophocle qui as-
pirait au suffrage de la Grèce entière, ou plutôt
de tout l'univers, mît dans ses écrits un travail infini pour charmer des oreilles savantes,
on le conçoit; mais le poëte d'une petite et obscure nation, d'une nation que ses voisins mépri-
saient, dont ils traitaient la langue de patois, qui
pouvait le récompenser? dans quel but de pareils efforts? pour qui travaillait-il? Dieu le
savait; c'était assez pour lui. Il trouvait dans
sa conscience de chrétien une récompense bien
supérieure aux applaudissements de la foule :
Celui dont il avait chanté les douloureux tra-

vaux n'oublierait pas son pénible labeur; celle qu'il n'avait pas séparée de Jésus se souviendrait aussi de sa peine; et quand il viendrait un jour frapper à la porte du Paradis, elle dirait à son fils, comme dans le cantique populaire : « Par le sein qui vous a porté, par le lait qui vous a nourri, par les bras qui vous ont bercé, ouvrez-lui, je vous en conjure.

« C'est un de ces hommes de la Basse Bretagne brisé par le travail; assez de sueurs il a répandues, assez de mal l'a accablé, assez de larmes il a versées; donnez-lui part aux joies du ciel. »

Et le Dieu mort en croix répondrait à sa mère, en recevant au ciel le chantre de sa Passion : « Qu'il entre! j'aime les Bretons[1]. »

Par malheur, le désintéressement qui a poussé le poëte à cacher son nom nous laisse dans la même ignorance sur sa ville natale et le temps où il a vécu. Pour son pays, il n'est pas difficile de le deviner, et on peut lui appliquer les paroles adressées à Pierre,

---

[1] Meuleudi Itron Varia Breiz.

cherchant à rester inconnu : « Ton idiome te dénonce assez. »

Cet idiome est le dialecte attique des Bretons, celui de l'ancien évêché de Léon ; nul doute que le Mystère n'y ait été composé ; on arrive même par induction à préciser l'endroit qui l'a vu naître : les deux principales copies parvenues jusqu'à nous, dont l'une est du commencement du xvi⁰ siècle, l'autre des premières années du xvii⁰, sont dues à deux habitants de Saint-Pol-de-Léon : évidemment, c'était pour eux un héritage religieux. Le digne concitoyen du vieil éditeur Yves Quillévéré et du prêtre Tanguy Guéguen, M. Pol de Courcy, qui possède une dernière transcription refondue et remaniée de la seconde partie du Mystère, a bien le droit de le revendiquer pour l'honneur de sa ville natale [1].

---

[1] Elle a pour titre : *Resurrection Jesus Christ map Doue*, et a été commencée le 2 novembre 1719. La versification, comme le reste, y est bouleversée, et l'alexandrin à rimes plates remplace le mètre savant et compliqué de l'édition de 1530. Dans une copie encore plus moderne du même *Mystère*, que possède M. l'abbé Henry, c'est le distique populaire de huit pieds qu'on a substitué au vieux rhythme.

La question de date souffre plus de difficulté, sans être pourtant insoluble. Chacune des trois copies, on le conçoit, porte le cachet de l'époque où elle a été exécutée; mais la plus ancienne parvenue à ma connaissance n'est certainement pas la première; l'imprimeur nous apprend lui-même que c'est une nouvelle édition [1], et quand il ne le dirait pas, les changements qu'il s'est trop souvent permis de faire subir à son texte pour le rajeunir, les strophes incomplètes et les vers tronqués qu'il publie le prouveraient suffisamment. Malgré tout, la première empreinte est loin d'avoir disparu. Des traces visibles d'originalité se retrouvent dans plusieurs formes de langage, dans le système rhythmique du poëte, dans le degré particulier de développement dramatique signalé par son œuvre. A l'aide de ces divers moyens d'investigation, la critique peut arriver à déterminer à peu près l'époque de la rédaction primitive.

———

[1] A NEVEZ IMPRIMET (*rursus impressus*). Le P. Grégoire a fait la même remarque en tête de cette édition.

Qu'on me permette d'entrer ici dans quelques détails indispensables; je n'abuserai pas de la permission.

La science a divisé l'histoire de la langue bretonne en trois grandes époques : la première, qui va du commencement du vi^e siècle à la fin du xiie; la seconde, du xiiie siècle au milieu du xvie; la dernière, jusqu'à nos jours. Chacune offre des caractères assez tranchés pour qu'on ne puisse confondre l'âge archaïque avec le moyen âge, et celui-ci avec l'âge moderne ; mais saisir les nuances entre les styles d'une même période, voilà le point délicat. Pour y arriver, on a les manuscrits, et à défaut d'eux, la ressource de la philologie comparée.

Si, appliquant à notre sujet ce dernier instrument de précision, nous rapprochons notre texte d'autres textes du moyen âge, trois principaux ouvrages datés s'offrent à nous comme termes de comparaison :

1° Les *Heures* latines et bretonnes de Léon, en prose et en vers, qui ont pu être rédigées en 1486, comme le voulait M. de Corbière, mais qui certainement n'ont été imprimées qu'en 1524 [1].

2° Le *Catholicon* ou dictionnaire breton français et latin, édition gothique publiée de nouveau à Paris en l'année 1521, par Yves Quillévéré [2].

3° Le même ouvrage, réédité, corrigé et revu par maître Jean Corre, de Tréguier, sans date, mais qu'on croit de l'an 1501 [1].

4° Le même sous le titre de *Catholicon en troys langages sçavoir est breton, françoys et latin,* construit, compilé et intitulé par Auffret

---

[1] Petit in-4° gothique avec vignettes, de 203 folios, paginés à partir du 49° (le premier et le titre manquent). D'après l'autorité du ministre bibliophile, j'ai vieilli autrefois cette édition de trente-huit ans. M. Pol de Courcy, qui en possède un exemplaire, m'a fait remarquer que le feuillet CLIIII v° en indique la date précise : on y lit effectivement : *Almanac eguyt peuar bloaᶻ varnuguent,* c'est-à-dire : « Almanach pour l'an vingt-quatre. » Or, d'une part l'imprimerie n'existait pas en 1424, de l'autre on n'imprimait plus en gothique en 1624; donc l'édition est de l'an 1524. Les vignettes, signées de Geoffroi Tori, sont d'ailleurs de cette époque.

[2] Un vol. in-8° de 160 ff., portant le titre latin : CATHOLICON. *Artificialis dictionarius tiphariam partitus : britonice scilicet, gallice et latine,* et finissant par les mots : *explicit* CATHOLICON.. *expensis honestis viri Ivonis Quillevere Parisius commorantis rursus impressus.* (Bibliothèque impériale, X, n° 1429, ab. Rés.)

[3] In-4° gothique de 100 ff. commençant ainsi : *Incipit* DICTIONARIUS *Britonum... a* M° *John. Corre correctus et revisus.* (Biblioth. imp., X, n° 1429, aa.)

de Coatquevran, et imprimé par Jehan Calvez, à Tréguier, le 5 novembre de l'année 1499[1].

5° Le manuscrit original des trois éditions précédentes, daté du 26 août de l'année 1464, et portant le nom de Jean Lagadeuc, curé de Ploegonen, son auteur[2].

6° La *Vie de sainte Nonne et de saint David*, manuscrit du xv° siècle, imprimé à Paris en 1837[3].

J'ai comparé le *Mystère de Jésus* avec ces différents textes, et noté très-attentivement les ressemblances et les différences qu'ils présentent sous le triple rapport de l'orthographe, du vocabulaire et de la syntaxe, sans oublier le rhythme auquel j'attache une importance particulière. Or, voici le résultat sommaire d'observations dont l'ensemble trouvera place dans un ouvrage spécial.

---

[1] Un vol. in-folio goth. de 210 pages d'impression. (Biblioth. imp., X, 1429, a, et biblioth. de Quimper.)

[2] Un vol. in-fol°. (Biblioth. imp., fonds Lancelot, ancien n° 160.) Incomplet, s'arrêtant au milieu de la lettre P. La préface finit par les mots : *Datum die XVI[a] Aug. Anno Dom.* 1464.

[3] Il se trouve maintenant à la Bibliothèque impériale qui en a fait l'acquisition.

L'auteur du *Mystère de Jésus* n'écrit pas les mots comme ils se prononçaient de son temps; l'auteur des *Heures* au contraire s'efforce de peindre les sons, surtout ceux du nez, et au lieu de l'*f* simple employée dans le *Mystère de Jésus*, il fait un continuel usage de la syllabe *fu* [1]. Suivant ce système nasillard, quand l'auteur du Mystère emploie les sons clairs, il use des sons sourds, substituant la diphthongue *eu* à l'*e* ouvert, et la diphthongue *ou* à l'*o* plein et sonore [2]. Je remarque aussi chez lui une tendance plus marquée à figurer les consonnes muables [3], à contracter les mots [4], à adoucir les terminaisons.

Quand l'auteur du Mystère, ce qui lui arrive trop souvent, se sert d'un terme latin qu'il tronque à la manière des Provençaux et qu'il

---

[1] An liessa*fu* eu an guelha*fu* (fol. 24, v°)

Rei*fu* da eua*fu* a pret da neb so sichidic (fol. 25)
au lieu de liess*af*, guell*af*, rei*f*, eva*f*.

[2] Pe*heu*ny (fol. 15 v° et 17 v°), au lieu de peh*e*ny; *roue, crouer* (*ibid.*) au lieu de *roe, croer*; *ouat* au lieu de *oat* (fol. 24 v°); *ratouez* (fol. clij) au lieu de rato*z*.

[3] Da *v*ezo, maz *v*izimp (fol. 16), da *v*ezout, a *v*efu (fol. 22 v°).

[4] *Gousout* au lieu de go*z*ve*z*out (fol. 25 v°); *roct* au lieu de *r*ohet (fol. 17); *mont* au lieu de *monet*.

g

emploie au préjudice du vrai terme breton,
l'autre poëte prend tout simplement le mot
français de son temps peu ou point modifié [1],
et son vocabulaire, si c'est possible, est encore
plus francisé.

Les différences grammaticales me frappent
moins; la seule bien tranchée est la formation
du génitif par un procédé qui détache et isole
la préposition de l'article, comme dans la
langue moderne, au lieu de la combiner avec
lui, comme au moyen âge [2].

Mais le système rhythmique des deux versi-
ficateurs diffère du tout au tout. Cet art, poussé
chez l'un jusqu'au raffinement, et qui rappelle
tant celui des bardes et des scaldes, est inconnu
à l'autre dont le mètre est souvent sans mesure,
rimé vaille que vaille, et n'offre ni ternaires, ni
croisements compliqués, ni allitération. Il est
vrai qu'il n'offre pas non plus le défaut très-
caractéristique du Mystère, défaut né de la né-
cessité des rimes intérieures et parallèles mul-

---

[1] Par ex. *majestez* au lieu de *maiestat*.

[2] Conclusion *vez an* dec gourchemen (fol. 23 v°) au lieu de *an a' n)* dec gourchemen.

CHEZ LES NATIONS CELTIQUES.

tipliées, je veux dire de *chevilles*. L'absence de ces chevilles dans des poésies d'art leur assigne une date postérieure à l'an 1500, comme leur présence systématique les reporte au xve et au xive siècle.

On peut donc croire, sans trop de présomption, que l'édition *princeps* de notre Mystère, annoncée par celle de 1530, remonte au moins à un demi-siècle plus haut.

Nous arrivons ainsi à l'an 1480, juste à l'époque qui tient le milieu entre la composition et l'impression du *Catholicon*; mais nous pouvons bien remonter jusqu'à l'an 1464, où Lagadeuc le rédigea. Or, je dois l'avouer, s'il y a quelque différence de langue et d'orthographe entre son dictionnaire et notre Mystère, elles sont tellement imperceptibles qu'on jurerait que Lagadeuc l'a eu sous les yeux en faisant son livre. On peut prendre au hasard tel mot qu'on voudra de l'un et de l'autre, à peine trouvera-t-on entre eux une nuance de formes. Seulement, le lexicographe a négligé plusieurs expressions, probablement parcequ'elles étaient déjà tombées en désuétude de son temps, et que son but était de faire connaître aux jeunes clercs d'Armorique les équivalents latins et français des termes bretons d'un usage usuel, pour les empêcher, comme il dit, de donner des « écailles aux oiseaux et des ailes aux poissons [1]. »

Le besoin d'entendre ces termes m'a conduit à une source encore plus ancienne, que Zeuss croit du xiv⁰ siècle [2], et dont une partie, selon moi, pourrait bien être du xiii⁰; je veux parler du *Mystère de sainte Nonne*. Mais arrivé là, il est inutile de pousser plus loin la comparaison avec le *Mystère de Jésus*, car vocabulaire et influence urbaine, orthographe, parties du discours, dialecte, formes rhythmiques, tout est si parfaitement d'accord dans

---

[1] Quum multi scolares... trahunt vocabula latina ad sensum extraneum et extortum, squamas avibus et pennas piscibus apponentes... etiam quia quamplures Britones multum indigent gallici ; idcirco ego Johannes Lagadeuc, parochus Ploegonen, diocesis Trecorensis, in artibus et decretis Bachalarius, ad utilitatem pauperum clericulorum Britanniæ... hoc opusculum composui secundum ordinem quam frater Johannes Iannensis tenet in suo *Catholicon*... ut per illud Britones poterint ad gallici et latini pervenire cognitionem (*in Proemio*).

[2] Malim assentire ei qui compositionem esse seculi xiv⁰ affirmet. (*Grammatica celtica*, p. xlvii.)

les deux drames que je suis tenté de les attribuer l'un et l'autre à un même auteur : du moins ne serai-je contredit par aucun homme versé dans l'ancienne langue bretonne, en avançant qu'ils appartiennent tous deux au xiv° siècle; certaines formes grammaticales accuseraient même une date antérieure [1].

Mon opinion, j'ose l'espérer, sera aussi adoptée par tous ceux qui ont étudié à fond le théâtre gothique français; la littérature dramatique comparée donnant un résultat tout semblable à celui de la philologie.

Si l'on met en effet en balance, d'une part, la trilogie des Michel et des frères Gréban; de l'autre, la pièce armoricaine, et si l'on trouve que la première est une œuvre immense, « une

---

[1] Je signalerai, entre autres, les participes passé en *at*, tels que *cruciflat* (p. 173, 175, 218), *santifat* et *stlegat* (p. 76), *guellat* (p. 93), *cannat* (p. 105), *barnat* (p. 106), *lacat* (p. 122), *furmat* (p. 127); c'est une forme archaïque. J'en dirai autant de *rohint* (p. 217), de *sellit-hu* et *sellet-hui* (p. 146 et 184), de *crethen* (p. 196), et *crethe* (p. 205, 211, 216), de *diquacc* (p. 219), de *eth* (p. 185, 218 et 225), de *tha* (p. 225), de *crequet* (p. 158), de *gret* pour *ret* (p. 177), de *lat* (écrit *laȝ*, mais auquel le nom de Pilat, qui rime avec lui, restitue son *t* primitif), de *greheut* (p. 51), et *guerue* (p. 128), de *devoat* (p. 224).

mer centrale où se sont versés tous les fleuves d'une même région poétique, » selon l'heureuse image de M. Douhaire[1], un thème dramatique démesurément amplifié, allongé, surchargé de faits, d'incidents et d'épisodes ; une action représentée par un personnel énorme, avec des détails infinis de mise en scène; tandis que la seconde, au contraire, est courte, simple, peu compliquée, sobre d'accessoires, facile à saisir, jouée par quarante-trois acteurs au lieu de deux cents, et n'ayant à réciter qu'environ six mille vers au lieu de quatre-vingt mille, sans une seule didascalie pour les guider, pourra-t-on hésiter sur l'ancienneté relative des deux compositions ? pourra-t-on ne pas admettre que si l'une était déjà jouée en 1437, l'autre a dû l'être au moins une soixantaine d'années plus tôt[2].

---

[1] Histoire de la poésie chrétienne, xiᵉ leç. (*Université cathol.* t. X).

[2] Pour le Mystère français de la Passion, composé par les frères Gréban, consulter les deux manuscrits nᵒ 7206 de la Bibliothèque impériale, dont l'un est daté du 22 février 1473, et l'autre de l'an 1507, à partir, dans le premier, du fol. 110, vᵒ, et dans le second, du fol. 127, rᵒ. Pour l'œuvre des Michel, voir l'édition gothique de Vérard, Paris, 1490 (Bibliothèque impériale, Rés. nᵒ 4350). Selon Ch Magnin, les rédactions des Mss

Nous arrivons ainsi de nouveau à la seconde moitié du xive siècle, et, en supposant nos calculs exacts, vers l'année 1365.

Or, cette année fut pour la Bretagne la première de trêve après un quart de siècle d'une guerre d'extermination. La bataille d'Auray (septembre 1364) y avait mis heureusement fin par la mort d'un des rivaux. Le jeune vainqueur visita ses bonnes villes du pays bretonnant, lesquelles, dit Froissart, « lùi estoient plus enclines que les Bretons-Gaulois. » A Saint-Pol-de-Léon, dont il devait plus tard si fort maltraiter les habitants, on lui rendit toutes sortes d'hommages. Quand cette ville épiscopale recevait ses nouveaux évêques avec tant d'apparat [1], quel accueil ne devait-elle pas faire à son souverain légitime? Partout, les entrées royales étaient accompagnées de représentations dramatiques. Paris, Lyon, Tours, Angers, sont célèbres pour celles qu'elles offri-

de Valenciennes et de Troyes sont postérieures aux Gréban. (*Journal des Savants*, janvier 1846.)

Notice sur la ville de Saint-Pol-de-Léon, par M. P. de Courcy, p. 11.

rent à des princes français : le Mystère de la Passion en était, on le sait, le sujet le plus ordinaire; rien donc n'empêche de penser qu'on le joua de même pour fêter l'arrivée de Jean le Conquérant dans la capitale du Léon. Le choix d'un pareil sujet n'aurait pas été fait sans cause : comme le Christ, après son supplice, le peuple de Bretagne, après une douloureuse passion, revenait à la vie; le traité de Guérande avait été signé par le duc la veille même du jour de Pâques; mais, au dernier moment, ce traité avait failli ne pas être conclu, et « le peuple, » dit Guillaume de Saint-André, secrétaire de Jean IV, « s'était pris à crier humblement et à supplier, car la guerre avait duré trop longtemps; on le voyait se traîner sur les genoux autour des églises, implorant le Sauveur pour qu'il mît les parties d'accord et le pays hors de tourment. On était alors, » ajoute-t-il, « dans le temps de dévotion où Jésus-Christ reçut la mort et de son sang nous racheta. Le souvenir de la Passion toucha le cœur du duc et l'inclina à la conciliation [1]. »

---

[1] Dom Morice, *Preuves*, t. IV, p. 326.

On se rappelle que, dans la tragédie antique, le chœur, qui représentait le peuple, élevait la voix à certains moments décisifs pour conjurer les dieux ; ne croirait-on pas de même, au début du *Mystère de Jésus*, entendre les Bretons dans l'angoisse, criant vers le ciel, par la bouche du Témoin : « Par pitié pour la Passion de notre bon Roi, chacun doit se laisser toucher, si hautain qu'il soit! »

Ou je me trompe fort, ou ce prologue vaudrait une date et serait l'écho des angoisses de la semaine sainte de l'année 1365.

L'Alleluia de la Résurrection, dans la seconde partie du *Mystère,* répondrait à la joie universelle qui éclata, une fois la paix conclue.

Quand je cherche à Saint-Pol le lieu où le théâtre aurait été dressé, je n'en trouve pas de plus digne du sujet et de l'illustre spectateur que la cathédrale elle-même ; c'est aussi là que j'aimerais à trouver l'auteur et meneur du jeu, parmi les clercs du chapitre dont faisait partie ce prêtre organiste aux soins duquel nous devons la dernière édition non remaniée de l'ouvrage. Si le poëte n'a point appartenu au chapitre, il a peut-être été membre de cette communauté de religieux du Mont-Carmel, fondée à Saint-Pol par Jean IV lui-même. Mais le mieux informé des antiquaires du Léon (est-il besoin de nommer M. de Courcy?) n'a pu me fournir aucun renseignement à cet égard : les archives de sa ville natale ont disparu avec l'évêché, depuis la Révolution.

Il a seulement constaté, d'après d'autres sources, un fait important que j'ai déjà signalé, je veux parler des représentations burlesques dont la cathédrale était le théâtre au xv° siècle. Puisque le chapitre ne craignait pas de faire servir le saint lieu à ces représentations, où lui-même figurait déguisé, il ne dut pas croire le profaner au siècle précédent en y jouant le Mystère de son Dieu, en l'honneur de son souverain. Avec la liberté des églises épiscopales, Saint-Pol possédait le matériel d'une mise en scène suffisante : personnel nombreux, tapisseries, costumes, masques pour les rôles de femmes (tou-jours joués par des hommes), dalmatiques, étoles, chasubles, manteaux, croix et bassins d'or et d'argent, hallebardes, lances, épées, bannières, instruments de musique, toutes les pompes des grands spectacles.

Pour se faire une idée bien nette de ceux-ci, il faut recourir aux bas-reliefs, aux vignettes, aux tapisseries, où les artistes ont représenté naïvement les scènes qu'ils avaient sous les yeux. Si les Passions ou Calvaires du Léon étaient antérieurs au xvi° siècle, si les vingt-sept illustrations de la Passion des Heures léonnaises étaient du xiv° siècle, elles nous seraient ici d'un grand secours ; mais les indications fournies par les manuscrits des Mystères latins ou français, et surtout les *Toiles peintes de Reims*, ne laissent rien à désirer ; elles reconstruisent pour nous le théâtre gothique [1].

Qu'on élève une grande maison de bois sculptée et enluminée, en forme d'hémicycle, à plusieurs étages ou galeries, avec cave et combles ; qu'on divise par des cloisons légères chaque galerie portant un écriteau ; qu'on abaisse assez la rampe de ces

[1] Planches dessinées et gravées par M. C. Leberthais, explications historiques par M. Louis Pâris, 2 vol. in-4° (1843). Cf. M. Géruzès.

compartiments pour qu'on puisse voir distinctement ce qui se passe à l'intérieur; qu'on
y introduise ensuite, par un escalier dérobé,
ménagé à cet effet, divers groupes de personnages suivant leurs rôles respectifs : Dieu le
Père dans les combles, ou le Ciel, avec la musique; les démons dans la cave, les hommes
aux étages intermédiaires; chacun dans un lieu
qu'il ne quittera que pour passer dans un autre
lieu, quand l'action le demandera; qu'on dispose ainsi chaque chose pour que cette action
commence après les chants du Prologue, et
l'on aura obéi à toutes les recommandations
faites en tête des Mystères du moyen âge. On
voit que le théâtre d'alors n'était que le théâtre
moderne retourné : les acteurs, au lieu d'être
sur la scène actuelle, occupaient les galeries,
les baignoires, les loges, l'amphithéâtre et le
Paradis.

Je lis dans l'argument d'un Mystère latin du XIIIᵉ siècle des indications scéniques
qu'on dirait faites tout exprès pour suppléer à
celles dont le Mystère breton, comme les
plus anciens, se trouve dépourvu.

« *Primo,* y est-il dit : conduisez à sa place Pilate avec sa femme et ses soldats; 2° Hérode et sa suite; 3° les Pontifes; 4° le marchand de parfums et sa femme; 5° Marie-Madeleine.....

« Après que tous les personnages auront été convenablement placés, Jésus devra se montrer et agir. »

Un peu plus loin, je trouve cette indication :

« Que le Pharisien (Simon le Lépreux) quitte sa place pour aller inviter Jésus à souper.» Puis, « Qu'il donne ses ordres à son serviteur [1]. »

Des renseignements non moins précis sur les dispositions que doit avoir le théâtre, pour la représentation du Mystère de la Résurrection, nous sont donnés dans une vieille pièce en langue romane : la décoration des lieux, les principaux acteurs, toute la mise en scène y est indiquée.

« Voici, dit l'auteur, de quelle manière nous jouons la sainte Résurrection : nous commençons par préparer les lieux et les habitations : d'abord le Calvaire, puis le tombeau qui doit

---

[1] Heinrich Hoffmann, *Fundgruben für Geschichte deutscher sprache und littcratur* (1837). Cf. M. de Coussemaker, *loc. cit.*

contenir une prison pour enfermer les âmes
captives, ensuite l'enfer. Il faut aussi un ciel,
et placer aux différentes galeries, d'un côté
Pilate et ses vassaux (il aura avec lui six ou
sept chevaliers), de l'autre, Caïphe et toute la
juiverie, et Joseph d'Arimathie. Au quatrième
compartiment, dom Nicodème; chacun suivi
de ses amis. Au cinquième, les disciples
du Christ, et au sixième, les trois Marie. Il
faudra aussi que la Galilée soit représentée au
milieu de la place, ainsi que le bourg d'Emmaüs où Jésus entra dans l'hôtellerie.

« Lorsque tous les gens seront assis et qu'on
aura fait silence, Joseph d'Arimathie viendra
trouver Pilate et lui parlera[1]. »

Les auteurs des Mystères corniques de la
Passion et de la Résurrection ne se sont pas
bornés à ces indications scéniques, ils sont allés jusqu'à marquer sur un plan circulaire la
place que devaient occuper les principaux acteurs. Le pourtour de la scène est divisé en

---

[1] Manuscrit de la Bibliothèque impériale, n° 7206, fol. 14,
publié en 1834, par M. Jubinal.

neuf compartiments dans la Passion, en huit dans la Résurrection[1].

Le nombre des personnages de la Passion armoricaine s'élève, je l'ai déjà dit, à quarante-trois seulement; ceux de la Résurrection à vingt; tous sont empruntés aux Évangiles canoniques ou apocryphes, à l'exception de quelques comparses restés anonymes dans le Mystère cornique, et baptisés par l'auteur armoricain de noms qu'on retrouve soit dans les romans de chevalerie, soit dans les vieux Mystères français de la Passion, mais parlant ici un langage qu'ils n'ont heureusement pas en breton.

Le rôle de l'auteur (car il en avait un) était non-seulement de chanter chaque introduction évangélique et de figurer le Témoin, mais encore de mettre en temps voulu chaque groupe d'acteurs en mouvement. C'était aussi lui qui les recrutait, leur faisait répéter leurs rôles, et, la pièce finie, les excusait près du public.

On doit croire que les priviléges spirituels,

[1] *The ancient cornish drama*, t. I, p. 479, et t. II, p. 201.

authentiques ou non, accordés aux confrères de la Passion, ne devaient pas peu exciter leur zèle. Ils ont du moins contribué à perpétuer jusqu'à nos jours, dans les campagnes bretonnes, l'usage de chanter à plusieurs voix quelques scènes du *Mystère de Jésus*, sous sa forme rudimentaire, et j'y remarque cet avertissement important :

« Quiconque joue la Passion, ou la récite d'un cœur pur, obtient trois cents jours d'indulgence. »

Les spectateurs eux-mêmes n'étaient pas oubliés dans les faveurs spirituelles dispensées aux acteurs :

« Qui ne joue pas, mais écoute, a part aux mérites qu'on gagne dans les confréries[1]. »

L'ordre du Mont-Carmel, fondé à Saint-Pol en l'année 1348, selon M. de Courcy, un peu plus tard, selon M. de Blois, et auquel appartenait peut-être l'auteur du *Mystère de Jésus*, a pu fournir aussi quelques-uns des acteurs. Serait-ce un même esprit de corps

---

[1] Voir le texte, p. 259, aux *Dialogues de la Passion*.

ou d'affiliation qui aurait conduit l'éditeur léonnais, Yves Quillévéré, en 1530, à imprimer, à la suite du *Mystère de Jésus*, la *Mort de Notre-Dame et ses Quinze Joies?*

Quoi qu'il en soit, auteur, acteurs et spectateurs, ou plutôt la Bretagne entière, étaient sous le coup du grand souffle religieux qui passait, en le fécondant, sur le siècle de Du Guesclin : j'en dois tenir compte pour achever d'expliquer la grande éclosion dramatique dont ce siècle fut le théâtre.

Comme le Témoin de la Passion et de la Résurrection de Jésus, plus de cinq cents personnes venaient d'attester devant les légats du Saint-Siége cinq résurrections de morts obtenues par le bienheureux saint Yves de Tréguier[1]. On avait vu, au cœur de l'hiver, un prince breton faire plusieurs lieues nu-pieds, par la glace et la neige, pour se rendre en pèlerinage au tombeau du saint qui, vivant, éteignait des incendies avec des signes de croix, et, mort, les discordes civiles dans les larmes

---

[1] Procès de canonisation. (Dom Lobineau, *Vies des Saints de Bretagne*, p. 225.)

des deux partis. Le prince si dévot à saint Yves, on ne l'ignorait pas, l'était encore plus à Jésus, et, pendant la semaine sainte, il ne manquait jamais de laver les pieds à treize pauvres qu'il servait ensuite à table. Le dernier Jeudi Saint de sa vie, il avait encore servi à manger, le front découvert, et vêtu d'une simple tunique, à vingt-six mendiants, et, le repas fini, il les avait congédiés en baisant la main à chacun d'eux, après y avoir déposé une pièce d'or. Ceux de son parti ajoutaient qu'après sa mort, un tableau qui le représentait avait versé du sang, comme Jésus en croix, par la plaie que lui avait faite à la tête la dague anglaise. Ce qu'il y avait de sûr et que les deux camps s'accordaient à raconter, les soudards anglais qui se jetèrent sur lui pour le dépouiller ne trouvèrent au lieu d'or sous sa cotte de mailles qu'un mauvais surtout très-usé, relique de saint Yves, sous lequel le prince portait un cilice de crin de cheval[1].

Tels étaient les faits qui exaltaient la foi bre-

----

[1] Dom Lobineau, *Vie de Charles de Blois, loco cit.* p. 283.

tonne; mais ces grands exemples n'étaient pas
les seuls qu'offrît le siècle à l'admiration publique. A côté d'Yves de Tréguier, le gen-
tilhomme, et de Charles de Blois, d'autres
figures plus humbles cachaient mal l'auréole
des saints

Des multitudes avaient rencontré, le ciseau
à la main, exerçant son métier de tailleur d'i-
mages de la Passion, un ouvrier que le monde
vit plus tard habillé d'une robe de moine gris
et prêchant ce qu'il avait sculpté. Il arrivait
du pays de Léon, et le peuple le connaissait sous le nom de *Frère Jean va nu-pieds*[1].
Plus d'un chevalier bien botté avait vu ces
pieds-là tuméfiés par les épines ou les clous
qu'il y laissait entrer en mémoire du Sauveur
marchant au Calvaire; plus d'un débauché
sortant du cabaret avait pu remarquer ce que
le religieux mêlait à sa boisson en souvenir du
fiel et du vinaigre de la croix. Les pestiférés de
Quimper le trouvèrent à leur chevet pendant

---

[1] *Breuzr Iahannik diarc'henn*, aujourd'hui vénéré sous le nom
de *saint Jean Discalcéat*. (D. Lobineau, *ibid.*, p. 259.)

l'horrible épidémie qui enleva le tiers de la population, et, mourant dans ses bras, ils lui donnèrent la mort.

Tandis que le pieux sculpteur de calvaires quittait ainsi la vie en martyr, comme son divin Maître, le pays où il était né nourrissait un pauvre enfant d'une condition plus basse encore. C'était un *innocent*, comme on disait, un idiot; il habitait un bois du Léon, près d'une fontaine, sous une aubépine, et ne quittait son toit de feuillage que quand il avait faim. Alors il se rendait à quelque ferme des environs, et, debout devant la porte, sans importuner personne, il disait d'une voix douce : « Je mangerais volontiers un morceau de pain; » car il avait perdu sa mère, et personne ne lui préparait à manger. Je me trompe, une autre mère lui restait. Lorsqu'il avait froid et qu'il pleurait en l'appelant, une belle dame venait le consoler :

Comment vers les enfants ne viendrait-elle pas,
Celle dont l'enfant-Dieu but le lait ici-bas[1]?

---

[1] Brizeux, *les Bretons.*

Un détachement de l'armée de Montfort disait avoir trouvé le petit orphelin se balançant pour se réchauffer dans une escarpolette naturelle au-dessus de sa fontaine, et qu'à ces mots : « Qui vive ! qui es-tu ? es-tu Blois ou Montfort ? » il aurait répondu : « Vive Marie ! Je suis le petit serviteur de madame la Vierge ; je ne suis ni Blois ni Montfort. » Sur quoi ils s'étaient mis à rire et éloignés de lui avec une sorte de respect.

Dix ans après la mort du pauvre innocent, lors du passage de Jean de Montfort à Lesneven, on avait rapporté au jeune prince que la sainte Vierge se plaisait à honorer par des miracles le lieu où était enterré son humble serviteur. Le duc, qui croyait devoir sa couronne à la Mère de Dieu, sous l'invocation de laquelle il avait construit l'église de Notre-Dame de Bonne-Nouvelle, à Rennes, et placé l'église du Kreisker, voulut, à l'exemple de la Reine du ciel, exalter l'innocent dont elle avait été la mère. Sur sa tombe, il posa la première pierre de la merveille d'architecture que tous les artistes saluent sous le nom de Notre-Dame du Folgoat.

La foi, qui jaillissait ainsi de toutes parts en actions saintes ou en chefs-d'œuvre d'art, donnait alors sa fleur jusque sur les champs de bataille. Les trente vainqueurs de Mi-voie s'étaient voués, on le sait, à saint Kadok, le patron des guerriers bretons, et lui avaient porté, le lendemain du combat, « une épée, une cotte d'or et un manteau bleu comme le ciel. » Le nom que la piété faisait sortir de la bouche glacée du pauvre serviteur de Marie, et voyait sur un lis poussé sur sa tombe, était précisément le cri de guerre de Du Guesclin; il avait été celui d'Arthur [1], et le bon chevalier moderne lui dut, comme l'ancien héros, plus d'une victoire sur les *Saxons*. Que dis-je ? ce fut le cri de tous les patriotes bretons du xiv* siècle, ralliés et marchant contre l'invasion étrangère :

« O Notre-Dame de Bretagne, viens au secours de ton pays ! nous fonderons en ton honneur un service commémoratif [2]. »

Les bardes qui répétaient au son de la rote

---

[1] *Myvyrian arch.*, t. II, p. 3o5.
[2] *Barzaz Breiz*, t. I, p. 38a.

ou de la harpe cet appel de tout un peuple à la patronne de l'Armorique, comme le vœu des Trente, comme les miracles de saint Yves, de Charles de Blois, de saint Jean Discalcéat, de Notre-Dame du Folgoat, obéissant au même esprit que les artistes dont le ciseau, le pinceau ou l'aiguille faisaient parler le bois, le granit et la toile ; — les bardes du pays breton prétendirent laisser après eux des monuments de leur croyance encore plus que de leur talent. S'il est cependant une corde de l'inspiration nationale où cette croyance éclate, où vibre incomparablement l'âme catholique et bretonne du xɪvᵉ siècle, c'est le théâtre de cette époque. Ailleurs, des fragments épiques ou lyriques d'un poëme admirable mutilé par le temps, comme un beau collier dont les perles, au branle du bal, se seraient égrainées ; ici, le collier tout entier.

Il passa religieusement des pieuses mains du xɪvᵉ siècle dans celles du xvᵉ, puis du xvɪᵉ, sans autre perte que quelques grains. Mais au xvɪɪᵉ il pâlit aux rayons du soleil royal, et, relégué au nombre des vieilleries gothiques par les des-

cendants dédaigneux des évêques et des chevaliers, il se vit préférer de grossières verro-
teries, fort mal imitées d'un modèle que l'on
prétendait rajeunir.

De ces pauvres imitations modernes, en vogue parmi les artisans, dans les faubourgs des
villes du XVIIIe siècle, et que les Parlements auraient pu se dispenser de frapper, la critique n'a
guère à tenir compte. Dans l'état actuel des
études historiques, ce qui est ancien de forme
et de style, ce que nous ont conservé soit de
vieux manuscrits sur vélin, soit des éditions
gothiques, ou ce qui est tout à fait rustique,
naturel, naïf, traditionnel et primitif, voilà les
seuls documents vraiment dignes de respect et
d'attention [1].

Par goût, j'aurais préféré les derniers, et les
aurais mis en lumière à l'exclusion des autres,
s'ils avaient été plus nombreux et s'ils avaient

[1] Je voudrais faire une exception en faveur du *Mystère de
sainte Triphine et du roi Arthur*, récemment publié par un esti-
mable professeur et poëte, M. Luzel, avec la collaboration de
M. l'abbé Henry, si versé dans l'étude du breton moderne. Malheureusement, le texte qu'ils ont mis au jour ne remonte pas au
delà du dix-huitième siècle.

pu former un ensemble. Venu trop tard, et quand les produits spontanés de l'inspiration première étaient, pour la plupart, taris, j'ai été heureux de pouvoir recourir à l'inspiration secondaire : à défaut des fontaines naturelles qui jaillissent à chaque pas dans les vallées de l'Anatolie, le voyageur s'estime heureux, lorsqu'il arrive sur les hauteurs, d'y rencontrer des jarres pleines d'eau, déposées là par de bonnes âmes dont il bénit la charité.

Soyez béni vous-même, ô suppléant de la Providence, poëte inconnu de mon pays, qui avez placé sur ma route cette coupe offerte à ma soif; ce que vous y avez versé n'est point l'eau de la fontaine ou du torrent, c'est le vin mystérieux « qui fait germer les vierges » et donne le courage aux hommes; soyez béni pour l'avoir recueilli, comme les anges du Calvaire.

Merci à vous aussi, humble ouvrier de Saint-Pol-de-Léon, à vous dont tout Breton lettré devrait honorer la mémoire comme du Gutenberg celtique. Loin de votre patrie, vous

h

aviez conservé sa langue, ses mœurs et ses croyances, généreux Ives Quillévéré. La croix, non pas d'or ni d'argent, ni d'azur, mais *de sable,* une croix noire était votre enseigne à Paris, emblème, pour qui savait comprendre, de foi silencieuse et triste : la Bretagne avait perdu la liberté, et, malheur non moins grand, l'Église, cette patrie de l'âme, commençait à être attaquée. Alors, jugeant, avec un illustre philosophe de votre époque, « qu'il n'est occupation ni dessein plus digne d'un homme chrétien que de viser, par toutes ses estudes et pensemens, à embellir, estendre et amplifier la vérité de sa créance[1], » vous entreprîtes la réimpression du *Grand Mystère de Jésus.*

Hélas! de mon temps, les attaques ne sont pas moins rudes, l'anxiété n'est pas moins vive.

Pour consoler, à votre exemple, et fortifier les âmes, j'ai voulu remettre en lumière le saint livre sauvé par vous. En le confiant à la garde

---

[1] Montaigne, *Essais,* liv. II, chap. XIII.

de Dieu, je ne puis m'empêcher d'exprimer le vœu qui couronne votre édition :

> Va, mon livre, en chaque paroisse,
> Va toucher le cœur des Bretons;
> Que la foi s'affermisse et croisse,
> Comme le chêne, en nos cantons[1].

---

[1]
> Aman ez achief an lefr man,
> Meurbet deuot da peb unan,
> Da lenn dan re a Goelet Breiz
> Eguyt chom fermoch en ho feiz.

PREMIÈRE PARTIE

LA PASSION

ICI COMMENCE

LA PASSION

SCÈNE PREMIÈRE[*]

LE TÉMOIN.

AR pitié pour la passion de notre bon Roi, chacun doit pleurer de tout son cœur, si superbe qu'il soit;

Car, dans sa clémence pour notre salut, le vendredi de la Croix, sans avoir fait aucun mal, ni causé aucun trouble, sur ses épaules il porta nos maux.

Aujourd'hui, le fils de Dieu le Père est mort de son

Aman ez dezrou an Passion

I

AN TEST.

Dre compassion
Ous an passion
On Roe deboner,
Ex dle pep heny
Goelaff a devry,
Nac eu mar fier;

Rac, dre e doucsder,
Evit hon saluder,
Des guener an Croas,
Heb ober nep drouc
Na breig, oar he chouc[1]
Hon drouc a dougas.

Hixieu[2] mab Doe Tat[3]
A marvas e grat,

---

[*] La division des scènes n'est indiquée nulle part.
[1] *Variantes. Ex Cod. D.* A bret goar e chouc. — [2] Hizeu. — [3] Doe'n tat.

plein gré par la faute d'Adam, sans avoir péché ni mangé morceau de la pomme fatale.

Du sein d'une vierge immaculée qu'il eut pour mère, Dieu le fit sortir; il vint sur la terre pour porter nos maux; tant il nous aima!

Tandis que notre Roi béni était à table, avec les gens de sa maison, arriva soudain Marie-Madeleine, qui faisait pénitence.

De regret de ses péchés elle pleura beaucoup; et elle le pria si aimablement qu'il lui pardonna, dans la maison de Simon.

Là, de ses larmes, sans mentir, elle baigna les pieds de notre Seigneur; puis elle s'empressa, avec ses beaux cheveux, de les essuyer soigneusement.

Dre pechet Adam,
Hep pechif un pas:
Nac an [1] aval glas
Eff ne debras tam.

Dren [2] Guerches dinam
En deffoe da mam,
Doe en dilamas;
Es deus en douar
Da doen hon glachar;
Mar meur hon caras!

Pan oa en couvy [3],
Entre tut e ty,
Hon Roe beniguet,
Es arriuas plen

Mari Magdalen
A yoa e penet.

Gant queus de pechet
Es goelas meurbet;
Ha hy en pedas
Dre grace ha faecson,
Hac en ty [4] Symon
En he pardonas.

Eno, gant dazlou
Es golchas, hep gou,
Treit hon Autrou fur [5];
Ha neuse, tizmat,
Gant he bleau astat [6]
Ho sechas gant cur.

---

1 Var. Rac en. — 2 Dre'n. — 3 Convy. — 4 Hon en ty. — 5 Autraou sur. — 6 Sic Cod. D.

Avec des parfums délicats, elle l'oignit,—le fait est certain,—malgré les murmures de quelqu'un de la maison qui était de ses disciples et qui regrettait son profit : on l'appelait Judas.

†

SIMON.

Jésus, cher maître, si vous m'aimez, il faut qu'avec vos disciples les apôtres, vous preniez la peine de venir souper chez moi; accordez-moi tout de suite cette grâce, ne vous laissez pas trop prier, exaucez mes vœux.

JÉSUS.

J'y consens, mon bon ami Simon. Puisque je suis demeuré ainsi dans cette ville, je souperai avec vous aujourd'hui.

SIMON.

Ne vous faites donc pas prier; venez avec moi que je vous traite du mieux que je pourrai. Je ne négligerai rien, nobles seigneurs et dames. Que ni grand ni petit ne reste ici; vous trouverez chez moi bon visage, croyez-le bien.

Drenn[1] *oignamant pur*
En lardas assur;
Darn a murmuras
E ty, hac e tut,
Gant queuz de tribut :
Hanvet voe Juzas.

†

SYMON.

Jesus, maestr quer, mar em queret[2]
Ret eu huy ho tut deputet
Ez deuhech, hep quet sellet poan,
Guen eff (en effet credet diff
A pret, na leset ho pidiff,

Sentit oux iff) da dibriff coan.

JESUS.

Mat eu, Symon, ma mignon glan.
Pan ouf manet sclaer en kaer man
Guen eoch en dez man ez coanif.

SYMON.

Entroch na gret quet ho pidif;
Deut guen ef, hac en ho tretif
Guelhaf maz[3] *quillif: ne grif quen,*
Autronex spes, Itronneset;
Na bras na bihan na manet;
Cher[4] *mat a queffit, credet plen.*

---

1 *Var.* Dre'n. — 2 Mar amqueret. — 3 Guel haz maz. — 4 Sur le double sens de ce mot, V. le *Dict.* breton de 1499.

MALBRUN (*à ses cuisiniers*).

Allons! à l'œuvre! n'attendons personne; car il s'agit de préparer gaiement un repas des mieux ordonnés. Si vous y manquez vous serez honnis, quand des gens honorables viennent souper chez vous; si vous ne les traitez pas bien, mal vous en prendra.

LAZARE.

Pour le repas, je ne m'en soucie point, et je ne me réjouis nullement, si ce n'est quand je vois Jésus, le bien suprême, le fils du Roi des astres, tout ce que j'ai de plus cher, mon espérance, mon bonheur souverain. Plus je pense à lui et plus ma joie augmente.

JAYRE.

Et moi aussi je serais toujours gai, sans peine, sans ennui, sans émoi, rempli de consolation et de joie, libre de tout souci, si j'étais toujours dans sa compagnie, car sa bonté est inappréciable; ce n'est pas moi qui dirai non.

MARTHE.

Mettons-nous à table avec lui, au plus vite, allégre-

MALBRUN.

Cial eomp! na gorteomp den;
Rac ausaf an boedou louen
A ranquer plen da ordrenaf;
Ha mar fallech, mexequaet vech.
Pan coan plean [1] tut seven guen ech [2].
Mar ho drouctretech [3] ex vech claf [4].

LAZAR.

Eguyt an boei nem em hetaf,
Nac e nep guys ne rejouissaf,
Nemet pan guelaf quentaf pae,
Jesu, map Roe ster, ma querhaf,

Ma spy ma deduy an muyhaf.
Seul ma en coufhaf ex grafjoae.

JAYRUS.

Me a ve plen bixhuyquen den gae
Hep poan, nac anex [5] nae esmae,
A soulacc, ha joae pourvaet,
Cuyt a tourmont, pan venn gant af;
Rac an madaelex anexaf
So da prisaf, nen nachaf quet.

MARTHA.

Coaniomp gant af en guelhaf pret
Louen ha dreu, eguyt clevet

---

[1] *Var.* Plen. — [2] Gen ech. — [3] Drouch teiech. — [4] Claff. — [5] Aues.

ment et joyeusement, afin d'entendre ses discours; ils sont souverainement parfaits.

JÉSUS.

Que la paix la plus grande règne dans cette maison, et l'union entre vous, je vous le dis, mes chers disciples, et mes amis.

SIMON.

Soyez les bienvenus, vous qui vous avancez, et Lazare, lui aussi, avec ses parents qui se sont mis en route les premiers.

MALBRUN.

J'aimerais bien à vous voir vous asseoir; tout mon désir est de vous satisfaire; voilà que le premier plat est prêt.

SIMON.

Maître, asseyez-vous, je vous en prie, faites honneur au festin, et vous aussi, gens de qualité. Le repas est à point; il ne reste plus qu'à servir promptement. Mettez-vous donc à table; hâtez-vous, que personne ne reste debout.

PIERRE.

Salut à toi, vénérable demeure, et que la paix

An compsou; parfet meurbet dint.

JESUS.

Peoch en ty man e pep manyer,
Ha dihuy sacxun, oar un guer,
Entroch, ma tut quer, ham querent [1].

SYMON.

Deut mat ra vech, pan deuxech quent,
Ha Lazar, hac e aparchent
Denesset enn [2] hent an quentaf.

MALBRUN.

Guell [3] eu deoch yvex asexaf;

Me ameux hoant doux contentaf;
Rac an boet quentaf a guelaf prest.

SYMON.[1]

Maestr, assexit, me ox pet, gryt fest,
Ha huy tut a faecxon onest;
An boet so prest, ha ne rest quen
Nemet servichaf quentaf pret.
Salv ex vech yvex asezet;
Racxe hastet, na manet den.

PEZR.

Dex mat en houx, ty ancien;

---

[1] *V. le Catholicon sur le double sens de ce mot.* — [2] *Var. E'n.* — [3] *Guel.*

règne à jamais entre tous ceux qui se trouvent ici.

SIMON.

Oui, qu'au moins la paix soit dans cette maison sainte, et avec toute la famille qui y habite, pour la maintenir dans la plus grande sérénité, librement, en tout lieu, par la grâce de Dieu, et puisse-t-elle avoir vraiment pour soutien le Maître, le Roi et le Créateur.

JÉSUS.

Simon, Simon, mon cher ami, un serviteur tel que toi me plaît tout à fait, et je n'en fais point fi.

Prions Dieu :

« *Benedicite.* »

LES APÔTRES.

« *Dominus.* »

JÉSUS.

« *Quæ sumpturi sumus*
« *Benedicat trinus et unus* *.
  « *Amen.* »

Ha peuch bizhuyquen da regnaf,
Ha da quement penn so enn haf [1].

SYMON.

Peuch en ty man glan, byanaf,
Ha dann holl lignez anezaf [2]
Eguyt regnaf en guelhaf cher
Dilacc, e pep placc, ha gracc Doe,
Ha bezout hep goap en e apoe
An Maestr, an Roe hac an Croer.

JESUS.

Symon, Symon, ma mignon quer,

Sur ez plig da zeurt servicheur
Guen eff antier, heb ober rus.

Graczou Doe:

« *Benedicite.* »

AN ABESTEL.

« *Dominus.* »

JESUS.

« *Quæ sumpturi sumus*
« *Benedicat trinus et unus.*
  « *Amen.* »

---

* Bénissez.—Que ce soit le Seigneur.—La nourriture que nous allons prendre, que le Dieu triple et un la bénisse.
1 *Var.* E'nhaf. — 2 A nezaf.

SIMON.

Las! mon cher maître, soyez content. Si vous trouvez rien qui vous plaise, n'épargnez ici fond ni biens.

JÉSUS.

Je vous rends grâce pour votre festin. Que le Seigneur Dieu vous donne la joie!

TOUS ENSEMBLE :

Amen.

MARTHE.

Lazare, mon frère, un chagrin me glace le cœur (personne ne le croit) : c'est de ne pas vous voir pleinement vous réjouir. Voyons, mon cher frère, prenez un air gai.

LAZARE.

Marthe, ma douce et aimable sœur, cela n'est pas possible. Pourrais-je convenablement prendre un air gai dans la disposition d'esprit où je suis depuis la tristesse et la misère, depuis les tourments et les peines que j'ai vus, sachez-le; en vérité, personne ne le croirait.

SYMON.

Allas! ma maestr quer, grit cher mat.
Mar quefit netra a ve do grat
Na espernet glat na madou.

JESUS.

Hox trugarex oux couryou;
Doe, an Autrou, ro greay [1] louen!

HOLL OAR UN DRO:

Amen.

MARTHA.

Ma breuxr Lazar, un [2] glachar yen

Ara em coudet [3], nen cret den:
Nouz guellaff plean [4] oux louenhat.
Allas! ma breuxr quer, gryt cher mat.

LAZAR.

Martha, ma hoar clouar [ha] hegarat,
Impossibl ve. Ex galhe dereat
Beza cher mat em poellat enn stat se
Gouden [5] tristez han truez, gouxvezet, [6]
An tourmantou, [han] pouanyou, hep
[gou quet,*
Ameux quelet; den en bet n'en crethe.

---

[1] *Var.* Doz greay. — [2] Ung. — [3] Caoudet. — [4] Noz guesaf plen. — [5] Gonde'n. — [6] Gouzuet.

I.

JÉSUS.

Lève-toi encore, Lazare, et dis ce qui en est; et fais connaître toute ta pensée à tous. Il ne faudrait point qu'une telle chose demeurât cachée ou niée, n'en doutez pas. Loin de là, elle doit, je l'affirme, être clairement et solennellement annoncée à chacun.

LAZARE.

Quand même s'uniraient tous les efforts des hommes, grands et petits, sans exception, soit nés, soit morts, soit à venir au monde, ils seraient incapables d'exprimer en paroles la grandeur, le dégoût, l'énormité des peines [de l'enfer] : en dire la pire comme la moindre est une chose épouvantable.

Peines des orgueilleux.

D'abord, en vérité, entre des montagnes de feu, il y a des roues de tourments et d'effroi : c'est à ces roues, croyez-le bien, que sont liés en une longue chaîne fétide, dans la fange et l'ordure, les orgueilleux; déshonorés, avilis, on les traîne.

JÉSUS.

Saff hoaz, Lazar, ha lavar [1] an doare,
Ha disclaer oll da youll da an hol re [2].
Pas an dra se ne falhe [3] ex ve quet
Dissimulet, na nachet, na ret sy.
Quent se, certen, perguen da pep heny
Ex dle, membry, bout devry publiet.

LAZAR.

Pan ve a plen quement den so en bet
Guytibunan, bras ha bihan, ganet,
Na so bexet na so quet en bet man,

Ne vent hanter en guer da disclaeriaf
An poanyou bras, diblas, an re brassaf:
Spont ve contaf quentaf han [4] falhaf
[poan.

An re orgouyllus.

Quentaf, hep gou [5], entre menxiou tan
Ex eux rodou gant poanyou ha sou-
[xan :
Oux an re man, credet glan, pep manier
Eo ex staguer [6], en un hirder flaeryus [7]
En fanc ha strouill, an re se orgouillus;
Digracius, outragius, ex ruxer.

---

[1] *Var.* Louar. — [2] Da'n hol re. — [3] False. — [4] A'n. — [5] Gaou. — [6] Hox staguer. — [7] Flauerius.

Force crapauds et serpents, croyez-m'en, des plus hideux, difformes, impitoyables, sont là partout les souillant, les soulevant : l'esprit de l'homme, par aucune image, ne pourrait jamais comprendre la moitié de leur peine et de leur angoisse; non, en vérité.

Peines des envieux.

Il y a aussi, dans ce lieu de misère où la douleur ne dort jamais, il y a une rivière glacée, fade et dégoûtante où l'on jette, sans miséricorde et sans pitié, les envieux, dans un abîme plein de brouillards empoisonnés, infects, immondes, d'un froid qui pénètre au delà de toute mesure.

Peines des gens haineux.

Pour le péché et la malice de la haine, il y a certes un gouffre bruyant, sauvage, infâme, jour et nuit sombre, creusé par le Malheur; là, sans trêve, l'on met atrocement en pièces les pécheurs; sur le dos on les traîne, on les torture, on n'en épargne aucun.

Peines des lâches.

Pour la lâcheté, il y a une salle où l'on pousse mille cris; noire, sombre, dure, elle est toute pleine de ser-

---

Hec louceget, serpantet, credet sclaer,
Euzic meurbet, diffaet, dre caleter,
So en peb lech [1], gant fier es ho maerat;
Ne alhe quet en effet coudet [2] den
Dre nep studi pridiry bizhuyquen [3]
Hanter ho poan nac ho anquen, en mat.

An re afuyus.

Irez es eux, (gant reus ne queus hun !)
Un rifier sclaee, diblas l.a dissaczun,
Eguyt lacat difrat ha dinatur
A crenn enn hy an re so afuyus,
En un abym leun a frim venimus,

Flaer, dongerus, morfontus dreis [4]
    musur.

An re cassonyus.

Dan pechet ha malice cas, a tra sur,
Es eux gant brut toull put... hudur,
Dez nos obscur, dre Drouc eur furn et.
Eno, hep flaig, outraig es dehacher
An pecheryen; oar huen es pormener,
Es tourmanter, na no esperner quet.

An re dieug.

Dre dieuguy, gant cry multipliet
Es eux un sal, du, teral ha calet

---

1 Var. Lec. — 2 Caoudet. — 3 Bihuyquen. — 4 Dreist.

pents, je l'affirme. Là, nuit et jour, sachez-le, tous les lâches sans exception, souffrent la peine bien due à leurs péchés.

Peines des avares.

Ensuite brillent des milliers de chaudières toutes remplies de plomb bouillant. Là, au milieu, sur le brasier maudit, est précipité, à cause du péché d'avarice, pour bouillir comprimé, sans issue, en langueur, quiconque ne se soucie point de donner humainement,

De donner aux pauvres et aux indigents du monde, tant l'avarice le tient étroitement serré, à manger ou à boire, ni d'écouter leur prière. Ainsi,—inutile tourment,—l'inhumanité fond là comme le métal, fortement bouilli, à dessein; l'avare s'y déchire lui-même.

Peines des gourmands.

Il est encore une eau rapide,—rude supplice,—une eau noire et fétide, qui gâte jusqu'aux jeunes arbres, vers laquelle descendent par mille chemins les gourmands, ceux qui se livrent, chez eux ou au dehors, à des

A serpantei leun carguet, hep quet gou.
Eno ez vez nos ha des, gouzvezet ¹,
An re dieug, hep nygun exceptet,
En poan meurbet dleet dre pechedou.

An re avaricyus.

Goude seder nifver a cauteriou
A plom tommet carguet, pe en metou,
Eno dan tnou, oar an glou miliguet
Ez vez taulet dre pechet couvetis,
Da birvif stang, heb dianc, e languis,
Nep e pep guys, dre coantis, na pris
quet

Rei dan peauryen, ezomeyen en bet,
Dren avaricc ho delch nycc torticet,
Boet na diet, na clevet ho peden.
Racse, neant un tourmant, dicoantis
En metal tev, bervet cre, dre devis;
Ho couvetis e peb guis ho dispen.

An re gloutonius.

Arre ez eux un dour ereux ², reuz ten,
Du ha puant, a san bede planten,
Leun a pep hent da disquen ten en hy
A tut gourmant, nep ho em abandon
En ty, en maes, gant exces diraeson,

¹ *Var.* Govezet. — ² Ereux pour *erruz.*

excès déraisonnables, à des débauches réelles de toute nature.

Là, on les repaît, certes, pour peine de leur gourmandise, de crapauds, de salamandres et de hideux reptiles; pas d'autre nourriture pour eux. Tel est le moyen bien trouvé de châtier les gens gloutons, de les plonger dans les sanglots, après qu'allégés de leur corps ils sont devenus des âmes.

Peines des impudiques.

Une montagne élevée, difficile, exécrable, se dresse, creusée de haut en bas de puits profonds remplis de chiens, de dragons, d'horreurs de tout genre; de ces puits-là s'élancent des flammes cruelles destinées aux impudiques, aux libertins, aux luxurieux, et des exhalaisons fétides où ils roulent confusément.

Les sept supplices que je viens de nommer ici sont conformes au poids et à la nature des sept Péchés mortels, mais je n'ai pas même indiqué la millième partie de ce qui est. Il serait impossible, quoi qu'on pût faire, croyez-le bien, de jamais vous dire dans ce monde, soit le tout, soit la moitié, soit le tiers de la vérité.

E peb faeczon re don e gloutony.

Hag ez pasquer, goude gourmandery,
A touceguet, a sourdet, hep guet sy,
A prefvet vil, hep muyf refection.
Homan eu guis fournis da punissaf
An tut glout[on], en hirvout ho boutaf,
Pan deuont e scaf da bezaf anafvon

       An re luxurius.

Un menez bras, diblas, azgas, a son,
Carguet knech tnou a... a punczau don
Acc disaeczon, a con ha dragonet;

An punczou man so leun a tan poanyus
Dan tut hudur, a ordur, luxurius,
Un aer flaeryus mazint confus ruset.

Chetu seiz poan ameux aman hanvet
Hervez [an] bech, han lech an seiz
                              [Pechet,
Hoaz ne meux quet contet an milvet
                              [ran.
Na ne alhet dre nep fet, credet sclaer,
Bihuyquen glan en bet man nep manyer
Comps deoch antier hanter na trede-
                              [rann.

JÉSUS.

Tu dis l'exacte et pure vérité : il n'y a rien là que désordre et confusion. Malheur à qui a part aux lots qu'on y reçoit !

MARIE-MADELEINE.

Oh! l'horreur! Ah! Dieu saint, je suis hors de moi! je suis irritée contre moi-même, pécheresse publique détestable! Non, jamais aucune femme, je crois, n'a eu autant lieu de gémir en ce monde. La pensée de mes crimes m'épouvante. Dieu sait combien je souffre de vivre!

LAZARE *à la Madeleine.*

Vous vous êtes retirée pour faire pénitence et vous avez pris la secte * : persévérez, n'y manquez pas, et, de cette manière, sachez-le, vous satisferez tout à fait à Dieu, le Roi du monde, et il vous guérira.

JÉSUS.

Marie, garde fidèlement jour et nuit à jamais la résolution que tu as prise, n'y manque pas, et je te promets de te guérir. Tu as ton pardon plein et entier; main-

---

JESUS.

Guiyones a compsez rez splann :
Eno ne deux na meux na mann ;
Goa so enn e rann queffrannec !

MARY MAGDALEN.

Ach! Doe glan! me so buanec !
Me so espres pecheres hec !
Na biscoaz a nep grec, me a cret,
Ma quen hirvoudet en bet man :
Koufhat ma [1] fautou am souzan ;
Doe a goar ma poan oar an bet !

LAZAR dan Magdalen.

Da pinigen houz em tennet,
Hac ar zecter [2] a quemerhet :
Quendelchet, ha na fellet tro,
Hac en faeczon se, gouzvezet [3],
A Jerry ez satisfihet
Doe, roen bet, hac ouz remedo.

JESUS.

Mari [4], dalch clos dez nos an proposso
Enn ot pepret, na fall-t tro,
Ha mez goaranto de ober.

---

* Habit particulier aux pénitents. (*Du Cange.*)

[1] *Var.* Couf ha ma. — [2] Ar secter. — [3] Govezet. — [4] Deest, *in Cod. D.*

tenant tu es justifiée et sans péché, puisses-tu mener une nouvelle vie!

MARIE-MADELEINE (*versant des parfums sur les pieds de Jésus*).

Cher fils de Dieu, mon roi, mon créateur, je veux vous remercier d'une digne façon, de toute mon âme, de vos paroles !

LE DÉMON.

Écoute, Judas : qu'est-ce qui vient d'arriver? Quelle prodigalité, sans utilité ni besoin, de perdre un parfum agréable et précieux dont tu aurais pu avoir, pour ton profit, trente deniers en bel argent?

JUDAS.

Hélas! malheur à moi! qu'est-il besoin de répandre ainsi en pure perte ce parfum si estimé, et qui eût été vendu, je le crois tout à fait, trois cents deniers payés comptant, pour donner aux pauvres honteux?

Que le diable emporte par la nuque l'âme de qui tombera en pareille faute, sans restitution avant de mourir!

Rac pardonet out, ne fell tam ;
Breman ez out din ha dinam ;
Salv ez dilchy flam da amser!

MARY MAGDALEN.

Quer map Doe, ma roe, ma croer,
Hoz trugarecat a stat quer
A raf, peb antier, oz gueriou!

AN AEROUANT.

Cleu, Juzas, pebez cas voen [1] *drase?*
Na pebez prodigalite,
Hep utilite na mecher,
Coll an oignamant plesant din

Maz galses caffout, daz butin,
A archant fin tregont diner ?

JUZAS.

Allas! goae [2] *me! pebez mecher*
Eu coll breman glan dimanyer
An oignamant quer leveret,
A vihe guerzet, men cret plen,
Try cant uiner, hep reif termen,
Da reiff dan peauryen sourprenet?

An dyaoul dren [3] *chouc ra* [4] *dougo*
An eneff e goall a fallo,
Nen [5] *rento pe na marvo miol*

---

[1] *Var.* Voe'n drase. — [2] Goa. — [3] Dre'n. — [4] Am. — [5] Ne'n.

Je veux être pendu, n'en doutez pas, si je ne me rattrape largement, sans qu'il le sache, sur sa personne !

SCÈNE II

LE TÉMOIN.

Qui fut traître envers le sang royal, et conseiller perfide, et fourbe au premier chef, et faux marchand à froid ? Ce fut Judas lui-même.

Sans honte, par avarice, après avoir été le majordome d'une grande maison, pour la modique somme de trente deniers, il vendit son maître, le Roi des astres.

Quand fut réuni le conseil des Princes et des Scribes et des docteurs de la Loi pour la mort de notre Sauveur, Judas, un mercredi, Judas, l'avare, le meurtrier fieffé,

Alla, sans pudeur aucune, comme un chien effronté,—

Me men bout crouguet, na gret mar,
Ma nem bez e pris pur dispar,
Eguyt nen goar [1]*, dioar e quic !*

II

AN TEST.

Ous an goat real
Ez voe disleal,
Hac a drouc aly,
Ha traytour plen,
Fals marchadour yen ?
Juzas, voen [2] *heny.*

Hep mez, dre crezny,

Goude bout e ty
E maestr a ty bras,
Eguyt pris dister
A tregout diner,
Roen ster [3] *a guerzas.*

Pan oa dastumet
Cusul an princet
Han scribet, an Rez,
Dar [4] *marv hon Salver;*
Juzas, un mercher,
Antier muntreur, crez,

Evel quy dimez
A deus hep nep mez,

---

[1] *Var.* Euit n'en goar. — [2] Voe'n. — [3] Roe'n ster. — [4] Oar.

plusieurs y prirent garde,—pour vendre son Père, et recevoir l'argent de ceux qui conclurent le marché.

✝

ANNE.

Tenons prudemment un conseil secret, et cherchons le moyen et la manière de prendre promptement Jésus. Ne perdons point de temps; car si nous tardons, croyez-le, nous nous trouverons pris nous-mêmes.

CAÏPHE.

Il est clair que vous dites vrai; en effet, nous sommes abandonnés du peuple; il a même à sa suite sans cesse des hommes considérables. Croyez-moi, s'il vit, dans peu de temps il gagnera tous les gens du pays, et nous ne trouverons plus personne qui nous estime.

JUDAS (*seul*).

Mon maître est maintenant en Béthanie; il n'en bougera pas d'aujourd'hui; mon parti est donc pris, je cours à la ville, dans mon ardeur; je vais trouver les Princes, qui sont, je crois, réunis en conseil privé.

—Kals en evezhas,—
Da guerzaf e tat
Ha da quempret glat
Nep en marchatas.

✝

ANNAS.

Greomp fur [1] *un cusul singulier,*
Ha sellomp moean ha manier
En berr amser da quemeret
Jesus; apret na arretomp,
Rac, credit se, mar daleomp
On em queffomp entromp trompet.

CAYPHAS.

Guyr, a tra sclaer, a leveret,

Rac ny so espres dileset
Gant an holl; tut ha repulet
So ouz e heul pepret. Credet huy,
Mar beu, nemeur ez conqueuro
Quement manier den so en bro,
Ha non bezo hon priso muy.

JUZAS.

Ma maestr breman so e Betany;
Ne flacho vetez anezy;
Rac se devry ez studiaf
Monet e kaer diliberet [2]
Gant ma malicc, entren Prinet [3],
So e cusul secret, a credaf.

---

[1] *Var.* Sur. — [2] Deliberet — [3] Entre'n princet.

Certes, je vais leur vendre mon maître, s'ils veulent m'en donner un bon prix, et, avant tout, me payer comptant; puis je le leur livrerai sans délai, en peu de temps, avec plaisir, quand je devrais mourir à la peine.

(*Aux princes des prêtres.*)

Je sais ce que vous faites ici : que me donnerez-vous, et, sous peine d'être mis à mort, je vous le livrerai la corde au cou, secrètement, — mais ne soufflez mot, — à l'heure et dans le temps qu'il vous plaira ?

CAYPHE.

Qui es-tu, et d'où viens-tu? D'après tes paroles, tu as entendu notre secret, je le présume.

JUDAS.

Croyez-moi, ne parlez plus; je ferai très-bien votre affaire, car je suis un habitué de la maison.

CAYPHE.

Trente deniers de belle monnaie, sans qu'il en manque un seul, sur ma parole, te seront donnés : tiens, les voici dans une bourse; compte-les; ne t'at-

---

Me ya dezo querz da querzaf[1],
Mar queront, un pris fournissaf,
Ha da quenlaf ma paeaf glan;
Hac en rento, ne vezo quen,
Dezo seder en berr termen,
Pan dlehenn mervel gant an poan.

' e n · v petra a gret aman :
I .c . m bezo me breman,
Hac, endan poan a bout lazet,
Men roy deoch oll eren [2] colyer,
En secret, ha na sonet guer,
Dan [3] heur han amser ma querhet?

CAYPHAS.
Piou oude, peban oude duet?

Hervez da prezec, hon secret
Az eux entenlet, men preder.

JUZAS.
Ma credet, na saffaret muy,
Me ray antier ho matery,
Rac me zo e ty familier.

CAYPHAS.
A moneiz fin tregont digner,
Hep fellell nigun, oar un guer,
Az vezo antier : quemer y,
Chede y glan en un manec;
Cont y; e ty na vez dies,

---

[1] Var. Querzaff. — [2] Ere'n. — [3] Da' n.

tarde pas ici; fais ton coup; n'ouvre plus la bouche.

JUDAS.

Soyez discrets.

ANNE.

N'en doutez pas.

SCÈNE III

LE TÉMOIN.

Le jeudi de la Cène, quand on eut mangé en toute hâte l'agneau sacré entièrement, Jésus, Dieu et homme, ôta aussitôt sa longue robe,

Et lava les pieds de ses disciples qu'il devait racheter, puis, sur le lieu même, il les sécha sans répugnance entre ses deux bras.

Quand leurs pieds eurent été lavés par le Roi du monde, devenu triste, il leur donna pour la première fois son corps glorieux.

Gra da echec, na prezec muy.

JUZAS.
Secret bezet.

ANNAS.
Na doutet quet.

III

AN TEST.
Diziou da Coan,
Pan voe debret glan
Buhan an oan plen,
Ez lamas dinoe
E sae brashaf voe,

Jesus Doe ha den;

Treit e disquiblyen
A golchas certen
Quent ma ho prenas;
Eno oar [1] an lech
Entre e diou brech
Hep nech ho zechas.

Pan oa golchet net
Ho treit gant Roe an bet [2]
Hac ef morchedus,
Da nevezinti
Ez roas dezei
E corff glorius.

---

1 *Var.* Voar. — 2 Roe'n bet.

Nul ne refusa son sang précieux, doux et plein de grâces : c'était une chose nouvelle pour l'homme de manger le Dieu et le Roi qui le créa.

✝

JÉSUS.

Ma mère humble et douce, c'est pour vous voir, pour vous communiquer tendrement une partie de mes secrets que je suis venu en toute hâte, croyez-le; je cherche à rétablir en grâce le fils de l'homme sûrement; je veux racheter quiconque naît; je ne pense pas à autre chose.

De toute la force de ma volonté libre, et au prix de mortelles douleurs, je veux réunir les enfants des hommes et faire cesser leur pénitence, pour qu'ils viennent avec moi joyeusement au ciel, y remplir les siéges de la félicité, comme je l'ai réglé expressément.

MARIE.

Quand je pense,—pourquoi le cacher?—à plus d'une

He goat precius,
Doucc ha gracius,
Den ne refusas :
Un tra nevez voe
Da den dibrif Doe
Han roe en croeas.

✝

JÉSUS.

Ma mam cuf ufuel [1], doz guelet,
Da comps deoch huec darn am secret
Ez ouf duet [2] uffet, credet plen;

Digacc da grace a [3] pourchaczaf
Mab den certen; hac e prenaf
Quement ma zaf; ne songiaf quen.

Me, am youll franc, gant fin anquen,
A men dastum lignez humen,
Ha ho disaeren a penet,
Maz ahint guenef dan nef seven,
Da cargaf an sichou louen [4],
Evel am eux placn ordrenet.

MARIA.

A pan songiaf, nen nachaf quet,

---

[1] Var. Vhuel. — [2] Ouf duet. — [3] E. — [4] Laouen

parole que vous m'avez dite spontanément touchant la mort cruelle dont vous devez mourir, mon aimable fils, et que vous m'abandonnerez, n'ai-je pas lieu de m'affliger?

Je ne sais ce que je ferai, tant ma douleur est grande. S'il faut que je vous perde, je tomberai morte à l'heure même; car je sais que mon âme alors se détachera tout à fait de mon corps, et il cessera de vivre.

JÉSUS.

Ma mère, dans peu viendra le temps où s'accomplira, soyez-en sûre, ce qui est réglé par le Ciel.

MARIE.

Mon fils, hélas! sur toute chose, je vous en prie, ne fréquentez plus jamais, ne visitez plus, je vous le demande, cette Ville terrible, maudite, toute pleine de vos ennemis. Prenez garde. Ah! obéissez-moi; quittez-la!

Car vous n'y avez aucun ami assez hardi pour vous

En meur a guer diliberet [1]
Ouz eux bezet [2] lavaret dif,
Penaux gant poan garo ez marvsech,
Ma mab [3] courtes, hac em lesfech,
A me nam eux lech da nechif?

Ne gon, gant glachar, pez a [4] grif.
Ho [5] dioueret mar bez ret dif
Dan [6] heur ma en grif ez mirvif yen;
Rac me a goar ez separo
Ma enef am corff plen eno,
Oar un dro, na ne vezo quen.

JESUS.

Ma mam,

En berr ez duy ferm an termen
Mas achefheur [7], bezet certen,
An pez so perguen ordrenet.

MARIA.

Ma map,
Allas! oar pep tro, me hoz pet,
Pelhoch dre nep hent na hentet,
Na darempret, em requet, muy
An Kaer [8] hont, euzic, milliguet,
Leun oz ezrevent; ententet;
Ach ma sentet. Ha! leset hy!

Rac noh eux [9] car dre nep hoary [10]
A ve hardiz da comps dihuy,

---

1 Var. Deliberet. — 2 Ouz euz hezer. — 3 Map. — 4 Petra. — 5 Hoz.— 6 Da'n. — 7 Achiuer. — 8 An Ker. — 9 Noz heux. — 10 Choary.

adresser la parole, ni pour vous inviter à manger dans sa maison; tous craignent la haine des Princes dont le cœur est plein de rage, et qui sont disposés à vous faire du mal.

S'ils en viennent à leurs fins, et qu'ils aient le pouvoir de vous prendre, comme les y pousse leur envie, ils vous tourmenteront à leur gré. Et quand une fois vous serez sous leur griffe, qui sera capable de vous en tirer?

Vous voyez qu'aucun homme du petit peuple n'ose, avec résolution, émettre un avis opposé au leur, tant on craint leur fureur, et leur méchanceté, et leur excessive injustice !

Ne m'abandonnez pas, quand je vous en supplie, moi qui suis votre mère, en proie à la terreur. Je vous conjure de ne pas donner la préférence à un peuple qui est maudit sans aucun doute, et qui, vous le savez, ne vous aime pas.

Na quet de ty houz couviaf,
Rac dougiaf malicc an princet
So ho couraig quen arraget,
Diliberet doz drouc tretaf.

Mar deont du fin, hac obtinaf[1]*,*
En ho[2] *belly, ho saesinaf*[3]*,*
Evel maz eu scaf ho afoi,
Hervez ho hoant y hoz tormanto;
Mar det en ho rancun un dro,
Piu vezo ox dilivro huy?

Huy a guel na cret den nep heny

An pobl munut, dre nep study,
O enep[4] *y rontraliaf,*
Dren arraigiamant so gant e,
Hag an drouguiez aneze,
Ha ho iniquite creaf!

Nam lezet quet, pan hoz pedaf,
Me eu ho mam, da estlamaf.
Deoch scaf ex suppliaf affet,
Eguit reif ho devis dispar
Dan pobl milliguet hep quet mar,
Ha nep, huy[5] *en goar, no car quet.*

---

1 Var. Obstinaf. — 2 Holl. — 3 Hoz saesiaff. — 4 Ho enep. — 5 Heny.

JÉSUS.

Ma mère, il faut, sans que rien s'y oppose, que je conforme avant tout ma conduite aux infaillibles Écritures ; car c'est certainement pour souffrir cette passion que j'ai pris une forme humaine

Dans votre chaste sein, croyez-le bien. De la méchanceté de ce peuple nous avons un témoignage mis en valeur par Isaïe : « *Hos filios enutrivi, ipsi autem spreverunt me *.* »

A parler clairement : « Les enfants que j'ai nourris, que j'ai trop longtemps supportés, se sont levés contre moi, et ils cherchent comment me détruire. » Mais je veux absolument qu'il soit fait ainsi, car ma résolution la voici :

C'est de racheter de pénitence la semence des hommes ; sinon ils resteraient sujets à la misère et ne seraient ja-

---

JÉSUS.

Ma mam,
Ma em conduyaf quentaf pret
Hervez an Scriptur assuret
So difret, hep quet contredit ;
Rac da gouzaf glan an poan se
An abit a humanite
A quemeris me, ne deuz sy,

En ho coff net, credet deiry.
Hac an goall tut se testeny
Honneuz ny, en auctorite
Evel ma en laca Ysay ·

« Hos filios enutrivi
Ipsi autem spreverunt me. »

Da comps real : « an bugale
Am eux maguet, soutenet re,
So am [1] *enep me gourreet,*
Max clescont prob ma disober. »
Me venn, dreis [2] *pep tra, ex graher,*
Rac ma emeux se diliberet ·

Redimaf hat den a penet,
Pe ex veni glan en poan manet.
Hep bout frealzet, credet se ;

* Ces enfants, je les ai nourris ; mais eux ils m'ont méprisé.
[1] *Var.* Em. — [2] Dreist,

mais délivrés, croyez-moi; par ma mort, au contraire, sachez-le, ils doivent être doucement secourus; autrement ils demeureraient sans rançon.

MARIE.

Ah! mon cher fils, mon fils trop bon, comment vivrai-je alors? Hélas! je ne puis penser sans regret, — je ne le dis pas à la légère, — je ne puis penser à l'heure où vous êtes venu au monde, où vous vous êtes fait homme, où vous avez pris une chair mortelle

Dans mon sein, dans moi, votre mère pure et sans tache, pour le salut de l'humanité. Je viens donc vous demander une grâce : qu'il vous plaise, qu'il ne vous ennuie point de m'écouter, mon doux enfant, quand je vous adresse ma prière!

S'il se pouvait, et si cela doit être, que je fusse admise la première à vous avouer franchement les désirs de mon cœur, pesez, selon mon espérance, chacune des paroles exprimées devant vous.

Rac dre ma marv me, gouzvezet [1]*,*
Ez rencont bout flour sicouret;
Pe ez vent manet hep trete.

MARIA.

A! ma mab quer, deboner cref,
Penaux neuse ez bevifme?
Allas! dan [2] *heur se, gant regret,*
Ha pa songiaf, ne comsaf vaen,
Ho bezaf duet hac em graet den
Da quempret quic humen en bet,

Em coff, me ho mam dinam net,

Eguyt ho frealsaf affet!
Dre se parfet hoz requetaf :
Pliget guen ech [3]*, ha na nechet,*
Enient, ma mab huec, ma requet,
Ha ma clevet, pan hoz pedaf!

Mar galhe, na mar dle bezaf,
Ez venn recevet da quentaf,
Ha disclaeryaf a mennat net
Ma entencion deboner,
Dirazoch certen peb un guer,
Hervez ma esper, prederet.

---

1 *Var.* Gousezet. — 2 Da'n. — 3 Quenech.

JÉSUS.

Ma douce mère, vous la courtoisie même, vous qui savez tout mon secret, je veux ouïr les doléances qui débordent de votre cœur ; faites-les moi, que je les écoute, afin de consoler vos maux.

MARIE.

Hélas ! comment jamais mes lèvres pourraient-elles rendre par des paroles le deuil qui est dans mon cœur, quand je réfléchis, désolée, au moment où il faudra nous quitter avec un déchirement si affreux et une si amère douleur !

Au fond de mon cœur alarmé je garderai secrets, croyez-le bien, l'angoisse et le supplice qu'il souffre ; mais que Dieu en dispose comme il le voudra ; à lui appartient de le faire en toute circonstance.

Quant à moi, je trouve ce fardeau si lourd que je ne sais au monde, soyez-en sûr, comment je pourrai le por-

---

JESUS.

Ma mam flour, courtes espresset,
Huy a exneu ma holl secret,
Me venn clevet [1] *ho regretou*
So en ho calon ouz fonnaf [2]*;*
Comset y dif, ma ho clevif scaf,
Eguyt frealsaf ho cafvou.

MARIA.

Allas !
Penaux bixhuyquen ma guenou
Ex caffe lesir, dre guiryou,
Da comps an cafvou so em coudet,
Gant languis pan em avisaf

Ex rencomp ny dispartiaf
Dren poan muy haf han garvhaf pret !

En creis ma calon estonet
Ex chommo anquen ha penet
Da miret secret, credet scler ;
Hoguen Doe clos a disposo
Hep nep mar, evel maz caro ;
En haf eu pep tro e ober.

Rac an bech se so quen ponher
Na gon en bet, bezet seder,
Pe en manyer en douguer [3] *quet.*
Ma mab courtes, certes, Jesu,

---

[1] Var. Cleues, — [2] Sonnaf — [3] Douquet.

ter. Ah! mon vrai, mon aimable fils, mon Jésus, s'il ne vous plaît de m'accorder ce qui est l'objet de mes vœux,

Eu égard à cette mort cruelle que vous voulez souffrir sur terre sans retard, accordez-moi au moins gracieusement une des quatre demandes que je vais vous adresser, mon cher fils.

JÉSUS.

Ma mère, cessez de gémir et exposez-moi pleinement, en peu de mots et sans tarder vos demandes qui se font trop attendre, et je les écouterai volontiers pour y faire droit comme il conviendra.

MARIE.

Mon fils, je vous prie donc de m'entendre de point en point et d'exaucer mon désir : qu'il plaise à votre Divinité de respecter la forme humaine qui, en vous, est unie à elle,

Et de mettre en œuvre votre infinie puissance divine, pour qu'elle acquitte et répare le péché grave, éclatant,

---

En effet ma ne querit u
Autren dif chetu concluet

Touchant an marv ɛɛ en effet
Da gouzaf gant poan oar an bet
A mennet hep quet arretaf;
Onan [1] *huec a pevar requet*
Da bihanhaf, an quentaf pret,
Reit dif, ma map quer, pan ho [2] *pedaf* [3]*.*

JÉSUS.

Ma mam,
Tyvit pep rout a hirvoudaf,
Ha discleryet an pret quentaf
Dif plen, en scaf, hep tardaf quet,

Ho requetou, hep dale quen;
Ha me ho clevo en louen
Eguyt pep termen ordrenet.

MARIA [4].

Ma map, oar p·p tro me hoz pet
A poent en poent em ententet,
Hac ex clevhet ma appetit :
Pliget tiz gant ho Deite
So en abit humanite
Enoch evelse un edil,

Hac ex lequehet en credit
Ho gallout divin infinit,
Gant appetit da accuitaf

---

[1] *Var.* Unan. — [2] Hoz. — [3] Devant cette strophe, on lit, en marge du *Cod. Y.*, la rubrique : PEVAR REQUET MARI. — [4] En rubrique : AN QUENTAF REQUET.

médité que commit le premier homme du monde;

Pour qu'elle le rachète par un autre moyen que la
mort très-cruelle que vous voulez souffrir. Et prenez
garde, je vous prie, à deux belles amours et à deux
unions qui existent réellement en vous

Plus parfaites qu'elles ne le sont en toute autre créature; car, dans la nature humaine que vous avez prise,
il y a,—je le remarque avec respect,—les amours ar-
dentes de mère et de fils, réunies et inséparables;

Et nous avons été si étroitement unis ensemble pendant notre vie, vous le savez bien, moi et vous, et dans
une telle intimité, que si la mort, par un coup du sort,
vient sans tarder nous séparer, que ferons-nous, ô mon
ami?

Quant à moi, je ne sais comment un cœur tendre

Ha da reparaf quentaf pret
An crim an bech hac an pechet
A gueure den en beth [1] *da quentaf,*

Dre un moean, da bihanhaf,
Ne ve quet dre an marv garmhaf
A mennet da gouzaf affet;
Ha considered, me ho pet don,
Diou coantis ha diou union
So en och guiryon ordonet

Muy eguet en croeadur furmet;
Rac en quic humen certen net

Hox eux [2] *quemeret, exedy,*
—Dren [3] *consideraf ne graf goap—*
Carantex flam a mam ha mab [4]*,*
Hep ho dibab, en un abry;

Hac exomp bexet quen detry
Bèret queffret, na laquet sy,
Me ha huy, e guyr union,
Mar bex [5] *oar se, hep dale muy,*
Marv, dre hasart, hon disparty,
Pex a rahimp ni, ma mignon?

Me ne gon acc pe e faecxon

---

[1] *Var.* Bet. — [2] Hoz euz. — [3] Dre'n — [4] Map. — [5] Mar de.

pareil au mien, comment la faiblesse d'une femme pourrait réellement supporter une telle séparation. Et vous, quelle est votre opinion?

Remarquez aussi, je vous prie, l'amour établi entre votre corps sans tache et votre âme très-pure, et qu'il n'y eut jamais de désaccord entre eux.

Or, si la froide mort, que vous voulez souffrir, vient rompre leur union, tellement grande en sera la douleur qu'il n'est homme au monde qui se puisse figurer combien elle sera accablante!

JÉSUS *répondant à sa mère.*

Ah! ma bonne mère, votre cœur vraiment maternel demande donc si, par hasard, il se pourrait faire de quelque manière, que je ne souffrisse point la mort et ses rigueurs,

Attendu les deux belles amours qui sont toujours

Ez galhe real un calon
Dan seurt complexion donet,
Na fragilite feminin
Ez douque nep tu an ruyn.
Na pe dre fin ez opinet?

Ivez seder consideret
En carantez so, me ouz pet,
Diasezet, ne deuz quet sy,
Entre ho corff hep nep torffet
Ha ho eneff pur assuret,
No devoe nepret contredy.

Mar bez an marv yen, pe heny
Da gouzafnet a mennet huy,

A disparty ho aliancc,
Quen bras vezo an gloas dren drase
Nac euz [1] den ganet en crethe
Na petra ve he [2] seurt grevancc!

JESUS a respond de mam.

A! ma mam huec, en consequancc
Ho guyr maternel excellancc
A goulenn, dre chancc avancet,
A possibl ve en nep quefver
Na gouzafhenn [3] quet ent [4] seder
Marv na garvder, consideret

En diou carantez discuezet
So dirac ma eneb pepret;

---

1 Var. Euz. — 2 Vehe. — 3 Gouzaven. — 4 En.

devant mes yeux comme elles sont, certes, en mon souvenir; mais je vous réponds tout de suite qu'il en est deux autres que je puis mettre aussi en avant, je ne le cache pas,

Et leur pointe s'est enfoncée si profondément et de si bon gré dans mon cœur, qu'un généreux sentiment me pousse à souffrir ainsi sans fléchir une dure et cruelle mort, et que je ne m'y veux point soustraire.

Car à toute heure, et sans se lasser, l'humanité vient instamment me conjurer de l'écouter avec bienveillance : qu'elle soit rachetée de ses crimes, voilà le sujet de ses continuelles supplications.

Soyez sûre que je lui viendrai en aide; car c'est par amour pour elle, croyez-moi, et pour porter son fardeau, je dois le dire, que je me suis fait homme; et c'est à cause d'elle que je veux courageusement endurer sur la terre le froid de la mort.

—E memor [1], parfet, emet hy—
Hoguen deoch pront ex respontaf
Ex eux diou [2] arall a gallaff
Da allegaf, ne laquaf sy,

So em calon ho melcony
Plantet quen parfet, quen detry,
Eguyte y [3] maz studiaf
Am gral liberal evalhenn
Gouzaf cref ha garv an marv tenn,
Na quet ma emtenn [4] ne mennaf.

Rac da peb pret, hep arretaf,

Ez deu natur humen quen scaf
Da quntaf da suppliaf dif
Ez pliche guenef haclevet;
Ha ho crim ex rent redimet
Ne cessont quet ouz ma pidif.

Bezet certen ho soutenif;
Rac dre hoz caret, credet dif,
Ha doen [5] ho bech, nen [6] nachiff qu't,
Ez ouf en effet em graet den;
Ha palamour deze [7] seven
Me menn gouzaf marv yen en bet.

---

[1] *Var.* Em memoar. — [2] Diu. — [3] E vyte y. — [4] Ma evilen. — [5] Douen. — [6] Ne'u. — [7] Da se.

2.

Le second amour, sachez-le, est celui de la Justice qui a été outragée, quand le premier péché a été commis. Or, cet amour et la fidélité parfaite et souveraine que j'ai pour mon père me font vouloir d'une volonté ferme et inébranlable,

Me font désirer ardemment de satisfaire sans hésiter la justice de Dieu par une mort qui sera cruelle, je le sais, mais pleine de mérites, d'un prix infini, et vraiment de nature à être acceptée comme rançon dans un cas pressant.

Je veux, en outre, apprenez-le, accomplir, sans qu'il y manque un point, la prophétie telle qu'elle a été écrite dans les Grands Livres par Isaïe, qui a dit avec tant de tristesse

Que je serais lié, entendez-vous? absolument comme une brebis, et que je serais mis en croix. Ainsi donc je veux généreusement mourir par amour pour la justice, en victime de propitiation, en sage, comme l'Écriture l'annonce.

An eil carantez, gouzvezet [1],
Eu Iustice a voe malicet,
Pan voe graet an pechet quentaf;
Ha dren [2] carantez han feiz mat
Am eux dreis [3] pep tra ouz ma tat
Me menn am grat, hep debataf,

Gant un hoant ardant contentaf
Iustice divin, hep declinaf,
Dren maro garchaf, nen nachaf quet,
Pan, infinit, ha meritoer,
Acceptabl real da saler
O c mecher so diliberet;

Ha me menn yvex, gouxvezet,
Ez ve an prophecy achiuet,
Hep feilell un pret, dresedy
Scrivet hep gou [4] en lefrou bras
Aderry gant Ysayas
Pan lavaras, gant bras casty,

Ez vihenn reet, credet huy,
Evel davat, hep lacat sy,
Ha bout devry cruciffiet.
Racse me menn hael mervell sur
Dre caret iustice, propice, fur,
Hervez an Scriptur assuret.

1 Var. Govezet. — 2 Dre'n. — 3 Dreist. — 4 Gaou.

MARIE.

Cette réponse afflige extrêmement mon cœur et mon esprit ; mais puisque vous voulez, cruel envers vous-même, endurer une mort qui sera horrible à voir ; au nom de l'amour que vous montrez, je vous en prie, écoutez-moi encore une fois :

La seconde demande que j'aurais à vous faire est très-raisonnable, et de nature à être reçue favorablement ; accueillez-la donc de ma part ; elle ne porte préjudice, croyez-le, aux intérêts de personne, bien loin de là ; elle doit donc être accordée :

Mon fils, quand c'est vous-même qui désirez courageusement mourir dans les tourments pour les humains, ce n'est pas moi qui, par mes paroles, m'opposerai plus longtemps aux grands prophètes, ce n'est pas moi qui mettrai nul obstacle

A votre mort si nécessaire ; mais, sérieusement, mon

MARIA [1].

An respont man a gra doaniet
Ma calon antier ham speret ;
Hoguen pan mennet, calet cre,
Gouzafmarv cruel da guelet ;
Dren carantez a discuezet,
Hoatz [2], *me ho pet, em cleuhet me :*

On [3] *requet arall a falhe*
So acceptabl, raesonabl, cre,
Ach diguenef me recevet ;

Na prejudicc quet, credet se,
Dirac e enep da nep re,
Quent se ; ex dle bout autreet :

Ma mab, pan eu huy hep muy quet
A menn mervell e crueldet
Eguyt pobl an bel, ent [4] *seder,*
Dre [5] *comps, an proffedet quentaf*
Pelhoch muy ne contraliaf,
Nac ampechaf ne mennaf guer

Ho marv espres, quen necesser,

---

1 En rubrique, en marge : *An eil requet :* — 2 *Var. Aoaez.* — 3 Ung — 4 En. — 5 Drez.

enfant chéri, par déférence pour mon désir, par pitié pour moi qui suis votre mère, je vous en conjure de toute mon âme, ne souffrez pas une mort aussi infâme, aussi horrible,

Aussi cruelle, aussi injuste, aussi désordonnée, aussi publique; ne la souffrez pas aussi inhumaine que celle que je vois tramer contre vous par vos ennemis : ils veulent vous tourmenter à leur guise, jusqu'à vous faire subir le dernier outrage !

JÉSUS.

Je ne puis, soyez-en certaine, vous accorder cela non plus, ma chère mère : il faut en vérité que chacune des lettres de l'Écriture soit justifiée, et que toutes les prophéties s'accomplissent qui ont été faites sur moi, croyez-le.

Vous me verrez étendu en croix, flagellé, battu, fouetté durement de la tête aux pieds, tellement que ma chair et ma peau seront arrachées par lambeaux, telle-

---

Hoguen, hep nep goap, ma mab quer,
Em requet seder differet,
Palomour [1] *dif me so ho mam,*
Na gouzhafet quet, me ho pet flam,
Marv quem iffam, quem estlamet,

Quen inhumen, disordrenet,
Na quen puplic [2] *en excidet,*
Na quen qualet ha max preder
Ho exrevent, a ententaf,
A menn do guys hoz punissaf
Bede gouzaf an goazhaf cher !

JÉSUS [3].

Ne gallaf quet, bexet seder,
Autren dihuy tam, ma mam quer :
Ret eu sclaer peb un lixerenn
Ex ve an scriptur apuret,
Han [4] *holl profecy achiuet*
So a hanof scrivet, credet henn :

Huy a guelo en croas ma astenn,
Scourgexet, cannet, fustet tenn
Penn da penn, quem na dispenher

---

1 *Var.* Polamour. — 2 Publice. — 3 En rubrique : *An eil respont* — 4 Ha'n.

ment qu'on pourra voir à nu mes côtes et mes nerfs, dès le début de ma passion;

On me crachera au visage; il ne restera pas dans mon corps un seul endroit sans meurtrissure; on se moquera de moi, on n'y manquera pas. Depuis le sommet de la tête, vraiment, jusqu'aux pieds, je souffrirai tout ce qu'il me sera possible de souffrir, de la part des méchants et des scélérats.

Et tout cela, sans mentir, a été annoncé dans les prophéties; des hommes très-sages les écrivirent, lesquels mirent dans leur ouvrage : « *A planta pedis usque ad verticem capitis non est in eo sanitas.* »

Il faut que j'accomplisse parfaitement toute chose, en souffrant des peines cruelles sans en manquer aucune, car je suis dévoué aux souffrances. Il a été prédit et réglé ainsi, sans remise, d'après le commandement de Dieu, par les prophètes.

Quic ha crochenn a tachennou;
Quen na guelher tost ma costou
Ha ma membrou [1]*, pan desrouher.*

En creis ma bisaig ez cracher;
Ne mano placc na effaczher;
Em goapaher, ne falzher [2] *quet;*
An. penn suramant bet an troat
Ez gouzafvif, drez [3] *guillif pat,*
Gant tut dimat a drouc atret.

Ha se so hep mar lavaret

En profeciou [4]*, hep gou* [5] *quet;*
Tut discret meurbet o tretas,
Hac a laquas en ho devis :
« A planta pedis usque ad verticem
Non est in eo sanitas. »   [capitis

Ret eu fournissaf glan an cas
Gant poan cruel, hep fellell pas,
Rac me so dan gloas em tasset;
Lavaret hac ordrenet voe
Evelhenn dre gourchemen Doe,
Ent dinoe, gant an Proffoedet [6]*.*

----

[1] *Lege,* Mellou. — [2] *Var.* Felher. — [3] Dre'z. — [4] Profeciaou. — [5] Gaou. — [6] Proffedet.

MARIE.

Oh! l'horreur! ô Dieu, quels tourments aurez-vous à endurer sur la terre, s'il vous faut supporter cette mort cruelle dont vous parlez, de la façon dont vous le dites, et sans qu'il y soit mis obstacle!

Seigneur Dieu, que fera donc mon cœur dans sa douleur profonde? qui l'empêchera de s'ouvrir, de se fendre d'angoisse à l'instant, quand je vous verrai devant mes yeux entraîné par une mort froide comme la glace?

Je ne sais au monde comment un pareil supplice se pourrait supporter; quant à moi, cela me serait impossible. Ainsi donc, mon cher fils, je vous en prie de toute ma force, puisque vous me refusez deux de mes demandes, accordez-moi la troisième.

Qu'au moins si vous souffrez l'horrible mort et les terreurs auxquelles vous voulez vous soumettre, mon fils;

MARIA[1].

Ach! Doe! pebez poan oar an bet
A renquet da gouzaf affet
Mar bez ret ex gousafhech huy
An marv garv se a leveret.
En manyer ma en disclaer, et,
Ha hep lacat quet contre ty!

Autrou Doe, exa pez a gray
Ma calon gant don me couy?
Na piou he mir ha na disquer.
Ha runnaff[2] gant poan oar an place,
Guelet hoz ren dren marc yen seluce

Dirac ma face mar boz quacer!

Ne gon en bet man pe en manyer
An seurt anquen ex soutenher,
Me a quemer ne galher quet.
Dre se, ma mab net, moz pet cre,
A dou requet pa em nachet me,
Dif an trede ex autrehet.

Da bihanhaf ma gouzafret
An marr orrill en terribldet
Maz mennet hoz em soumetaf,
Ma mab, m'n goar, huy am car parfet

---

[1] En marge, *An trede requet.* — [2] Var. Tannaf.

à moi que vous aimez tant, je le sais, accordez-moi, je vous en conjure, de mourir la première.

D'ailleurs, si je suis témoin de votre mort sanglante, elle mettra fin à ma vie, elle entraînera aussitôt la mienne, je vous l'affirme; oui, telles seront mes douleurs, si je dois souffrir ce coup, que le Trépas me frappera au cœur.

JÉSUS.

Il faut, ma mère, que doucement vous preniez la voie de la patience. Vous allez être encore repoussée, car il ne serait point convenable qu'on vous vît mourir avant moi et quitter ce monde la première.

Je vais vous en dire la raison : Quand fut commis le premier péché, l'offense si grande dont je porte la peine, par le père Adam, il en fut puni, et le paradis fut fermé, comme il l'est encore;

Et nul n'y entrera jamais, quel qu'il soit, sans aucun

Moz pet oar se ex autrehet
Ex mirvif affet da quentaf;

Rac hox marv cruel mar guelaf
A gray dam buhez finvezuf
Ha mervel scaf, nen nachaf quet,
Rac quen bras vezo an gloasou,
Mar rancaff gouxaff an cafvou,
Em scoy ann Anquou em coudet.

JESUS [1].

Ret eu deoch seder quemeret
Ma mam,pep hent paciantet;

Refuset vihet an pret man,
Rac ne ve seant nep andret
Quent eguedofme en effet
Ex marvhech en bet da quentaf.

Dloch ann abec a allegaff:
Pan voe great an pechet quentaf
Han offancc brassaf, ne gruf sy,
Dren tat Adam, max voe blamet
Ex voe an barados closet;
Hac evelse net ex edi,

Na e antreo penn en hy

---

[1] En marge, An trede respont.

doute, avant que ma mort cruelle n'ait satisfait à Dieu le Père, qui a subi une injure et une offense en matière grave.

Il faut absolument qu'un terme soit mis à la rude et terrible guerre qui a duré si longtemps entre Dieu, mon Père, et la race humaine, par la mort cruelle, impie, illégale qui m'est réservée sur la croix.

O ma très-sainte mère, examinez le cas : jamais vous ne fîtes l'ombre d'un péché. Si vous mouriez, hélas! ce serait, chose grave que votre âme immaculée ne fût pas admise dans le ciel, toute pure qu'elle est, sachez-le bien.

Où donc irait-elle se reposer pour m'attendre? Car, par-dessus toutes les autres âmes, elle ne doit subir nulle horreur de l'enfer; bien au contraire, elle doit immédiatement aller s'asseoir sur le siége éternel de la Fidélité.

Il lui faudrait attendre soucieuse le jour où j'aurais

Bizhuyquen den a nep heny,
Hep sy, quen na satisfiher
Dre ma marv garv da Doe an tat
Pe heny a injuriat
Hac a offensat, en stat quer; •

Ret eu espres ez apaeser
An bresel calet, meurbet fier,
So padet seder amser bras
Entre Doe, ma tat, ha hat den,
Dren marv garv discord disordren
So destinet yen dif me en croas.

Ma mam flam glan, sellet an cas;

Huy [1] a pechet noz eux great [2] noas
Maz marvhech, allas! tra bras ve
Ho enef so hep nep clefvet,
Ne ve quet en nef recevet
Nac eu mar net, gouzvezet se,

Pe en lech enta ezahe [3]
Den hem repos, dam gourtos me?
Rac, ef dreis pep re, ne dle quet
Guelet nep danger infernal;
Quent se dan cador eternal
Ez ay rac tal gant Lealtet,

Gortos a ranque en effet

Var. Chuy. — [2] Grei. — [3] Pe en lech na hent ezahe.

tout d'abord souffert, moi le fils du Dieu saint, moi le Sauveur du monde, pour ouvrir, croyez-le,

Pour ouvrir le doux ciel dans lequel est préparée, comme vous n'en pouvez douter, votre demeure à côté de Dieu mon Père, de la manière glorieuse prédestinée pour vous quand vous sortirez du monde; c'est de foi.

Douce mère, il ne serait pas raisonnable que vous souffrissiez la mort cruelle avant que l'heure en fût venue, et vous ne devez pas, quoi qu'il puisse advenir, quitter la vie avant moi, soyez-en certaine.

MARIE.

Puisque vous ne m'avez pas accordé, Seigneur, mon doux fils, les trois demandes que je vous ai faites, accordez-moi la quatrième, s'il vous plaît.

S'il faut, comme vous le dites, que nous soyons séparés l'un de l'autre par la mort,

Faites, je vous prie, qu'à l'heure et à l'instant où vous

En un lech pennac en acquet
Quen na ve duet an pret detry
Ma em be quentaf gouzafret
Me, mab Doe glan, salver an bet,
Da diguerif net, credet huy,

An nef seven, pe en heny
Ez eu ordrenet, na gret sy,
Dihuy hos habitation
Ouz scoaz Doe, ma tat, en stat net
So dihuy din predestinet
Pan eheut[1] an beth[2]; credet den.

Mem courtes, ne ve quet raeson
Ez youzafhech garv an marv don

Hep gourtos[3] saeson da donet;
Na ne d'eet quet, credet se,
Mervell en het, dre nep trete,
Quent eguedof me en effet.

MARIA[4].

Pan nox eur difme autreet
Autrou, mab huec, an teir requet;
An pedervet gret, pan oz pedaf.
Mar deu ret, dren leveret huy,
Dren marv entromp ex recomp ny
Ach me ha huy dispartiaf,

Dann heur han pret hox requetaf
Ma marvhet, gret, pan ouz pedaf,

---

[1] Var. Panell e. — [2] Peth. — [3] Gortos. — [4] En marge, *An pevare requet.*

mourrez, mon âme, qui repose doucement en moi, soit
ravie et tenue en suspens de telle manière qu'elle ne res-
sente ni douleur ni angoisse de mon agonie ;

Et puis que je vive tout à fait privée de la mémoire
des choses du monde, de sorte que je n'entende ni ne
sente les grandes douleurs que vous souffrirez par votre
mort cruelle, atroce, désirée à grand tort.

Hélas! quoi qu'il arrive, moi qui suis votre mère, ne
me livrez point à la tempête et à l'épouvante, et accueil-
lez bien ce que je vous demande ici. Voilà la quatrième
prière que je vous ai faite de bon cœur.

JÉSUS.

Ma mère, écoutez bien ceci :

Il ne serait nullement à votre honneur devant le
monde que vous vissiez votre propre fils, sans soutien,
mourir sur la croix dans les souffrances, pieds et mains
cloués,

Et que, dans ce moment, vous ne fussiez point hors de

Translataf ha suspensaf net
Ma enef, so guenef seren,
En manyer seder dam [1] *termen*
Na santo anquen na penet,

Ham gouzaf [2] *da bevaf affet*
En un memor disemperet [3]
Dioux fet an bet guytibuntam,
Na clevif na na santif quet
An poanyou cref a gouzafhet
Han marv garv, calet, a het cam.

Allas! pep tro, me so ho mam,
Nam lest en tempest nac estlam;

Ha recevet flam an dra man
Ach diguenef me en effet.
Chetu an pevare requet
Am eux deoch graet a coudet glan.

JESUS [4].

Ma mam, ententet flam aman :
Ne ve quet se dre nep moean
Enor deoch hreman oar an bet
Guelet ho guyr mab, hep abry,
Ouz mervell en croas gant casty
En hy dren ysily griet,

Hacez rech neuse en effet

---

1 Var. Dan. — 2 Ha goude. — 3 Deliberet. — 4 En marge, *An pevare respont.*

vous de douleur; il ne serait pas convenable qu'on vous vît sans pitié durant ma Passion; non, cela ne serait pas approuvé par la Raison.

Aussi la Raison vous a-t-elle très-bien dit, j'en suis témoin, quand j'ai été présenté par vous tout enfant à Siméon, dans le temple de Salomon; aussi la Raison vous a-t-elle déclaré nettement par lui,

Au moment où il me tenait si heureux entre ses bras, qu'un rude glaive vous percerait très-certainement le cœur pendant ma passion, un véritable glaive de douleur, sans pitié aucune.

Je vous le dis donc, ma chère mère, résignez-vous avec sérénité, et songez à consoler votre belle âme en Dieu, le Roi des astres, car jamais vraiment en ce monde nulle femme mortelle ne supporta d'angoisse

Comparable à la vôtre, il faut que vous le sachiez.

Hep bout buanec gant regret;
Hennez ne ve quet competant
Ez vech huy hep compassion
Entre bathe [1] *ma passion;*
Ne ve quet Raeson consonant.

Ivez dihuy espediant
Ez lavaras, me en assant,
Pan viof suramant presantet
Iouanc flam en templ Salomon
Guenech neuse da Symeon,
Ez discleryas don Raeson net:

Dann heur ma em dalche en effet

Entre e diou brech, hep nech quet,
Hoz scose calet, credet sclaer,
Clezef [2] *durant ma passion*
Quen real en creis ho calon,
Hep compassion deboner.

Me lavar deoch flam, ma mam quer,
Hoz em contentet ent [3] *seder,*
Hac en Doe, Roen ster, prederet
Confortaf ho [4] *enef seven;*
Rac bizcoaz franc quement anquen
Ne dougas grec humen en bet

Par doz heny, ma en gouzvihet:

---

[1] *Var. Pathe.* — [2] *Clezeuf.* — [3] *En.* — [4] *Confort en ho.*

Mais en souffrant le plutôt possible, vous mériterez certainement d'être rangée parmi les martyrs, couronnée reine des cieux et souveraine du martyrologe.

MARIE.

Ah! mon fils, mon vrai Dieu et mon Seigneur, que grâces vous soient rendues joyeusement de la terre au ciel, de ce que vous n'avez point obéi à ma volonté! et vous ne deviez pas le faire!

Hélas! mon cher fils et mon roi, pardonnez-moi, pour cette fois-ci, d'un cœur généreux et courtois, et excusez un peu, je vous en supplie, ma faiblesse. Je cherchais, par-dessus tout,

Je cherchais le moyen de vous faire éviter de souffrir ici-bas un supplice aussi horrible et aussi épouvantable que celui que vous venez de me nommer, sous lequel ma nature est si accablée de pitié que mon cœur entre en épouvante.

C'est un désir tout humain et un amour maternel

Hoguen oux gouzaf guelhaf pret,
Ex meritet, ne deu quet gaou,
Bezaf a lesir [1] martyres,
Hac en nefvou glan roanes,
Ha maestres an martyrisou.

MARIA.

A ! ma mab !
Ma Doe, hep faut, ha ma Autrou,
Trugarecat acc hoz graczou
A graf, knech ha tnou, en louen,
Nox eux nep guys oboysset
Dam volante me ! en effet,
Ne falhe quet ez grahet quen !

Allas! ma mab quer souveren,
Ach pardonet a coudet plen
Dif me seven an termen man,
Hac escuset, me oz pet cre,
Un nebeut ma fragilite.
Dreis pep re a clasque moean

Na gouzafsech quet en bet man
Quen orrill na quen terribl poan,
Evel oz eux aman hanvet [2],
Pe heny ma complexion
So e quen devry compassion
Ma xeu ma calon estonet.

Appetit humen ordrenet,

1 *Var.* A lister. — 2 Hannet.

trop ardent qui me portent à vous faire ces demandes. Mon doux fils, je le sais bien, je ne suis pas digne d'être admise à vous adresser des prières.

Ainsi, je vous en conjure, excusez-moi. La Raison veut que je vous croie toujours et que je vous obéisse, sans jamais violer vos commandements, sans jamais demander pourquoi. Mes demandes sont de vaines paroles : qu'il soit fait selon vos décrets.

JÉSUS.

Vos demandes, assurément, partent d'un cœur plein de douceur humaine, eiles viennent d'une grande humilité; mais la volonté divine veut atteindre complétement le grand but qu'elle s'est proposé.

MARIE.

Au moins choisissez, je vous en prie, le supplice le plus léger, n'y manquez point; choisissez, hélas! la mort la moins dure.

JÉSUS.

Je souffrirai la plus rude mort qu'on puisse ordonner ou même imaginer.

Ha quarantez mam quen flammet,
Am gra suget doz requetif,
Ma map clouar, men goar parfet,
Nac ouf souffisant enn andret
Da bout recevet doz pidif;

Dre se, me ho pet, pardonet dif;
Raeson eu pepret ho credif
Ha ho sintif, hep terrif quet
Ho gourchemenn, hep goulenn quen;
Ma requetou so compsou ven:
Hervez ho termen ordrenet.

JESUS.

Oz requetou, ne deu gaou quet,

So a humen douczder quemeret
Hac a proced a humbldet bras;
Hoguen an volante divin,
A venn ez graher anterin,
An fin din a determinas.

MARIA.

Da bihanhaf, an scaffhaf gloas
Choaset, me ho pet, na fellet pas,
Hay an marv, allas! dinoashaf.

JESUS.

Me a gouzafvo an marv garvhaf
A aller plen da ordrenaf
Na da ymaginaf affet.

MARIE.

Retirez-vous bien loin d'ici!

JÉSUS.

Non, ce sera au milieu de mes amis, sachez-le, dans un lieu élevé, exposé aux regards, devant le monde.

MARIE.

Que ce soit de nuit; ne me refusez point cela.

JÉSUS.

Ce sera, au contraire, au milieu du jour, et tous ceux qui passeront par le pays me verront attaché durement à une croix, les pieds et les mains percés de grands clous, entre deux voleurs,—folie de mon choix.

MARIE.

Hélas! elle est bien peu de mon goût! Vous me contrariez maintenant tout à fait; vous ne daignez me satisfaire en aucune manière. Toutefois, je vous demanderais, si vous me le permettiez, qu'au moins votre pur et précieux sang ne fût point versé sur la terre.

JÉSUS.

Vous me verrez tirer si roidement qu'on pourra comp-

MARIA.

Pell ahanenn hoz em tennet!

JESUS.

E mesq ma querent, ententet,
En un lech uhel, da guelet,
Dirac an bet, rac effet so.

MARIA.

En nos bezet; na fallet tro.

JESUS.

Da hanter an creis dez vezo,
Ha quement re a baleo
Glan dren bro[1] am guelo oll

Gryet disaczun en un croas,
Dre ma membrou gant tachou bras,
Entre dou lazr; an choas so foll.

MARIA.

Allas! pell cre diouch ma youll
Ez gret breman ann oll dan oll;
Noz deur nep roll ma youllaf;
Hoaz, moz pethe[2], pa em be moean
Na ve quet scuillet en bet man
Hoz goat mat glan, da bihanhaf.

JESUS.

Huy a guelo quen tenn ma tennaff
Maz galher antier niveraf

---

[1] *Lege.* Dre au bro. — [2] Moz pel.

ter le nombre de mes os, je l'affirme, n'en doutez pas. Avec quelle cruauté mes membres seront transpercés!

Les pécheurs déréglés forgeront sans relâche sur mon dos mille barbaries, croyez-le bien. Il y aura en eux tant de haine qu'ils feront des trous, de grandes plaies douloureuses dans mes membres, très-certainement.

MARIE.

Vous ne me faites, pour mon malheur, aucune bonne réponse qui me plaise, mon sage fils; hélas! aucune!

JÉSUS.

Il faut que par moi toutes les Écritures soient accomplies, je vous le dis en vérité, et sans que j'en oublie une seule; gardez-vous d'en douter; mon corps sera troué de part en part, et ma peau sera écorchée; on n'aura point pitié de moi.

Et ma robe blanche d'innocent, avant de la déchirer, sachez-le, ils la rendront froidement toute rouge de mon

---

Ha ho contaff, nen nachaff quet,
Ma esquern net, na lequet sy;
Mar cruel dre ma ysily
Ez viziff adevry griet!

An pecheryen disordrenet
Oar ma quezn a forgio pepret
Dre meur crueldet, credet pur;
Quement [a] vezo en ho cas
Maz grahint toullou, goulyou bras,
Em membrou gant gloas, a tra sur.

MARIA.

Na reit diffme dre nep eur

Nep respont mat dam pligiadur,
Allas! ma mab fur, assuret!

JESUS.

Ret ez re actif achiuet
An holl scripturyou, hep gou quet,
Hep faut en bet; na lequet sy,
Ma corff ann[1] oll oll a toulher,
Ha ma crochenn a dispennher;
Ne quemerher truez ouz iff.

Ha ma guyscamant guenn, membry,
A ynoczantet, credet huy.
A grahint y, quent dispartiaf,

Var. A'n oll oll.

sang. Et tout cela, croyez-le bien, arrivera par amour pour l'homme, que je dois racheter.

De toutes les parties du pressoir je dois tirer la peine la plus raffinée, et je veux l'endurer brûlante; car il est écrit admirablement : *Torcular calcavi solus et de gentibus non fuit vir mecum* *.

MARIE.

Ah! mon fils! ah! faut-il que vous souffriez sans remise le supplice et la charge que vous songez à prendre sur vous!

JÉSUS.

Il le faut, ma mère, ne vous en effrayez pas; restez calme et prenez cette heure en patience.

MARIE.

Ah! Dieu! quelles douleurs, quelles saintes angoisses vous allez souffrir en votre personne sur cette terre, pour une dette que vous n'avez point contractée! Ah! vous avez pris un trop pénible soin en payant la dette entière de l'univers!

Quen ruz gant ma goat en stat yen;
Hac oll, credet, dre caret den,
So ret gant anquen da prenaff.

Me penn da penn a renc tennaff
An pressouer an poan querhaff
Hac e gouzaff a mennaff tum [1]*,*
Drez eu scryvet meurbet hetus [2] *:*
« Torcular calcavi solus
Et de gentibus non fuit vir mecum. »

MARIA.

A! ma mab!
Ha! querz ez eu ret, hep quet chom,
E gouzafhech an poan ha an [3] *som*

A prederet tom da compret?

JESUS.

Ret eu, ma mam; na estlamet;
Bezet seder, ez quemerhet
En paciantet ann pret man.

MARIA.

Au!
Pebez anquenou, poanyou glan
A gouzafhet oar ann bet man,
Huy hoz hunan, eguyt an dle
Noz eux quet seder quemeret!
Hoguen paeaff oll dle anholl bet
Ouz eux prederet calet re!

---

* J'ai foulé seul le vin du pressoir, et des nations nul homme n'a été avec moi.

[1] *Var.* A menaf tam. — [2] Membet helus. — [3] Ha'n.

Mais, par ce moyen, tous les hommes sans exception jouiront d'un grand mérite; vous releverez leur faiblesse par votre utile passion et ils seront rendus à l'état d'innocence.

Mon fils, je vous offre à présent tout de bon mon corps et mon esprit, pour en faire ce que vous voudrez. Parlez et commandez en Dieu, de telle façon qu'il vous plaira.

JÉSUS.

Avec vous, Marthe et Marie, dans cette maison, je laisse ma mère maintenant; je vous la recommande bien; tenez-lui compagnie; traitez-la du mieux que vous pourrez; pour rien au monde ne la quittez.

MARIE.

Quoi! mon fils! vous m'abandonnez donc! Oui, je vois bien que c'est un adieu; vos paroles me le font penser; mais mon cœur navré, croyez-le, m'empêche de me persuader que ce soit un dernier adieu.

Hoguen merit bras dreu trase [1]
Oll dan holl bedis a distre;
Ho fragilite gourreet
Dre ho passion consonant,
Maz bezint [2] laquaet competant
En semblant a ynoczantet.

Deoch, hep goap, ma mab [3], apret,
Ez quennigaf, nen [4] nochaf quet,
Ma corff ham speret an pret man
Da ober seder a querhet;
En manyer maz diliberhet
Ordrenet ha deviset [5] glan.

JESUS.

Gen iñuy,

Martha ha Mary, en ty man,
Ez lisif flem [6] ma mam aman;
Me gourchemenn deoch glan ha net,
Delchit compaignunez dezy;
Guelhaf maz guelhet tretet hy;
Oar nep sy na lysid hy quet.

MARIA.

A! ma mab,
Conge oar se a quemeret!
Me guel ez mat [7], ez quemyadet;
Diouz a leveret en credaf;
Ma calon queuzet, credet se,
En reprim da credif disme
Ez eu an congie [8] divezhaf.

---

[1] *Var.* Dr'en drase. — [2] Vesint. — [3] Map. — [4] Ne'n. — [5] Diviset. — [6] Flam. — [7] En mat. — [8] Congez.

3.

Jésus, mon très-aimable fils, si l'heure est venue, comme je le vois, je veux bien m'y résigner, puisque c'est un décret de Dieu que vous accomplissiez évidemment et entièrement ce qui a été sagement réglé.

JÉSUS.

Oh! ma mère! ne pleurez pas; il le faut. Recevez avec patience et sérénité les adieux que je vous fais aujourd'hui; restez ici sans gémir à attendre, et écoutez sans vous émouvoir la volonté de mon Père dans cette circonstance.

LA VIERGE MARIE.

Ah! mon bon, mon aimable, mon saint fils, que j'ai tant aimé dans ce monde! Au moins vais-je baiser de tout mon cœur vos mains blanches et douces, vos mains dignes de toutes louanges!

JÉSUS.

Jean et Pierre, allez tout de suite devant vous droit à Jérusalem. Soyez prompts et lestes; ne différez pas de chercher l'agneau pascal, pour qu'on l'immole à la ma-

---

Ma mab Jesus graciussaf,
Mar deu duet an pret, dren credaf;
E acceptaf a mennaf net;
Pan eu an volante divin
Ez fournisser sclaer anterin
An pez so din determinet.

JESUS.

A! ma mam,
Red eu seder ez quemerhet
An quemyat man, ha na doanyet,
En paciantet, an pret man;
Chomyt aman hep huanat
Da gourtos, hac en repos mat
Clevyt youll ma tat en stat man.

AN GUERCHEZ MARIA.

A! ma mab mat, hegarat, glan,
Am eux quen caret en bet man,
Me ya breman da bianhaff
Da afvet gant guir apetit
Doz dou dorn guenn ha doucc breman,
Leun a meulit da recitaff!

JESUS.

Yahann ha Pexr,
Et breman affo rac hox drem
Special da Hierusalem,
Diligant ha lem; na chemmet
Da ober clasq an oan paschal

nière accoutumée, dans le lieu marqué, dans la salle ornée.

La première personne que vous trouverez au faubourg sera un homme portant de l'eau. Suivez-le, ne faites pas autre chose; entrez à sa suite dans la maison où il ira, n'y manquez pas, allez avec lui, puis dites délibérément, sans vous intimider,

Dites au seigneur de cette antique maison qu'il dispose tout, qu'il prépare la pâque prescrite, que le Maître de la Loi lui ordonne de la tenir prête, belle et convenable, et qu'il viendra sans tarder,

Suivi de ses disciples très-purs, pour la célébrer avec lui. Alors il ne manquera pas de vous montrer tout de suite une chambre convenablement préparée : ornez-la et mettez-y tout en ordre.

PIERRE.
Nous allons donc chercher cet homme. Jean, rendons-

En manyer custumet detal [1].
En lech special, en sal net [2].

Un den enn antre a queffet
Oz doen [3] dour gant aff quentaff pret;
Hennez heulyet ha na graet quen;
Enty maz ay, hep faziaff,
Antreyt tizmat; yt gant aff;
Lyvyrit scaff, hep bezaff ren,

Dann autrou an ty ancien
Ez preparo, ez auxo plen
An pasc certen so ordrenet;
Maestr an [4] Rez en quemenn dezaf

Cazr hac onest e uprestaf;
Hac ez ay scaf, hep tardaf quet,

Ef, he disquiblyen dien net,
Da ober ann pasq gantaf affet.
Neuse, credet, hep arretaf,
Ez discuezo, ne fallo quet,
Deoch un lech onest aprestet;
Hennez drecet, ordrenet scaf.

PEZR.

Ny a y a oar se davedaff;
Iahann, deomp tenn bet enn haff

---

[1] *Var.* Custun et delal. — [2] Salvet. — [3] Douen. — [4] A'n.

nous tout droit vers lui pour lui dire ce qui nous est re-commandé.

JEAN.

Allons donc gaiement, puisque vous le voulez.

✝

PIERRE.

Voici un homme que je crois être celui-là même dont on nous a parlé; ne le pensez-vous pas?

JEAN.

Oui.

PIERRE.

Quel est celui-ci qui porte de l'eau?

JEAN.

Vous l'avez dit, c'est l'homme qu'on nous a annoncé comme devant faire notre affaire.

PIERRE.

Bonne nuit, de par Dieu, roi des peuples, et bonheur à vous, notre hôte, tel bonheur qui vous plaira le plus.

L'HÔTE.

Soyez tout à fait les bienvenus. Quelles nouvelles sont dans votre cœur? que dites-vous de bon?

Da lavaret dezaf affet
An pez so crenn gourchemennet.

IAHANN.

Deomp oar se seder, pan querhet.

✝

PEZR.

Chetu un den, ha me en cret
Ex eu ann heny hep muy quet
A yoa deomp compset; credet flour?

IAHANN.

Ia.

PEZR.

Piou eu heman a douc an dour?

IAHANN.

Heman eu espres deomp prexou
Da ober ann labour fournis.

PEZR.

Nos mat degant Doe, roen ploys,
Ha joa roz bezo, hon ostys,
Louen en guys ma diviset.

AN OSTYS

Deut mat ha devry ra vihet;
Pe queheslou so en ho coudet?
Petra quet a leveret huy?

JEAN.

Le Maître vous envoie ses ordres, et voilà qu'il vient vers vous lui-même avec ses disciples, pour célébrer sa pâque. Faites donc chercher l'agneau pour le souper, ne vous déplaise; préparez, ornez, mettez tout en ordre.

L'HÔTE.

Voilà que tout est prêt pour vous recevoir, vous n'avez qu'à entrer; je vous trouverai à point nommé tout ce que vous demandez.

PIERRE.

Le lieu est convenablement préparé; si la nappe blanche était mise? Dites, je vous prie, qu'on nous l'apporte.

L'HÔTE.

La voici! tenez, mettez-la. Est-ce qu'il vous faut quelque chose de plus?

JEAN.

Vienne à présent notre Maître, notre Seigneur, joyeusement, quand il lui plaira; il trouvera tout en parfait état.

IAHANN.

An Maestr a diquemenn dihuy [1]
Ha davedoch chetu ez duy,
Na graet sy, eff ha e disquiblyen,
Da ober e pasq; ha clasc gryt
An oan oar penn coan, na doanyt;
Auset, drecet, ordrenet plen.

AN OSTYS.

Chetu deoch drecet; na gruet quen
Espressamant nemet [2] antren;
Me a cafo deoch plen ordrenet
Quement tra crenn a goulenhet.

PEZR.

An lech so onest aprestet;
Pan ve an douzier quenn astennet?
Racse, me ho [3] pet, hon bezet hy.

AN OSTYS.

Cza! dalet, hac astennet hy;
Ac eff a fell muy dihuy quen?

IAHANN.

Deut hon Maestr, hon Autrou, louen [4]
Pan caro plen, an termen man;
Hac ez cafo net drecet glan.

---

[1] *Var.* An maestr a dy a queme'n dy huy. — [2] Menet. — [3] Hoz. — [4] Hon Autraou laouen.

†

JÉSUS.

La paix de Dieu soit avec vous, tous tant que vous êtes dans cette maison.

L'HÔTE.

Soyez donc les bienvenus, soyez heureux, et aussi quiconque entre avec vous ici; puissions-nous jouir toujours de votre sainte paix!

PIERRE.

Maître, je vous l'annonce, le souper est prêt; entrez ici sans crainte; le lieu est orné à merveille.

JUDAS.

Oui, il est temps de vous asseoir, car voici la nuit presque venue, et moi je suis extrêmement pressé, et très-occupé de vous.

LES PRIÈRES.

Benedicite.

LES APÔTRES.

Dominus.

⁜

JESUS.

Peuch Doe oarnochuy en ty man,
Quement unan so ahanech [1].

AN OSTYS.

Deut mat gant joa eza ra vech,
Ha nep so guenech en lech man;
Hoz peuch [2] *pep tro ron* [3] *bezo glan!*

PEZR.

Maestr, credet beu, dare eu coan

Antreet aman, na doañyet,
An lech so hep mar preparet.

JUZAS.

Pret eu yvex ex asezet,
Rac chetu ann nos hogos duet,
Ha me so espres ampresset
Ha dreizoch meurbet morchedet.

AN GRACZOU.

« Benedicite. »

AN ABESTEL.

« Dominus. »

---

1 *Var.* Ahanoch. — 2 Peuach. — 3 Ro'n.

JÉSUS.

Quœ sumpturi sumus
Benedicat trinus et unus.

LES APÔTRES.

Amen.

JÉSUS.

Je vais faire couler dans ce vase de l'eau claire, pure et nette, pour laver vos pieds poudreux.

PIERRE.

Hélas ! doux Maître, laissez-nous; une pareille action ne doit pas être vue; elle n'est nullement séante à notre égard; votre bonté est par trop grande.

JÉSUS.

Pierre, mon ami, c'est convenablement que je me prosterne à deux genoux sur la terre, afin de laver tes pieds; c'est en signe d'enseignement moral.

PIERRE.

Mon doux, mon tendre, mon aimable Maître, comment, par quel abaissement me laveriez-vous les pieds, à moi? Certes, vous ne le ferez jamais.

JÉSUS.
« Quœ sumpturi sumus
« Benedicat trinus et unus. »

AN ABESTEL.
« Amen. »

JÉSUS.
Dinou dour fin en bacin man,
Da guelchiff hoz treitou louan,
A raff flam, aman, glan ha net.

PEZR.
Allas! Maestr clouar, hon leset;
Hennez ne apparchant nep andret

Ouz ompny, quet da sellet, fin;
Hoz douczder so re anterin.

JÉSUS.
Pezr, ma car, oar ann douar din
Ez stouaff dan tnou dan dou glin,
Dan fin en sin a doctrin mat;
Da guelchiff hep gou da dou[1] troat.

PEZR.
Ma maestr doucc, clouar, hegarat,
Pe dre atret, na pe dre stat
Ez golchech ma treit me seven?
Certen, nen greheut[2] bizhuyquen.

---

[1] Var. Hep gaou da daou. — [2] N'en grehet.

JÉSUS.

Pierre, écoute-moi : tu ne sais pas maintenant pourquoi je fais ceci; mais un jour, ne le mets pas en doute, viendra le moment où tu le sauras.

PIERRE.

Doux et bon seigneur, vous ne le ferez pas, ni vous, la perfection même, ni qui que ce soit; vous ne me laverez jamais les pieds. Ce ne serait pas une bonté raisonnable que le Fils de Dieu, que le Créateur, lavât les jambes de ses serviteurs.

JÉSUS.

Pierre, mon ami, je te le dis clairement, jamais tu n'auras part avec moi, quand tu t'en iras d'ici, ni aucun franc-alleu dans le ciel, je crois bien, quelque incomparable que soit mon amitié pour toi, si tout d'abord je ne te lave.

PIERRE.

Seigneur, ne me lavez pas seulement à cette heure les pieds, s'ils sont poudreux, mais les deux mains, certes, et la tête!

JESUS.

Pezr, chede so : ne gousot quet,
Breman perac ez graf me net,
Hoguen un pret, na gra quet sy,
Ez duy ann dez ma en gouzvezy.

PEZR.

Autrou huec, hegar, quet nen [1] *gry.*
Te, perguen, na den nep heny,
Ma treit ne guelchy bizhuyquen;
Ne ve quet raeson deboner
Ez golche mab Doe, an Croer,
Divesquer e servicherien.

JESUS.

Dit, Pezr, ma car, me lavar splann
Bizhuyquen guenefme queffrann,
Pan y ahanan, na rann cuyt
Nez vezo quet, affet credaf,
Nac eu mar dispar ez caraf,
Da quentaf ma ne golchaf dit.

PEZR.

Autrou, na golch quet an pret man
An treit hep muy, mar dint bihan [2],
Hoguen ann dou dorn, glan, han penn.

------

[1] *Var* Ne'n. — [2] *Lege,* Louan

JÉSUS.

Quiconque a été purifié avec soin ici-bas n'a plus besoin que de se laver les pieds. Vous êtes purs et nets, assurément, une partie d'entre vous; mais vous n'êtes pas tous parfaitement purs, croyez-le bien.

PIERRE.

Vous connaissez pleinement les œuvres et les pensées, les préoccupations et les goûts de chacun. Quiconque est l'esclave de ses mauvais penchants n'est pas, je le sais, parfaitement pur. Pour moi, je serai toujours impur, je le crois fermement.

SAINT JACQUES LE MAJEUR.

Voilà comment le Roi du firmament et des trônes, par l'effet d'œuvres de toutes sortes sagement calculées, et par des exemples propres à réjouir le ciel et la terre, nous montre, à nous autres vieillards, quel doit être le but de la vie de tout homme.

JEAN.

Voyez à quel degré d'humilité il s'est abaissé de bonne grâce pour nous laver !

JESUS.

Nep gant affet a ve graet net,
Nemet e treit hep quen en bet
Ne falhe quet e goulchet muy;
Huy so net ha pur, assuret,
Darn a hanoch, ha nedouch quet
Oll net, parfet, credet detry.

PEZR.

Huy a ezneu plen pep heny
En ober hac en pridiry,
En study hac affection,
Nep so en drouc teig ampechet
Ne deu quet, mengoar, net parfet;

Hacr ez ven pepret, men cret don.

SANT JALM BRAS.

Chetu Roen [1] firmamant han tron
Penaux dre gracc en pep faeczon
An euffrou guyryon raesonet,
Han exemplou, knech lnou, louen,
A discuez dymny ancien
Da quement termen so en bet.

JAHANN.

A huy a guel pe en ufveltet
Don guelchif ny, humiliet
Ez eu em laquaet ent [2] seder ?

Var. Roe'n. — [2] En.

JÉSUS.

Rasseyez-vous, mes frères, que nous nous hâtions de finir cordialement ce repas.

Mes amis, comprenez-vous bien ce que je viens de vous faire? Réfléchissez-y dans vos cœurs. Vous m'appelez Maître et Seigneur, et vous avez raison de parler ainsi, car, en vérité, toujours

Je serai le Seigneur. Or, si je me suis plié en deux et mis à genoux de bonne grâce pour laver vos pieds, c'est pour vous apprendre, par un exemple clair et frappant,

Que vous vous devez de bon cœur les uns aux autres, jusqu'à la mort, des égards doux et tendres, comme vous m'avez vu en avoir pour vous, et que vous devez vous servir mutuellement de la même façon humble et cordiale.

Désormais, je n'aurai plus l'occasion de manger ni de

JÉSUS.

Arre asezet, ma breuder,
Eguyt actif maz achifher
An coan man antier a cher net.

Ma querent, ha huy entent quet
Deoch oar se petra ameûx graet?
Prederet en hoz coudedou.
Maestr hac Autrou plen em henvet,
Guyr dren drase a leveret
Hac yvez pepret, hep quet gou,

Ez viziff hep faut an Autrou.
Oar se mar doufme entre dou [1]

Stouet oar pennou ma dou [2] glin
Da guelchiff hoz treit ent seder,
Da discuez deoch glan an manyer.
Dre exempl sclaer hac anterin,

Penaux entroch glan bet an fin
Cre ez dleet, a coudet din,
Doucc ha benin moriginet,
Dre ouz eux guelet lem guenef me;
Servig cuf ufrel evel se
An eil deguile a grehet.

Pelloch sclaer nemeux esper quet
A dibriff nac evaf affet

[1] Var. Entredaou. — [2] Ma daou

boire réellement avec vous, dans ce monde, croyez-le bien; et cette pâque que je fais ici, cette pâque appelée matérielle, sera renouvelée très-saintement.

Par un Mystère divin, à ces fins, je vous donne maintenant mon corps et mon sang d'une façon sainte, éclatante, sacramentelle, pour le salut du monde. Ceci est un Testament tout nouveau.

Il fut figuré à merveille par l'agneau sans tache, il y a longtemps; mais la figure est tout à fait laissée de côté; la réalité seule va durer; elle ne cessera pas jusqu'à la fin du monde; toujours elle sera ici-bas.

Mon Père, les yeux élevés vers vous, je vous rends grâces en ce moment; recevez, je vous prie, la mort et le supplice que je dois endurer sur terre comme une rançon digne d'être pleinement acceptée pour racheter l'homme coupable.

Sur ce pain pur et blanc, en l'honneur de Dieu, Roi

Gueneoch, credet, oar ann bet man;	An figur sclaer a leser glan;
Hac ann pasq man so aman graet,	Han [2] effet en stat a pado;
So pasq material galvet,	Bet fin an bet ne arrelo;
A vezo net nerezhaet [1] glan.	Pepret [3] ez chommo en bro man.
Dre Myster divin, dan fin man,	Graczou, ma Tat, en stat aman
Ma corff me han goat en stat man	A rentaff dit, ez drem, breman;
A ordrenaf glan dre manyer	An marv man han poan oar an bet
Deoch flam sacramantalamant,	Mez pet, en recevy dien
Da salut humen avenant,	Da saler acceptabl ha plen
Dren nevez Testamant antier;	Eguyt dazpren den a penet.
Hac a voe figuret seder	Oar ann bara man glan ha net,
Dren oan flam, ef so pell amzer;	En enor da Doe. Roe en bet,

1 Var Nevezet. — 2 Ha'n. — 3 Bepret.

du monde, sur ce pain qui est mon corps lui-même, croyez-m'en, désormais, —je vous le commande,—faites ainsi, n'y manquez pas; c'est un mystère tout divin.

Et faites de même saintement avec ce vin rouge que je désigne expressément comme étant mon vrai et sacré sang; en Testament tout nouveau, je vous le donne pur et divin pour l'éternité.

Et en même temps je vous donne sur l'heure le saint pouvoir que j'ai ici : je veux que, en mémoire très-fidèle de ma mort et de ma passion, vous fassiez l'offrande de la manière que j'ai réglée.

Quiconque y croira sera certainement béni par mon Père. Oui, bien heureux qui y croira! Mes paroles doivent être gardées; elles doivent durer à jamais; elles ne peuvent nullement faillir.

JUDAS.

Ni moi non plus je ne faillirai pas; je suis toujours

Eo ma corff affet, credet din,
Hyvizyquen, men [1] *ordren sclaer,*
Evelhenn gruet, na fellet guer,
Dre divin Myster anterin.

Hac evelse gruet glon dan guyn
Ruz, a devry, pe hiny fin
Ma goat mat din a assinaff;
Eguyt flam nevez Testamant
Deoch dinam eternalamant
Divinamant a consentaff;

Dihuy oar undro ez roaf
An gallout man glan breman scaf :

En memor muyhaff quentaf pret
Am marr ham devry passion,
Pan greheut huy oblation
En faeczon ameux ordonet.

Nep en credo a vezo net
Gant ma Tat hep sy biniguet;
Guenn e bet parfet en credo!
Ma guer a ranquer da derchell,
Ha so bizhuyquen da menell,
Ne guell nep quentel fellell tro.

JUZAS.

Prest ouf pepret dan coudet so,

[1] *Var.* M'en.

prêt et courageux; je ne manquerai pas de faire tout ce que vous voudrez,

Maître, car vous m'avez donné votre corps, votre chair, votre sang précieux par lequel notre âme est bénie sans nul doute.

PIERRE.

Et moi aussi, mon maître, je vous honorerai toujours; car je me suis mis à votre service durement, tout entier, sans aucun manquement; et je ferai joyeusement mon office envers vous mieux qu'aucun de vos disciples, je le crois, et mieux que personne.

JÉSUS.

Je suis tout troublé dans mon âme; je n'en puis plus, vous le voyez, lorsque je songe à la douleur que je vais avoir à souffrir, par un décret d'en haut, et que je ne puis éviter :

Un de vous osera me trahir; un de vous aura l'effronterie de me livrer, de me remettre cette nuit même,

Hep fellell tro; ne vezo sy
Da ober an pez a query,

    Maestr,
Roet ezeux difme a devry
Da corff, quic, goat net, drezedy
Hon enef hep sy biniguet.

    PEZR.
    Ha pepret,
Ma maestr, ez reputaf affet;
Rac ez servig em empliget
Ouf affet, calet, hep quet sy;
Ha hoaz me travaillo louen [1]

Ez andret. me a cret, muyguet den
As disquiblyen, na nep heny.

    JESUS.
Troublet ouff em enef devry,
Pan prederaff, ne gallaff muy,
En poan pe heny, chetu so,
Ameux da gouzaff quentaff pret,
Ha so diff din determinet;
Quet e terchet ne gallaff tro :

Unan gardis am traysso
A hanoch; re dimez rezo
Hac am livro, am rento plen

[1] *Var.* Me travello laouen.

avant mon sommeil, entre les mains de mes ennemis, qui s'empareront de moi, m'entendez-vous? avec une froide cruauté.

Alors on me verra lier et entraîner. Pareil traitement n'aura été fait à aucun homme né dans ce monde, comme s'expriment les légendes et les prophéties authentiques; soyez assurés de cela.

Donc, malédiction soit à celui dont on entendra dire qu'il a trahi le Fils de l'Homme à cette heure, car il vaudrait bien mieux pour lui qu'il ne fût jamais venu au monde.

LES DISCIPLES.

Si nous pouvions savoir quel doit être l'auteur de cette profonde trahison, nous le lapiderions à l'instant ici sans pitié, devant le monde.

JÉSUS.

Par un de vous qui êtes ici assemblés et assis à table, je serai traitreusement livré. Sachez qu'il a mis

---

Henos en nos, quent repos quet,
Dam ezrevent, ma ententet,
Dam quempret gant crueldet yen.

Eno ez guelheur[1] *ma aeren,*
Ma ren. Diren hevelep den
Byscoaz ne voe ganet en bet,
Evel maz prezec an lectur
Han profecy devry sigur;
A hano pur bet assuret.

Eguyt se, ve oarse bezet
Da nep pe gant ez eu clevet[2]
Mab den traysset en pret man,

Rac guell vihe dezaff affet,
Dre nep antre, na vihe quet
Ganet nepret oar ann bet man.

AN DISQUIBLYEN.

Pa goufhemp piou ve dre moean
A gra don ann trayson man,
Aman breman dirac an bet
Ez ve hep truez labezet.

JESUS.

Dre unan a hanoch guerret
So ouz an taul[3] *yvez asezet*
Ez viziff livret hep trete;

---

[1] *Var.* Guelher. — [2] Da nep pegentez eu cleuet. — [3] Taoul.

effrontément la main au plat avec moi, l'auteur de ce forfait.

PIERRE.

Apprenez-moi vite, Seigneur, à moi tout d'abord, si je dois faire ce que vous dites, afin que, séparé de mes frères, je sois très-certainement puni sévèrement jusqu'à la mort.

ANDRÉ.

Vos paroles pleines de force me troublent jusqu'au fond du cœur, croyez-le bien.

JUDAS.

Maître, est-ce moi celui qui doit être dur envers vous?

JÉSUS.

Tu le dis.

JEAN.

Nous sommes tous en émoi, n'en doutez pas, et notre esprit est vivement troublé par la parole que vous avez dite. Apprenez-le-moi sans détour, je vous en prie par l'amour vrai que vous me portez, qui est-ce qui vous trahira?

E dorn hec en deveux lequaet
En plat guenef me, gouzvezet [1],
Nep en deveux graet an fet se.

PEZR.

Disclaeryet [2], *Autrou, prim difme*
Aman tizmat, a me a dle
Ober en dra se leveret,
Eguyt maz venn, na bevhenn muy
Gant ma breuder, hep quet a sy,
Beden marv devry castizet.

ANDRE.

Hoz comzou cref am groa [3] *grevet*
Bet creis an coudet, credet huy.

JUZAS.

Maestr,
A nedeu me eu ann heny
A dle bout ouzochuy dicar?

JESUS.

Te en larar.

IAHANN.

Soezet omp gueffret, na graet mar,
Ha perturbet lemm hon memoar
Dren saffar ous eux lararet.
Diff revelet [4], *na fellet tro,*
Dre guyr carantez, piou vezo
Nep ho traisso, me ouz [5] *pet.*

---

[1] *Var.* Govezet. — [2] Discleryet. — [3] Gro. —   Discleryer. — [5] Me ho .

JÉSUS.

Jean, mon excellent et incomparable ami, celui à qui je vais donner du pain trempé, c'est par celui-là, sache-le bien, que je serai vilainement trahi et livré sans retard à une mort bien dure et bien cruelle.

JEAN.

J'ai une si grande envie de dormir qu'il faut que je dorme en ce moment sur votre sein sacré et divin, cette source de pure doctrine, afin qu'une partie de votre grand secret se communique à mon esprit.

JÉSUS.

Judas, prends ce morceau de pain; mange-le et va-t'en; fais vite ce que tu as à faire; plus de retard; voici le temps marqué.

JUDAS.

J'irai sans plus tarder.

JÉSUS (*à part*),

Certes, c'est pour ton malheur que tu manges ce morceau de pain, crois-le bien.

JESUS.

Iahann, ma car [1] dispar parffet,
Nen pe da ez [2] reif me affet
An bara gluibyet, ha cret se,
Dre hennez dispris trayssel
Viziff hastiz [3] da bout livret
Dan marv garv, calet, meurbet cre.

IAHANN.

Hoant [4] cousquet quement am tret me
Maz eu ret prim ez cousquif me
Oar da p-utrin de a breman;
So din, divin, a doctr n net,
Eguyt recef [5] sclaer em speret

Darn gant effet az secret glan.

JESUS

Juzas, dal an tam bara man,
Debre [6]
Ha quae, gra affo an droman
Da cas buhan, na ehan muy;
Arrif eu ann amser destinet.

JUZAS.

Me a yelo [7] hep quet dale muy.

JESUS.

An tam bara se adevry
A dibry hec; se cret fyer [8].

---

1 *Var.* Ma char. — 2 Daz. — 3 Hastiv. — 4 Choant. — 5 Euyt recau. — 6 Daebren. —7 Me ayel.—8 Le *Cod.* Y porte *hep si* au lieu de *hec; se,* mais par erreur; le *Cod. D :* A dibry hec, sy cret fier.

JUDAS.

Là-dessus, je m'en vais en ville maintenant pour chercher ce dont mon office me commande de m'occuper. Ne vous ennuyez pas ce soir, mes frères; passez la nuit en repos, sans vous quereller; dormez bien.

Quant à moi, avant qu'il soit jour, j'aurai mille soucis peu ordinaires, à cause de mon maître; j'aurai mille chagrins. Voici la nuit; je la passe en proie à une grande inquiétude, croyez-le. Par ma foi, à peine puis-je reposer.

LE DÉMON (à *Judas*).

Judas, tiens bon contre ton cœur. Voilà que les prélats veillent toute la nuit et se fatiguent à t'attendre. Sors d'ici; ne tarde plus; fais l'affaire que tu as méditée. C'est l'heure d'être vigilant.

Tu seras éternellement tenu pour un traître par ceux du pays, personne ne t'estimera, si tu montres tant d'hésitation : après avoir reçu leur argent, ce serait fort mal, fort vilain, et une infamie pour ta bouche.

JUZAS.

Breman oarse me ya en kaer
Da clasq franc ann pez a ranquer
Necesser en hon matery;
Oar penn an hoaz [1] na anoazet,
Ma breuder, vet nos reposet
Hep brut en bet, ha cousquet huy.

Mem bezo dreis cours meur soucy [2]
Am maestr, quent bout dez anezy,
Mil melcony; ha chetuy nos;
Dre an meur morchet, credet se,
Ameux e tretaff; ne raff le,
A poan ez gallaff me repos.

AN DYAOUL.

Juzas, dalch enep daz prepos:
Ema ann esquep hep repos
Ahet nos, ouz da gortos scuyz;
Deux alesse, na dale quet,
Gra an mecher azeux prederet;
Breman eu pret da sellet piz.

Traytour vizy bizhuyquen
Dalchet dren bro, nez priso den
Mar grez quen dalch da termenyou :
Quemeret archant diganté
A ve drouc graet ha meur laet ve,
Hac yffamite daz guenou.

---

1 Var. Oar choaz. — 2 Soursy.

4

Fais ton devoir, tiens ta parole, et ils s'empresseront de te faire fête et de t'offrir biens et honneurs. Si tu forlignes, tu seras honni,—c'est mon opinion,—et châtié; les princes ne te lâcheront pas.

JEAN (*s'éveillant*).

J'ai vu les Mystères divins et profonds que je désirais voir, mais il n'est pas permis de les révéler. Ils sont si élevés, si ardus, que l'intelligence de l'homme ne pourrait trouver le chemin qui mène à les comprendre.

JÉSUS.

Je vous laisse la paix, la vraie paix; je l'établis parmi vous pour toujours, car je m'en vais sans tarder dans un lieu où vous n'irez que le jour où régnera parmi vous une plus grande foi; oui, apprenez cela.

PIERRE.

Le chemin serait-il si étroit, dites-moi, que je ne pusse aller avec vous sur l'heure en ce lieu? Je veux mourir et vivre avec vous partout, je le jure, car, moi, je ne crains point la souffrance.

Gra da mecher, dalch da gueryou,
Hac y a gray prest cals festou
Hac enorou ha madou dit;
Mar fellez, ez vezi mezet,
Dahem avys, ha punisset;
Gant an princet ne dy quet cuyt.

IAHANN.

Mysterou divin infinit
Am eux guelet gant apetit;
Nac ynt licit da recitaff,
Quen uhel ynt lem, ha quement
Na galhe heny dre squient
Caffout hent do comprehendaff.

JESUS.

Peoch entroch espres a lesaff,
Pep termen hac a ordrenaff,
Rac me ya hep tardaf affet
Da un lech dy ne dahech dez [1]
Quen nouz be entroch brassoch fes;
An dra man yvez gousveset [2].

PEZR.

A quen striz en hent, ententet,
En stat se ne galhenn me quet
Gueneochuy monet en pret man?
Mervell credet cref, ha bevaf
Gueneoch, en tachen, a mennaf,
Rac me ne doutaf gouzaf poan.

---

[1] Var. Da nn lech dy n'en dahech quet. — [2] Govezet.

JÉSUS.

Pierre, en vérité, avant que le coq chante trois fois cette nuit,—écoute bien ce que je te dis,—trois fois tu me renieras; oui, tu me désavoueras vivement, durement, absolument, si fier que tu sois.

PIERRE.

Jamais! cela est évident! quand je devrais mourir, jamais on ne me verra manquer de tenir fidèlement ma parole.

JÉSUS.

Maintenant, rendons grâces à Dieu de ses biens; qu'il nous donne la joie!

Cette nuit, soyez-en certains, vous serez très-scandalisés à cause de moi; en vérité, je vous le dis. Mais après que j'aurai subi la puissance de la mort, et que je serai ressuscité par mes seules forces, je vous verrai en Galilée.

JÉSUS.

Pezr, quent ez cano, a tra glan [1],
An coq teyr guez, an nosvez man,
—Entent flam aman an manyer,—
Teyr guez cref em diansavy,
Ha calet ha yach em nachy
Ha devry [2], nac out mar fyer.

PEZR.

Bizhuyquen! chetu termen sclaer!
Pan dlehen mervell, nem gueler
Na dilchiff fyer ma gueryou.

JÉSUS.

Da Doe en placc reomp graczou
E madou; ma hon gray louen!

Henoz ez vihet, credet plen,
En ouf me [3] scandalizet yen,
Ententet a certen en se.
Hoguen goude marv cref devry,
Ha bout resuscitet detry,
Mous [4] guelo huy en Galile.

---

[1] Var A trog an — [2] Cret devry. — [3] En of me. — [4] Moz.

SCÈNE IV.

LE TÉMOIN.

Avant de mourir, il passa la nuit à prier son Père. Après avoir soupé, il se rendit dans le petit jardin où il devait suer le sang.

Là, il tomba soudain sur la terre nue, en songeant á son sort cruel et inique, déjà en proie aux angoisses de la mort dont il mourut.

Quand le Sáuveur du monde eut entièrement achevé sa prière, vinrent pour le prendre une foule de gens armés très-fort en colère.

Portant une torche, Judas était à leur tête et les conseillait. A cette vue, ceux de sa maison, saisis de crainte et d'anxiété, l'abandonnèrent.

IV

AN TEST.

Da quent maz marvse
Ez sco ann nos se
Da pidif e Tat.
Pan oa debret coan,
Dan liorz bihan
Maz huesas [1] ann goal,

A coese tizmat
Oar ann douar plat,
Oux coufhat e cas,
Disordren ha garv,
Gant anquen d'ren marv

Pe gant ez marvas.

Pan oa achiuet
Gant Salver an bet
Parfet he peden,
Ez deux de quempret
Cals a tut armet,
Buanecquaet ten.

Carguet a prenden [2],
Juzas oa ho penn
Hac ho quelennas;
Neuse, tut he ty,
Gant aoun ha studi,
En renoncias.

[1] *Var.* Chuesas. — [2] Preden

✝

JÉSUS.

Mon bon et saint Père, créateur du monde, je vous en prie, que cette mort et cette condamnation soient éloignées de moi, si cela se peut faire aisément; car, né de la chair, comme je le suis, je suis bien triste quand j'y songe.

LA RAISON.

Il faut que tu finisses par mourir pour l'homme, et que tu ailles au tombeau. Oui, tu mourras impitoyablement, car tu as été tiré d'Adam. La froide mort t'attend, c'est dans l'ordre, et personne ne t'en sauvera.

JÉSUS.

Écoute-moi, Raison, belle dame : la mort attend l'homme, c'est dans l'ordre; il ne peut l'éviter à cause du péché méchamment commis par lui. Je sais très-bien, ô bonne Raison, quelle est la peine qu'a infligée mon Père à la race d'Adam;

Mais moi seul je suis sans tache; je n'ai jamais péché, je n'ai point mérité le blâme quoique je sois tiré d'A-

---

✝

JÉSUS.

Ma Tat mat glan, croer an bet,
Mar deu possibl nac aesibl quet,
Bezet lamet, pan ez pedaff [1],
An marv man han barn dioarnouf,
Rac en quic ganet mazedouf
Trist meurbet ouf, pa en coufhaff.

RAESON.

Ret eu ez mirvy en direz
Eguyt den, hac ezy en bez;
Hep truez da finvez vezo,
Ruc maz out a Adam lamet;

Dit an marv yen so ordrenet,
Na den en bei nez remedo.

JÉSUS.

Entent dif, Raeson, ytron net :
An marv so da den ordrenet;
Hep muy quet, dre pechet graet cam;
Me a plen a ezneu en mat,
Eu punission, Raeson mat,
En roas ma Tat da hat Adam.

Hoguen me hep muy so dinam;
Ne pechis, ne dellezis blam,
Eguyt bout a Adam lamet;
Mervell quet oarse ne dleaff,

---

[1] *Var.* Pan boz pedaf.

4.

dam; je ne dois donc pas mourir, puisque je suis pur de tout péché et que je ne puis le commettre.

LA RAISON.

Je sais très-bien que, par ta nature, tu es pur de tout péché, que tu es net, sans souillure, sans une ombre, d'une candeur singulière, et que tu ne dois pas mourir à cause d'un péché dont tu serais chargé, ni pour aucune faute faite par toi,

Mais à cause de la faute d'Adam, ton père, qui a péché, et de ta mère Ève; à cause de la bouchée coupable, leur race, pour jamais, sans privilége et sans exception pour personne, a été condamnée impitoyablement à mort.

JÉSUS.

Tu le dis, c'est effectivement à cause d'un énorme péché que fut portée la dure et universelle sentence contre quiconque, par état de nature, est descendu d'Adam, qui n'était assurément qu'un homme.

Mais c'est d'une manière surnaturelle que j'ai été

Pan ouf a pep pechet net scaff,
Na perpetraff ne allaff quet.

RAESON.

Me gnar en mat, dre da natur,
A pechet, hep dout, ezout pur,
Net, hep ordur, diobscur, flam
Ent espres [1], ha ne dlehes quet
Mervell eguyt bech a pechet,
Na tra [2] en bet az ve graet cam;

Hoguen dre drouc da tat Adam
A pechas, hac Eva da mam,
Ha dre an tam a voe blamet,

Ho lignez hac y bishuyquen
Hep chenchaff nac exceptaff den,
An marv yen a voe ordrenèt.

JESUS.

Te a lavat : dre se real
Ez voe roet, dre pechet detal,
Setancc general ha calet
A enep pep heny sigur
Disquennet en stat a natur
A Adam den pur assuret;

Hoguen en Guerchez courtes net
Me a voe dreist pep natur furmet

---

[1] Var. En espres. — [2] Netra.

conçu dans le chaste sein de la glorieuse Vierge, c'est le Saint-Esprit qui m'a formé; je ne dois donc en aucune façon être puni pour être venu au monde.

LA RAISON.

Pour n'avoir point suivi exactement la voie ordinaire de la nature, comme une créature purement humaine, tu n'en as pas moins pris la chair de l'homme avec toutes ses misères, quand tu es venu dans ce monde.

Ensuite, tu as souffert la douleur; elle est bien connue de toi. Or, la dernière douleur, c'est la mort; tous les hommes y ont été soumis par Dieu; c'est lui qui l'ordonne et t'oblige à la subir dans toute sa rigueur.

JÉSUS.

En tout cas, si je dois mourir par l'homme pour le raracheter, au moins ne dois-je, en aucune façon, tout homme que je suis, passer par les gémissements et les angoisses de la froide mort; cela ne serait nullement raisonnable.

Ha concevet dren Speret Glan;
Oarse esa ne dleaf yuet
En nep guys bezaf punisset
Eguyt ma donet en bet man.

RAESON.

Eguyt naz eux [1] quet dalchet pur
An hent, hervez stat a natur,
Evel croeadur [2] den pur glan,
Eguyt se te az eux [3] quemeret
Quic a den gant e holl penet,
Pan deux dit donet en bet man.

Goudevez ez gouzafvez poan;

Aznavezet [4] eu guenez glan;
Han divezaff poan eu an marv.
Gant Doe dann holl tut statutet,
Pe dre edit ez eu dit ret
E gouzaff affet meurbet garv.

JESUS.

En cas oar se ha maz dleaff
Mervell dre den hac e prenaff,
Da bianhaf ne dleaf quet
Gant hirvout, eguyt ma bout den,
En nep fuezcon, dre raeson plen,
En marv [5] yen doen anquen en bet;

---

[1] Var. Euyt na'zeux. — [2] Croedur. — [3] Evit se ez eux. — [4] Anavezet. — [5] Dr'en maru.

Cette peine est le fruit du péché, et je ne l'ai jamais commis; je n'ai donc pas mérité, — qu'on y prenne garde, — de la porter en mourant, et cela par le motif que j'ai dit et dont il ne faut nullement douter.

LA RAISON.

Il est très-vrai, je le sais bien, que la peine est le fruit du péché de l'homme; elle n'est pas infligée pour autre chose; mais qui, dans ce monde, est pur de tout péché, sinon une ou deux créatures?

Toi et Marie, voilà les seules exceptions, Dieu vous ayant créés surnaturellement. Mais, à cette exception près, tous les autres hommes sont restés dans l'état originel, et, par conséquent, égaux entre eux, du moins quant à leur criminelle nature.

Ainsi, plus le péché abonde, plus la peine doit abonder; Dieu l'a réglé en ses décrets. Or, tu as pris sur toi de le satisfaire, de le payer, de porter la peine du péché.

An poan se a deu dre pechet,
Ha me nep guys ne pechis quet,
Oar se ne deu quet dleet diff
Eguyt mervell, pan ve sellet.
Dren raeson am eux sermonet;
Ha tra meurbet eu da cridiff.

RAESON.

Guyr eu hep mar, men goar certen,
Ex deu penet dre pechet den,
Na dre quen nedeu [1] *ordrenet,*
Hoguen a pechet en bet man
Ne deux a nep re a ve glan
Nemet dou [2] *pe unan ganet;*

Te ha Mary so exceptet
Gant Doe, ha dreist natur furmet;
Hoguen ann holl bet nemet se
So enn heny origin l,
Da bianhaf, dezaf hafval,
En crim naturel evelse.

Seul muy oarse so a pechet
Seul muy poan racse so dleet;
Doe en requet en e felou;
Hoguen te axeux sclaer quemeret
Satisffiaf ha paeafnet
Ha doen penet an pechedou;

---

[1] *Var.* Ne'n deu. — [2] Daou.

Ce n'est ni pour un, ni pour deux, mais pour tous les peuples que tu dois payer par d'atroces souffrances. Je te le dis donc sans hésiter : Il faut que tu portes une peine qui ne finira qu'à la mort la plus sanglante.

L'ANGE.

Courtois Seigneur, divin Jésus, console-toi; prends force et courage; ne repousse point le fardeau; marche au combat, puisqu'on t'attaque; marche d'un cœur vaillant et résolu; mène à bonne fin cette entreprise.

JÉSUS.

Que votre volonté, Père saint, soit accomplie en ce monde; qu'elle soit faite ici tout particulièrement, puisque ceci a été décidé pleinement et certainement, avant la création du monde, par votre sagesse très-sereine.

Levez-vous! hâtons-nous, mes frères; allons, de l'air le plus tranquille, nous présenter à notre ennemi. Dans un instant, le traître détestable, avec sa troupe que rien n'arrête, va venir s'emparer de moi.

Ne deu eguyt unan na dou[1],
Hoguen tribut an holl tudou[2]
Fin a dezrou[3] gant gloasou garv;
Racse hep mar ex lavaraff:
Ret eu. gant poan, hep ehanaff,
Dit gouzaf an cruelhaf marv.

AN AEL.

Autrou courtes, espres Jesus,
Da hem dihuz; bez vertuzus
Ha couraïgus, na reffus poan;
Quae dan bataill pa ex assailler,
A couraig vaillant hac antier;
Condu fier an mecher man.

JESUS.

Da youll en pep stat, ma Tat glan,
Bezet achiuet en bet man;
Ha graet aman glan en manyer,
Mazoa plen certen ordrenet
An dra man, quent forgaff an bet,
Dre da squient meurbet seder.

Sevet! deomp a pret, ma breuder,
Don em offraff, a guelhaff cher,
Don[4] adverser. Hep differaff,
An traytour disaouret
Gant e cohort nedeu bourt quet,
So oz donet dam quempret scaff.

---

[1] Var. Euyt unan na daou. — [2] Tudaou. — [3] Dezraou. — [4] Do'n.

JUDAS (*aux gardes*).

Celui à qui, sans hésiter, je donnerai un baiser tout à l'heure, celui-là, saisissez-le le premier, faites-le lier, qu'il vous suive; qu'il ne s'enfuie pas de vos mains. Si vous le laissiez échapper, vous seriez des insensés.

(*A Jésus.*)

Mon vrai maître, que Dieu vous sauve, et qu'il vous honore parmi nous!

JÉSUS.

Mon ami, pourquoi êtes-vous venu? Judas, c'est pour trahir le Fils de l'Homme par un baiser glacé!

DRAGON, *premier persécuteur.*

Celui que vient de baiser Judas, arrêtez-le; c'est lui! saisissez-le! que personne ne bronche!

BRUYANT, *second persécuteur.*

D'horreur et d'effroi nous tremblons; nous sommes tout bouleversés!

JÉSUS.

Mes amis, remettez vos sens. Qui cherchez-vous? dites-le nettement.

JUZAS.

An den hep muy hep variaff
Maz afifine, neuse dezaff,
Creguyt enn haf da quentaf oll;
Gruyt e eren, ha duet gueneoch;
Rac na achape digueneoch;
Ha mar en lesser ez vech foll.

Maestr special, Doe ro salvo,
Ha roz enoro [1] entrompny!

JESUS.

Ma car, pe da tra ez oude deuet?
Juzas, da trayssaf affet

Mab den en bet dre un af yen!

DRAGON, an quentaff tirant.

Heman pe da es eu afet [2]
Juzas, bezet [3] sclaer, quemeret!
En haff creguet; na fallet den. [4]!

BRUYANT, an eyl tirant.

Douganco ha spont hon confont yen;
Maz omp a certen sourprenet!

JESUS.

Entroch, ma querent, ententet;
Leveret fresq piou a clesquet.

1 Var. Ha do'z enoro — 2 Heman pe ha ez euahet. — 3 Bet. — 4 Na fellet den.

DANTART, *troisième persécuteur.*

C'est Jésus de Nazareth que nous cherchons, et nous sommes venus pour le prendre, sachez-le.

JÉSUS.

C'est moi, c'est moi-même; je vous le dis encore une fois, je suis celui que vous cherchez. (*Ils tombent.*)

JEAN.

Les voilà tous, sans exception, ces hommes durs, ces hommes maudits, les voilà tombés d'eux-mêmes par terre!

ANDRÉ.

Oui, à la renverse, la voilà, comme glacée par la mort, cette engeance; la voilà terrassée du son de sa voix et d'un regard de son visage!

MATTHIEU (*aux officiers.*)

Il vous montre ainsi, sachez-le, combien il est fort, combien il est à redouter, et que vous ne devez de gaieté de cœur le contrarier en quoi que ce soit. Voyez comme sa voix a troublé ce peuple maudit!

DANTART, an tiede tirant.

Jesus hep mar a Nazareth
Eu a clesquomp; hac ezomp deuet
Eguyt e quempret, credet se.

JESUB.

Me oarse a crenn eu hennez;
Me lavar deoch res en guss man
A clesquet huy guytebunan.

YAHANN.

Chetu y glan, ne fell unan,
An tut calet [1]*, milliguet man*

Coezet ho hunan oar an placc!

ANDRE.

Oar ho huen, evel marv yen sclacc,
Gant moez e quer, ha cher e fars,
Ez eu ann harancc traquacet!

MAZE.

Aman ez discuez, gousvezet,
Ez eu cref, da dougaf meurbet,
Ha ne dleet [2] *dre nep seder*
E contraria a tra en bet,
Pan eu e moez a gra scezet [3]
An publ milliguet, credet sclaer.

---

[1] *Var.* Collet. — [2] Dleer. — [3] Souzet.

JÉSUS.

Parlez hardiment, qui est-ce que vous cherchez? dites-moi.

GADIFFER.

Nous ne cherchons personne, sinon Jésus de Nazareth.

JÉSUS.

C'est moi-même que vous demandez; je vous l'ai déjà dit. (*Ils tombent de nouveau.*)

ANDRÉ.

Les voilà de nouveau tombés comme des imbéciles étourdis; les voilà sans force; regardez!

PIERRE.

Seigneur, si vous nous le permettiez, avec ces deux épées nous frapperions ces gens. Y consentez-vous?

SAINT JACQUES LE MAJEUR.

Nous frapperions fort et ferme, et nous nous sauverions.

JÉSUS.

Voyons, rustiques, gens hébétés, levez-vous, et ne tombez plus par terre.

JESUS.
Pe heny, comset huy fler,
A clesquet; seder leveret.

GADIFFER.
Ne clesquomp certen den en bet
Nemet Iesus a Nazareth.

JESUS.
Me eu crenn nep a goulennet;
Am eux deoch hep mar lavaret.

ANDRE.
Chetu [hi] adarre coezet [1]
Evel tut diot assotet,

Hep barr nerz en bet [2]; *credet se!*

PEZR.
Autrou,
Pan ve huy [3] *certes hon lesse,*
Gant dou clezeff so, ni a scohe
Oar neze; mar oz deurfe huy?

SANT JALM BRAS.
Ny a scohe cref ha devry;
Salv ez vemp ny licenciet.

JESUS.
Cza! tut rural, bestialet,
Sevet, ha na douaret muy.

Var. Chetu y adarre couezet. — [2] Beth. — [3] Chuy.

(*Aux soldats.*)

Si c'est moi que vous voulez prendre, prenez-moi, dépêchez-vous et laissez ceux-ci libres.

JUDAS.

Sus! sus! ribauds; tenez-le bien; prenez garde que, d'un bond, il ne s'échappe.

DRAGON.

N'ayez pas peur.

BRUYANT.

Nous le tiendrons bien.

DANTART.

Lions-le fortement!

GADIFFER.

Y a-t-il des cordes?

MALCHUS.

Oui, oui, autant, certes, qu'il en faudra.

(*Aux disciples.*)

Voyons, vilains, éloignez-vous de lui, ou vous aurez sur la peau!

Mar deu me eu ha fell dihuy,
Ma quemeret, na tardet muy;
An re man list y da dianc.

JUZAS.

Sus! sus! paillardet, creguet franc;
Miret dre lanc na diancquo.

DRAGON.

Nep aoun nouz bezet [1].

BRUYANT.

Ny en treto.

DANTART.

E aeren tenn!

GADIFFER.

A querden so?

MALCHUS.

Ya, ya.
Ha quement hep goall a fallo.

Sus! bilenet dioar [2] *e tro,*
Pe oz bezo oar ho [3] *crochenn!*

---

[1] *Var.* No bezet. — [2] Divoar. — [3] Uoar hoz.

PIERRE.

C'est vous qui aurez sur la tête. Tenez : paf! (*il lui coupe l'oreille*). En voulez vous plus ?

MALCHUS.

Aïe! Maudit soit le vilain! Voilà mon oreille coupée! Elle a roulé dans la poussière.

JÉSUS.

Pierre, écoute-moi un peu : remets ton épée dans ce fourreau; car quiconque frappera un autre homme avec l'épée sera châtié, crois-le bien, très-certainement avec l'épée.

Ne crois-tu donc pas, mon ami, que mon doux Père pût mettre à mon service douze légions armées, d'anges d'autour de son trône, qui accourraient ici sur l'heure, si je l'en priais,

Pour m'obéir et me défendre? Mais cela ne me convient pas, et, sois-en persuadé, je veux au contraire ab-

---

PEZR.

Huy oz bezo [1] oar houz clopenn!
Dalet, tenn! a huy goulenn quen?

MALCHUS.

Ay!
Ma malloez a roaf dan bilen!
Me so net discouarnet plen!
Aet eu dan placc yen diguenef.

JESUS.

Pezr,
Entent un termen diguenef :
Laca en feuzr se da clezef;
Rac nep gant clezef en effet

A scoy nep den a pep heny,
Gant clezef, cret ef a devry,
Ez vezo hep sy castizet.

Rac se eza a te na cret,
Ma car, ma Tat huec, em requet,
Na lacahe net, pa en pethenn [2],
Douzec [3] legion ordonet
A aelez an tron, da donet
Breman enpret, ma en requetenn,

Dif, hep sy, eguyt [4] ma diffenn?
Hoguen nem deur quet; ha cret henn,
Quent se, me venn a crenn, en net,
Ez ve an pez so scrivet detry [5]

Var. Chuy hoz bezo. — [2] Peten. — [3] Daouzec. — [4] Enuyt. — [5] Devry.

solument que tout ce qui a été écrit de moi, que toutes les prophéties s'accomplissent de cette manière.

(*A Malchus.*)

Approche, n'aie pas peur : ton oreille était détachée ; je te la rends saine et guérie.

MALCHUS.

En route ! maintenant.

SCÈNE V.

LE TÉMOIN.

Après qu'on l'eut pris, il fut amené tout d'abord, au milieu d'injures et d'outrages, à Anne, le perfide, pour être interrogé.

Blasphémé et battu, il supporta tout, uniquement cause de son amour pour l'homme, qu'il voulait racheter.

Quand il eut été interrogé longuement sur sa condi-

A hanouf affet, drezedi,
Han holl profecy achiuet.

Denessa, naz em esmae quet :
Da scouarn blouch a yoa trouchet;
Chede hy dit net rentet glan.

MALCHUS.

A ha l breman.

V

AN TEST.

Goude e quempret

Ez voe dereet
Affet da quentaff,
Digracc, diffaeczon,
Da Annas felon
Da questionnaff;

Ouz e blasfemaff,
Hac ouz e cannaff,
Cals o gouzafas,
Palamour hep quen
Da caret map den
Louen [1] en prenas.

Pan oa oar he stat
Questionet mat,

[1] *Var.* Laouen.

tion, vint un insulteur,—celui qui avait été guéri par lui,—et il frappa notre Sauveur du revers de la main,

Il le frappa sur sa bouche délicate, sur sa bouche divine et chérie. Ensuite, sous bonne garde, il fut traîné, avec des cris, vers la maison de Caïphe.

✝

DRAGON.

Le voici enfin venu, mon seigneur Anne, devant votre face, le grand imposteur. Examinez bien sa cause aujourd'hui.

ANNE.

Ah! ah! te voilà donc pris cette fois par mes gens! Bonne capture! Or, à présent, devant le monde, je te demanderai tout d'abord sans détour, enchanteur, quel commerce font les disciples qui sont avec toi?

Dis-moi aussi, et n'en rougis pas, quelle doctrine est la tienne; l'as-tu sanctifiée? Et quelle Loi prêches-tu en

---

Ez deuz un flater,
Goude bout graet salv,
Ha gant quil e palv
A scoaz hon Salver

Oar he guen tener,
Precius ha quer!
Hac en euerhas [1],
Goude a devry
Ez [2] stlegat gant cry
Da ty Cayphas.

✝
DRAGON.
Chetu duet splann, mautrou [3] Annas,

Dirac hoz cher an tromper bras;
Sellet en e cas an pas man.

ANNAS.

Orcza! gant nep so, an droman,
Ez out atrapet! cafet glan!
Hoguen breman dirac an bet
Da quentafez goulennafplen
Achantour, pe marchadouryen
Eu an disquiblyen so guenez?

Lavar yvez, ha na vez muy,
Pebez doctrin eu da heny;
A te euz [4] hy santifiat?
Na pez Rez a prezeguez te

---

[1] Var. Euezhas. — [2] En. — [3] Ma'utrou. — [4] A te zeux.

cachette; quelle fausse Loi? Quiconque te croit est trompé.

JÉSUS.

En vérité, jamais je n'ai rien prêché à personne en cachette; au contraire, j'ai toujours parlé publiquement devant tout le monde, dans la Synagogue et dans votre ville; c'est chose connue en cette cité.

MALCHUS.

Dis, imposteur, est-ce de la sorte que tu réponds à l'autorité? Tiens, ce soufflet à la volée; ta sotte réponse le mérite.

GADIFFER, *montrant Pierre*.

A en juger par l'air de cet homme, qui est dans la tristesse et qui soupire, il meurt évidemment de froid et voudrait se chauffer. N'était-il point du parti du Prophète? Il en est, certes, je le sais bien. La crainte de la mort le glace.

LA SERVANTE.

Que fais-tu ici? Retourne chez toi; cache-toi : tu es sous le coup de la peine qui attend les gens de cet homme

---

En cuz [1], ha hy fals evalse?
Nep az cret te so decevet.

JÉSUS.

Endan cuz [2] da den tra en bet
Me guyryon, nemeux sarmonet;
Quent se, net dirac an bet glan
En Synagoc hac en ho kaer
Emeux pepret prezeguet sclaer,
Ha so tra noter en kaer [3] man.

MALCHUS

Lavar, den fals [4], ac evalse
Ez respontez te dan prellat?
Racse pront, dre da respont sot,

Ez vezo [5] dan drot un chotat.

GADIFFER da Pezr.

Me cret manifest dioux e stat,
Heman so, en doan ha huanat,
Marv gant rïou plat ox hoantat tan [6];
A tu [7] an Prophet, nedeu quen?
Eu hep mar, rac men [8] goar certen;
Didan poan an marv yen en den man.

AN MATEZ.

Petra eu a grez te aman?
Atreffa; az tu da hunan [9]:
A tut heman endan poan out.

---

[1] Var. En euz. — [2] Eeuz. — [3] Ker. — [4] Den fal. — [5] Ez veo. — [6] Oz hoant an tan. — [7] Tut. — [8] M'en. — [9] A'treff an tut da hunan?

PIERRE.

Je n'en suis point, je te le certifie, et je ne voudrais pas en être.

UN AUTRE SERVITEUR.

Tu mens impudemment; ton langage te dénonce trop clairement; il prouve que tu es de la Galilée.

PIERRE.

Je ne sais ce que tu veux dire, et j'ignore complétement qui est cet homme dont vous suivez ainsi les pas.

ANNE.

Qu'on le chasse vite de la cour, qu'on se hâte, qu'on se remue, qu'on le mène chez Caïphe avec mépris. Malgré ses disciples et son flair, malgré tous ceux qui l'aiment, je ferai si bien que, avant trois jours, assurément, le nombre des siens sera diminué.

SCÈNE VI.

LE TÉMOIN.

Dans la maison de Caïphe, Pierre, tout fier qu'il était,

PEZR.

Nac ouf quet sur, mez assur crenn;
Evelhenn na ne carhen bout.

AN SERVICHER ARALL.

Gou [1] *dimez a leverez te;*
Da gomps prest az manifest re
En se, rac a Galile out.

PEZR.

Ne oun [2] *pez a leverez te,*
Na piou aplen eu an den se
Hac aet eval se en e rout.

ANNAS.

Quycit ef diglys [3] *a tiz bras,*
A hast hac astir [4] *ha diablas,*
Da ty Cayphas gant lastez.
An despet de re ha de fry [5]*,*
Ha da nep en car, me a gruy [6]
Berrhat e remp sy [7]*, quent try dez.*

VI

AN TEST.

E ty Cayphas
En diansavas [8]

[1] *Var.* Gaou. — [2] Ne on. — [3] Dielys. — [4] Astirv. — [5] Defry. — [6] Gray. — [7] E 'm sy. — [8] Diansavas.

désavoua encore et acheva de renier Jésus, son cher maître, quoiqu'il le connût bien !

Là, le Dieu homme, sans aucun égard, fut frappé sur les deux joues par ses créatures dénaturées.

Là, le Roi du monde fut déchiré, fut avili ; là, on lui cracha au visage, au mépris de la Loi, pendant de longues heures, sans lui laisser un instant de repos et de répit.

Et Pierre... Ah ! dès qu'il entendit la voix du coq chanter, il s'enfuit de la maison en poussant des sanglots et des cris : il était rentré en lui-même.

✝

BRUYANT.

C'est Anne, ô Caïphe, qui vous envoie cet homme. Vous voyez en lui un grand imposteur, coupable de plusieurs forfaits. Puisque le voilà dans votre maison, réglez son compte ; vous avez l'autorité, n'en faites faute ; il vous appartient.

Hac en nachas plen
Pexr, goall bout fier,
Jesus, e maestr quer,
Nac oa mar certen!

Eno Doe ha den,
Oar ann niou avenn,
Hep ober quen cas,
Avoe cannet sur
Aenep natur
Gant nep a furmas.

Eno Roe an bet
Avoe diremhet,
Vileniet glan;
Crachet en e facc,
Dreis guyr, a hir spacc,

Hep soulacc na span;

Ha Pexr,—quen buhan
Pan clevas an can
An quoc a canas,—
A techas an ty
Gant goelvan ha cry;
Pan em avisas.

✝

BRUYANT.

An den man dihuy, Cayphas,
So digacet splann gant Annas,
Tromper bras, leun a drouc casou.
Pan edy un dro en hoz ty,
Evel prellat, hep lacat sy,
Gruyt e matery; huy byou [1].

---

[1] Var. Chuy byaou.

CAÏPHE.

Malgré ton renom et tes miracles, hypocrite, et tous tes artifices, et tes tromperies, et tes menteries, imposteur; en dépit de ton flair et de tes beaux discours, je te ferai cruellement sentir le froid de la mort, et cela avant que vendredi passe.

Je t'adjure, n'en murmure pas, au nom de Dieu, le vrai Roi créateur, de me dire clairement et franchement si tu serais réellement, par hasard, le fils de Dieu. Voyons, entre nous, l'es-tu? Réponds vite, un mot.

JÉSUS.

En vérité, je vous le dis ici, vous verrez tous le Fils de l'Homme, qui est né dans le monde, assis à la droite de Dieu le Père avec les Dominations; vous le verrez descendre sur les nuées, en Maître et en Seigneur, je l'atteste.

CAÏPHE.

Qu'avons-nous besoin, dans cette affaire, d'autre témoignage? N'avons-nous pas le sien à lui-même? N'avez-

---

CAYPHAS.

Goude da brut ha burzudou,
Papellart, ha da holl ardou,
Trufflou hac errorou, gouyer [1],
An despet da fry haz diou guen,
Ez gouzafvy garo an maro yen [2],
Quent eguet tremen dez guener.

Me az conjur, na murmur guer,
A perz Doe an guyr Roe croer,
Lavar dif sclaer diliberet
A te eu breman dre manyer
Mab Doe; entromp lavar deomp sclaer,
En quentaf guer, na differ quet.

JESUS.

Me lavar rac se a breman :
Oll ez guelhet asezet glan
Mab den en bet man so ganet
A dehou Doen Tad [3], *gant Stadou,*
Hac oz disquenn en noabrennou,
Maestr hac Autrou, ned eu gou [4] *quet.*

CAYPHAS.

Pebez mecher en matery
Onneux ny a quen testeny
Nemet e heny hep muy quet?
A huy na guel guytebunan [5]

---

vous pas tous entendu le blasphème qu'il vient de proférer, lui, le fils d'un homme né dans ce pays?

Voyons, quelle est votre opinion, gentilshommes et gens d'église, et vous, peuple et bourgeois?

LES JUIFS.

Il mérite la mort, oui, la mort!

DANTART III (*montrant Pierre*).

Il n'y a pas de doute, je vous assure, et je soutiens devant tous la chose, après l'avoir bien observée : cet homme qui est venu ici est un des disciples de Jésus de Nazareth; oui, je le crois fermement.

(*A Pierre.*)

Je me rappelle d'une manière certaine t'avoir vu avec lui dans le jardin quand il fut arrêté d'abord.

PIERRE.

Par le Dieu vivant, je ne sais qui il est, et jamais je ne fus de ses disciples. Je le renie énergiquement, n'en doutez pas.

Pebez blasfem a gra heman,
Mab unan so en bro man ganet?

Orcza! petra eu hoz advis,
Tut gentil, ha tut a ylis,
Ha huy broys ha bourchysyen?

AN YUZEVIEN

Din eu da mervell, ne fell quen !

DANTART III.

Ne deus mar en bet, credet plen,
Da sellet ferm en pep termen,

Dirac pep den en soutenaf,
Na eu heman so aman duet
A tut Jesu a Nazareth;
En creis ma coudet en credaf.

En jardin, pan ymaginaf,
Pan voe quemeret da quentaf,
Mez [1] *guelas gant af, ne graf dout* [2].

PEZR.

Dre Doe beu, ne oun piou eu quet;
Na ne viof e re nepret.
Me en renoncc net, na gret douet.

---

[1] *Var.* Me'n guelas. — [2] Douet.

5.

CAÏPHE.

Crachez-lui au nez et aux lèvres, à ce sorcier, à ce froid enchanteur, et qu'on redouble ses liens, pour le conduire devant Pilate, sous bonne et rude escorte, afin qu'il le juge, et qu'il l'envoie mourir tout nu sur un gibet.

JÉSUS.

Pierre, mon ami, toi qui m'aimais, tu le sais; pourquoi, sans rougir, me renies-tu?

PIERRE.

Ah! mon Dieu! Hélas! qu'ai-je fait ici, misérable, infâme? Renier pleinement devant le peuple le vrai Fils du Dieu vivant! N'est-il donc plus mon doux maître? Sur cette froide terre en fut-il jamais d'aussi noble?

Mon bon maître au gracieux visage, lui si parfait, si incomparable, si aimable, si tendre, si humble, d'une bonté si surnaturelle, lui qui m'a fait pasteur et chef, le renier ainsi lâchement! Ah! je n'aurais pas agi de même si je n'avais été un insensé!

Ah! Dieu saint! quelle chute funeste! Je vais me reti-

CAYPHAS.

Crachyt oar he fry, he diou guen,
Dan sordour han achantour yen,
Ha gret e aeren, e ren hoax
Dirac stat Pylat, mat ha tenn,
Da bout barnet ha livret crenn
Da mervell en croucprenn [1] en noax.

JÉSUS.

Pezr, ma car, te, a goar, mez care;
Perac dimez em diensavez [2] te?

PEZR.

Ach Doe! allas! petra en cas man

Ameux vil, iffam, graet aman?
Diansaf glan dirac an pobl
Guyr mab Doe beu! ha ne deu [3] quen
Ma maestr clouar? Oar an douar yen
Byscoax ne voe den e quen nobl?

Ma maes!r deboner a cher mat,
Parfet, dispar, ha hegarat
Cuf, usvel ha mat dreis natur [4],
Goude ma ober pap ha penn,
E nach disleal evalhenn!
Quet nen [5] grasenn, pan vihenn fur!

Ach Doe sant! pez drouc avantur!

---

[1] Var. Croupren. — [2] Emdyansavez. — [3] Ha ne'n den. — [4] Dreist natur. — [5] Ne'n.

rer dans quelque grotte close et sombre, où nulle créature humaine ne me verra, et j'y resterai toute ma vie en émoi, jusqu'à ce qu'il m'ait pardonné ; j'espère qu'un jour il le fera.

SCÈNE VII

LE TÉMOIN.

Ensuite, Jésus fut conduit de grand matin à Pilate, en cérémonie ; et aussitôt Judas rapporta, sans qu'il y manquât un denier,

Tout l'argent qu'il avait reçu ; puis, par suite de son forfait, en proie à la folie furieuse, une corde au cou, juste prix de son crime, il se pendit.

Quand le Fils de Dieu le Père eut été interrogé à la hâte par Pilate, et après qu'on lui eut fait toute espèce de

---

Me ya da un fos clos obscur,
Nam guelo croeadur furmet,
Da bezaf bizhuyquen eno
En eston, quen nam pardono;
Me cret, un dro, na fallo quet.

VII

AN TEST.

Goude, ez renat
Oar an mintin mat
Da Pylat, gant cher;

Ha quentiz Juzas
A restituaz,
Ne fallas diner,

An archant antier;
Ha, dre droucober,
Ez disemperas;
Eguyt goồr e drouc,
Ere e gouzouc,
Ef en em crougas.

Pan oa gant Pylat
Enterroguet[1] *mat*
Mab Doen Tat[2], *gant prez*

---

[1] *Var·* Interroget. — [2] Map Doe'n Tat.

mauvaises querelles, on l'envoya précipitamment à la maison d'Hérode;

Là, on accabla d'outrages le fils de la Vierge, lui, l'innocence même! et d'une maison à l'autre, ses ennemis le traînèrent avec rage.

†

J U D A S (*seul*).

Malheur!

Je vois maintenant de quelle façon, avec quelle dureté on traite mon bon maître au gracieux visage! C'est moi qui en suis cause, moi, homme vicieux, homme méchant, homme de rien, si ce n'est de mal.

Ah! démon horrible et maudit, au cœur plein de rage et de fiel, de corruption, de mauvais désirs, tu as brutalement trahi, sans aucune excuse raisonnable, le Fils de Dieu, le Roi des trônes; mais tu n'en auras pas de profit!

Goude pep riot,
En leuxras dan drot
Da ty Herodes.

Da mab an Guerchex,
Hep ober exces,
Es graet encres bras;
A ty de guile,
An re nen care
En stlege dre cas.

†

J U Z A S.

Au!

Me guel breman pe en manyer,
Ha pequen calet es treter
Ma maestr deboner a cher net !
Me so dan drase causeant
Dre ma droucteig, ha bout mechant,
Ha den neant a drouc andret.

A couraig outraig arraget,
Contrel euxic ha milliguet,
Corrompet en drouc appetit,
Te xeux graet gardis trayson,
Dre exces puignes diraeson,
Oux mab Doe roen tron [1]; *heb gonit!*

---

[1] *Var.* Roe'n tron.

Par ton avarice illicite, tu as irrité la divine, la souveraine Bonté, qui t'avait donné sur tous les autres, devant sa face, un pouvoir dont tu n'étais pas digne.

Malheur!

O lucre, ô gain qui causez mes remords, argent qui fais mon tourment, que la malédiction du ciel tombe à l'instant sur l'aveugle qui vous fabriqua; car votre vue m'accable de douleur; je vous hais de tout le fiel de mon âme.

Je vais, je vais vous rendre aux Princes tout de suite, car je ne peux plus vous porter; il ne me convient pas de vous garder plus longtemps; votre vue, je le répète, est pour moi le sujet d'une grande tristesse.

Que la malédiction de Dieu, le Roi créateur, tombe sur vous tous, grands et petits, et aussi celle de Judas; qu'elle vous disperse à jamais à travers le monde, clercs et laïques, peuple maudit, damnés Juifs, sans foi!

Dre de [1] avarice inlicit,
An Mat din, divin, infinit
Az eux, hep dellit, depitet,
Goude reif dit auctorite,
Dirac e enep, oar pep re,
An pez dide nag oa [2] dleet.

    Au!
Pecun gant fortun rancunet,
Archant a tourmant gourmandet,
Mallox Doe en pret a pedaf
Da nep gant error hoz forgias;
Rac hoz guelet so penet glas;
Em elas mar bras hoz casaf.

Me aya gant ma hent dox rentaf
Dan princet, hep quet arretaf,
Rac hox gouzaf ne gallaff pas,
Na hox miret nem deur quet muy;
Hoz consideraf, ne graf sy,
So em study melcony bras.

Mallox Doe an roe a croeas
Dihuy breman bihan ha bras,
Ha heny Juxas, dox astenn,
A pedaf byshuyguen dren bet
Cloar [3] ha tut lic, pobl milliguet,
Yuxevyen dampnet, hep creden!

---

1 *Var.* Dre da. — 2 Na'n doa. — 3 Clouer.

(*Aux Princes des Prêtres.*)

J'ai péché; oui, pour mon malheur, j'ai vendu publiquement le sang d'un homme vivant, d'un juste, je le reconnais, d'un Dieu! Tenez votre argent, emportez-le; qu'il soit aussi, lui, maudit de Dieu! Rien que d'y penser me fait mal.

LES PHARISIENS.

Que nous importe à nous, vraiment, tes regrets, ta douleur et ton chagrin? N'est-ce pas de toi-même que tu es tombé un jour parmi nous tout exprès pour conclure un marché de trente pièces de monnaie? Notre argent t'avait fait plaisir.

⌈JUDAS (*s'enfuyant*).

Hélas! hélas! hélas! hélas! hélas! misérable, c'est moi, Judas, c'est moi l'homme le plus exécrable qu'une mère ait jamais enfanté entre toutes les créatures du monde! De tous ceux qui sont nés, c'est moi qui ai le plus mérité la réprobation!

Je suis un voleur, un homme de discorde et de désordre, un faux marchand, un traître à froid; personne ne

---

Pechet em eux, oar ma reux eu,
Trayssaf[1] plen goat an den beu
So just, men[2] exneu, ex eu Doe!
Dalet hoz archant, yt gant e;
Mallox Doe yvez entrexe!
Coufhat ho doare am enoe.

AN PHARISIANET.

Pe alaz deompni, ent divoe,
Da queux nac ancquen nac enoe?
Rac ahanot voe ex coexas
Donet espres en hon presant
Da guerzaf tregont[3] pex archant;

An paeamant ny az contantas.

JUZAS.

Allas! allas! allas! allas!
Allas! astut, me eu Yuzas,
Goazhaf axgas a ganas mam
Entre quement den so en bet!
Dreis[4] quement unan so ganet
Memeux meurbet dellezet blam!

Me so lazr, discort, disordren,
Fals marchadour[5], traytour yen;
Byscoaz ne voe den ma quen drouc;

---

[1] Var. Trayssat. — [2] Me'n. — [3] Tregunt. — [4] Dreist. — [5] Marchandour.

fut jamais aussi méchant que moi; j'ai mérité en ce monde, pour mon châtiment, d'être traîné, écorché, brûlé vif et pendu.

Moi, pour mon malheur, j'ai vendu par l'appât du gain, j'ai trahi par malice et de propos délibéré, mon maître, dont on peut dire au moins qu'il est bon et doux, mon maître qui m'a élevé au-dessus de tous les autres, et qui a fait de moi, dans sa maison, son grand majordome.

Mais peut-être pourrai-je de quelque manière être pardonné par lui, en reconnaissant mon crime énorme? Oui, je le crois assurément, car c'est uniquement pour nous délivrer que Dieu l'a envoyé dans sa miséricorde.

Chez Simon, où il nous prêcha, il pardonna à une grande pécheresse, à la Madeleine elle-même, de la manière affable, douce, bénigne et aimable d'un prince bon de sa nature.

D'un autre côté, je remarque, en regardant de loin

Memeux dellezet en bet man
Bout stleget, quignet, losquet glan,
Eguyt doen [1] ma poan, huc an crouc.

Me, am drouc berz [2], am eux guerzet
Gant couvetis, ha traysset,
Dre drouc meurbet ha quempret cas,
Ma maestr doucc, huec, hep prezec muy,
Goude ma doen dreis pep heny,
Ha bout e ty maestr a ty bras.

A possibl ve ez galhenn quet
Dre nep faeczon em pardonhet,

Consideret ma pechet bras?
Ya, assuret men crei acc,
Rac hep muy eguyt hon dilacc
Doe dre e gracc en digacas.

En ty Symon ez sarmonas,
Hac eno don ez pardonas
An pechezres bras, a tra sur.
An Magdalen, dre ordren mat
Doucc ha clouar ha hegarat,
Evel princc mat dre e natur.

Adarre ez consideraf,

---

[1] Var. Euyt douen. — [2] Drouc hetz.

ma vie, dès l'origine, que je ne puis être pardonné en aucune manière, si ma destinée est d'être damné.

†

LE DÉMON.

Ohé! où es-tu, Furie [1], ma fille aînée? Approche-toi. Va en toute hâte, d'un pas mesuré et prudent, trouver Judas qui est dans le chagrin; prépare bien tes artifices et tes traits, je veux dire tes paroles, et il est à nous.

LA FURIE.

Satan, mon père, je me mets en route sur l'heure; tu verras ce dont je suis capable : tranchantes et aigües sont mes dents. D'abord je vais répandre la terreur sous ses pas, puis je serrerai autour de son cou, à l'étouffer, le lien auquel il doit se pendre.

(Abordant Judas :)

Tu as dit vrai : jamais, en aucune façon, tu ne pourras être pardonné, crois-moi.

A diabell pa emem sellaf,
Pe da quentaf, ne gallaf quet,
Mar deux predestination
Nep heny am dampnation,
Bout en nep faeczon pardonet.

†

AN DYAOUL.

Hau! mazoude, Disemperancc [1],
Ma merch henaf? daz em avancc.
Quae gant diligancc ha dancc fur
Dave Juzas so en gloasou;

Displec da art ha da dardou,
Da gueryou, ha ny biou sur.

DISEMPERANCC.

Ma tat, Sathan, breman en hent
Me ya, maz guyly ma squient;
Lem ma dent ha quae. Da quentaf
Me ya gant estlam de hambrouc,
Hac en destrizo [2] eno mouc
Ere e chouc de em [3] crougaf.

Guyr hep mar azeux lavaret :
Bout en nep facon pardonet
Ne galhes quet nepret, cret dif.

---

* J'ai regret que *Forcénerie* (folie furieuse), vrai nom de ce démon femelle soit trop vieux pour être employé.

[1] L'édition de 1530 porte *Disesperancc;* mais c'est évidemment une faute d'impression. Auffret de Coatqueffran, dans son *Catholicon* daté de l'an 1499, écrit *Disempe-rancc,* qu'il traduit par *forcénerie.* (Ed. in-4° goth. de 100 fol., *correcta et revisa.*) —Cf. le Prologue VII, v, 9, ci-devant p. 83. — [2] *Var.* Distrizo. — [3] Den em.

JUDAS.

Qui es-tu, toi que je n'ai pas appelée, pour venir me dire dans ma douleur que, j'aurai beau faire, je ne pourrai jamais être pardonné?

LA FURIE.

Chacun me nomme une Furie.

JUDAS.

Une Furie?

LA FURIE.

Oui, une Furie.

JUDAS.

Réponds-moi donc, ô Furie : d'où viens-tu? quelle est ta croyance? Ton air n'est pas de bon augure.

LA FURIE.

Je sors du puits de l'enfer de glace, où tu seras plongé pour l'éternité, dans cent mille tourments et maux.

JUDAS.

Mon crime serait-il si grand que je ne pusse l'expier et être ici-bas pardonné?

JUZAS.

Piou oude, hep da requetif,
Dre ma glachar a lavar dif
Quirif[1] na rif na illif[2] quet
Bout en nep faeczon pardonet?

DISEMPERANCC.

Gant pep unan ezouf hanvet
Disemperancc.

JUZAS.

Disemperancc?

DISEMPERANCC.

Ya, Disemperancc.

JUZAS.

Lavar oarse, Disemperancc,
Peban duez te gant da credancc?
Da contenancc ne avancc den.

DISEMPERANCC.

A creis cistern ann[3] ifern yen
En lech maz vizy byshuiquen
En cant mil[4] anquen ha penet.

JUZAS.

A quement se eu ma pechet,
Na galhenn quet cafout remet
Na bout pardonet en bet man? ·

---

[1] *Var.* Qnitif. — [2] Na guilif. — [3] A'n. — [4] Quant mil.

LA FURIE.

Oui! ni dans ce monde, ni dans l'autre! Un poids énorme pèse sur toi; demander grâce maintenant, c'est peine perdue!

JUDAS.

Il connaît ma faiblesse; penses-tu donc que lui, qui est le Fils du Dieu vivant, pourrait ne pas m'écouter?

LA FURIE.

Assurément, il ne le saurait, je l'affirme; car qui pourrait aider et aimer un traître fieffé?

JUDAS.

Pourquoi non? Il est bon de sa nature, il est infiniment miséricordieux, doux et clément; je le connais.

LA FURIE.

Dans le cas présent, il ne saurait le faire; il te hait tant qu'il ne voudrait plus te voir.

JUDAS.

Cependant il nous a dit de tout pardonner à quiconque serait contrit.

LA FURIE.

Oui, contrit du fond du cœur, et prêt à satisfaire à Dieu, et aurait confessé sa faute, comme de raison.

DISEMPERANCC.
Ya!
Nac en bet hont nac en bei man!
Rac quexquen bras eu da cas glan;
Mennat gracc breman coll poan eu!

JUZAS.
Ma fragilite a exnev;
Ha racze, a te na desev
Pan eu mab Doe beu, nam clevhe?

DISEMPERANCC.
Certes, me a goar, na grahe;
Rac traytour ne sicourhe
Na ne carhe nep a ve sur.

JUZAS.
Perac? Ef so mat dre natur,

Ha so truexus dreis musur,
Doucc ha pur, me so assuret.

DISEMPERANCC.
Nac eguyt se nen grahe quet;
Quement a gra ous da caset
Na carhe quet da guelet muy.

JUZAS.
Eguyt se ez compse ef deompny
Pardonaf plen da pep heny
En divihe contrition.

DISEMPERANCC.
Ya, dre inspiration,
Ha gant y satisfaction,
Ha confession raesonabl.

JUDAS.

Ma contrition à moi n'est-elle donc pas bonne?

LA FURIE.

Elle n'est ni parfaite, ni en rapport avec ton crime; tu n'es digne ni d'amour, ni d'excuse, ni d'aucun égard.

JUDAS.

Je me suis confessé, j'ai avoué ma faute, je n'ai rien caché; j'ai un extrême et continuel regret, et j'ai fait restitution comme je le devais.

LA FURIE.

Oui, tu as rendu leur argent aux Prêtres; mais cela n'est rien, car tu n'as pas encore réparé le dommage et l'affront que tu as fait froidement et vilainement à celui qu'on outrage à cette heure.

JUDAS.

Il est venu au monde pour délier tous les pécheurs pénitents sans exception, je n'en puis douter; je peux donc recevoir aussi de sa bonté miséricordieuse, qui surpasse toute bonté, mon pardon à la fin.

JUZAS.

An deu quet ma queuz me receuabl!

DISEMPERANCC.

Ne deu quet [1] *parfet nac etabl*
Eguyt dâ crym; nac amyabl,
Nac escusabl, na valabl quet.

JUZAS.

Cofes a gris, ne nachis quet,
Hac emeux pep heur queuz meurbet,
Ha restituet competant.

DISEMPERANCC,

Ya, voe dan cloar [2] *ho archant,*

Hoguen an drase [3] *so neant*
Dre nas eux presant amantet
An domaig hac ann outragy
Az eux graet yen gant vileny
Dan heny so injuriet.

JUZAS.

Da disaeren a pep penet
An pecheryen hep quen en bet
Ez eu ganet, ne graf quet dout;
Oarse clouar dre trugarez
Pardonet goar a pep carez
En divez ez gallaf bezout.

---

[1] *Var.* Ne'n deu quet. — [2] Clouer. — [3] An trase.

LA FURIE.

Et quand elle serait souveraine, sa bonté, serait-ce une raison pour qu'elle le fût à ton égard? Tu n'en es pas digne, mais bien fou de penser le contraire.

JUDAS.

Qui empêche que j'en sois digne? N'a-t-il pas un pouvoir divin, absolu, infini?

LA FURIE.

Voici ce qui en est, je vais te le dire : Quoi que tu fasses, tu ne pourras obtenir ton pardon sans le gagner au prix de ton sang par des mérites incontestables; rien n'est capable d'expier un péché aussi lourd que le tien.

N'a-t-il pas dit expressément en ta présence, bien qu'il n'eût aucunement envie de te faire de la peine : *Væ autem homini illi,* « Malheur à l'homme par lequel je serai livré. »

JUDAS.

D'après cela, il ne pourrait pardonner pleinement à

DISEMPERANCC.

Me zaa goar [1]? na galhe hoarrout,
Ha foll crefous e desevout
Vez edivout, dre nac out din.

JUZAS.

Petra hoarfe na venn me din?
Ef en deveux sclaer anterin
Gallout divin so infinit?

DISEMPERANCC.

Chede so, me lavaro dit :
Cafout pardon nac e gonit [2]
A cruel dellit evidant,

Eguyt [3] nep pres, ne galles quet;
Rac quement en bech a pechet
Naz eux nep remet competant.

Hac ef ent [4] espres ez presant [5]
A lavaras clos, nonobstant
Da tourmant nen devoa hoant quet :
Ve autem homini illi,
< Goa plen an den pe dre heny [6]
Ez vizif devry traysset ! >

JUZAS.

Dre quement se ne galhe quet
Pardonaf plen da den en bet
Mar be coezet en pechet bras?

---

[1] *Var.* Ne a goar. — [2] Gounit. — [3] Euyt. — [4] En. — [5] Prelant. — [6] Hyny.

aucun homme qui serait tombé dans un grand péché?

LA FURIE.

Il le pourrait en quelque occurrence que ce fût; mais toi, ton péché surpasse tous les autres; en le commettant, tu l'as offensé plus que personne, assurément, car jamais, jamais on ne vit si grande iniquité commise dans un fol espoir

Contre un homme et contre un Dieu, et contre la grandeur d'un roi. Dieu ne saurait donc te pardonner d'avoir vendu sa chair bénite : tout ce que tu fais est en pure perte.

JUDAS.

Ta conclusion est donc que je suis irrémédiablement condamné par un juste et sévère jugement; mais je demande tout d'abord : Pourquoi Dieu m'a-t-il créé pour être damné à cause de lui?

LA FURIE.

Je te répondrai sans détour : Dieu, le grand Roi, ne te créa pas pour être damné à cause de lui; loin de là, toi

---

DISEMPERANCC.

Galhe hevelep e pep cas;
Hoguen dreis [1] pep re te a pechas
Hac en offensas en drase
Muyguet den certen nep heny,
Rac byscoaz oll dre nep foll spy
Ne guelat muy iniquite

Gant despit dann humanite,
Aenep an divinite,
Hac ann holl maieste real;
Doe rac se nez pardonhe quet
Trayssafe quic benniguet;
Da holl fet tra en [2] bet ne tal.

JUZAS.

Te a conclu oarse real
Ezouf dampnet a tra detal
Dre setancc leal ha calet,
Hoguen me goulenn da quentaf :
Petra voe da Doe ma croeaf
Da bezaf eguyt af [3] dampnet [4]?

DISEMPERANCC.

Me responto disoloet :
Doe, an roe bras, nez croeas quet
Da bezaf dampnet eguyt af
Quent se, ha te ha pep heny

---

1 Var. Dreist. — 2 An. — 3 Euytaf. — 4 Damnet.

et tous les hommes, il ne vous créa que pour la gloire de sa Maison.

A chacun, même aux plus petits, il a donné d'abord l'intelligence, la raison, et avec elles, la faculté de se conduire avec sagesse; mais tu es allé bientôt te perdre de ton plein gré, sans y être forcé, par l'appât des richesses, en suivant ta mauvaise nature.

JUDAS.

Mal et bien, c'est la loi commune, entraînent, selon leur principe et leur essence, chacune des choses créées; ainsi, je ne puis être constamment honnête en quelque état que ce soit, si je suis fait de matière mauvaise.

Dieu n'est donc pas juste; il n'est ni équitable ni vrai justicier envers tous; loin de là, il est déloyal et dur de m'avoir fait d'une matière qui doit causer ma perte, en m'empêchant de me réconcilier avec lui.

LA FURIE.

Tu comprends·très-mal les choses, car tous ceux qui

A croeas lem eguyt hep muy
En e ty da glorifiaf.

Da pep unan, dan bihannaf,
Ez roas ment squient, da quentaf,
Youll franc gant af da bezaf fur;
Hoguen dax em coll ax youll mat
Ezout aet, hep ret, apret mat,
Eguyt glat, dre da druc [1] natur.

JUZAS.

Ha drouc ha mat, e pep statur,
A ten de hat a de natur
A pep croeadur natural;

Oarse ne gallaf bezaf quet
Den mat en nep stat da pat quet,
Mar [2] douf forget a drouc metal.

Doe drese ne ve quet leal,
Just, na guyr barner general;
Quent se, disleal ha calet,
Ma ober a un matery
Ha ret bout collet eguyt hy
Hep bezaf reconciliet.

DISEMPERANCC.

Drouc ententet plen eu guen et,
Rac quement unan so ganet,

1 *Var.* Drouc. — 2 Ma.

sont venus dans ce monde, le noble comme le manant, le grand comme le petit, ont été faits du même limon, de la même matière, sur le même modèle, avec des yeux et un nez.

Si donc tu es par quoi que ce soit porté au mal en ce monde, chacun y est porté aussi. Mais afin de vaincre les mauvais penchants, quand la tentation arrive, a été donnée à l'homme la Raison, qui est une grande dame.

JUDAS.

Ainsi, c'est par ma faute que j'ai péché contre le Dieu qui m'a créé. Le mal est fait; il n'a pu m'en laver, et il faut que je me résigne à mourir en forcené, sans qu'on me donne aucune espérance.

Mais dis-moi donc que faire, ô Furie! aide-moi un peu; je t'obéirai, à toi seule. Mon affaire est claire, la raison le dit; donc, plus de pardon, non! plus de pardon pour moi jamais!

LA FURIE.

Va, fais une chose et rien de plus : tue-toi roide. Ne pense pas à la douleur; elle finira tous tes maux.

So bezet forget en bet man,
Oll nobl ha commun, a un pry,
A un ster, a un matery,
Lagat ha fry, bras ha bihan.

Ha mar doude dre nep moean
Da drouc enclinet en bet man,
Sujet eu pep unan dan cas;
Rac se pan duy temptation,
Da faeraf enclination
Roet eu Raeson, so ytron bras.

JUZAS.

Oar se dre ma goall me fallas
Aenep Doe nep am croeas;

Goret an cas ne gallas dif;
Hac exeu ret, me so seder,
Ez mirviff lem dre disemper,
Na nep esper ne quemerif.

Hoguen dif lavar pez a grif,
Disemperancc! ro avanc dif,
Ouzit ex sentif, ne grif quen;
Raeson sclaer eu ma matery,
Rac se pardon nac essony
Nem deur, oar nep sy, byshuyquen!

DISEMPERANCC.

Quae, gra un dra, ha na gra quen :
Da hem lax franc; na sell anquen,
Eguyt tremen da holl penet.

JUDAS.

Donne-moi donc, et dépêche-toi, un moyen violent, furieux, qui ne permette pas d'hésiter; un moyen de mourir de mort rude et ignoble, dans les plus terribles angoisses, sans lutte possible. Va, sois habile à me délivrer.

LA FURIE.

Voici ta consolatrice; ne fais aucune résistance; marche en avant sans crainte de personne : voici une corde, prends-la, va à ce gibet et l'y attache. Pas un mot de plus; je vais t'aider.

JUDAS.

Allons! je vais, infâme que je suis, porter la peine de ma trahison; mon cœur est rempli de tristesse; je vais mourir dans une grande bataille, maudit par Dieu qui me créa.

Je vais, en proie à une douleur intolérable, tout droit devant la face de Lucifer, mon héritier; je vais, haletant, les yeux fermés, remplir l'office de majordome

---

JUZAS.

Ro dif oarse, na dale quet,
Manyer fier, disemperet,
Hep cafout quet a repetance [1]*,*
Da mervell garv a un marv vil,
Gant anquen cref, hep nep revil;
Ha bez soutil em delivrance.

DISEMPERANCC.

Chede oar se da recreance;
Na gra en nep guys resistance;
Da em avance, hep dougance gour,
Chede un corden, croc enn hy,

Da em douc dan crouc, ha douc hy;
Na comps muy; me ya dax sicour.

JUZAS.

Ürcza! me ya, peur disaour,
Da doen merit un traytour;
Leun stanc a langour ma couraig;
Me ya da mervell en bell bras,
Gant mallox Doe nep am croeas.

Me ya, gant glachar diparaig,
Dave [1] *Lucifer, hen aeraig* [2]*,*
Dirac e visaig, hep flaig pas;
Me ya gant pres, hep nep espern,

---

[1] *Var.* Repentance. — [2] Davet. — 3 En heritaig.

dans l'enfer; je vais à l'abîme grossir le monceau des damnés.

Judas faisant son testament.

Démons, détestables démons, Lucifer et·toi, Satan, affreux bourreaux qui aimez le mal, accourez à ma voix; qu'aucun de vous ne manque à mon appel, habitants de l'enfer; je vais faire mon testament.

SATAN.

Bien! fais-le convenablement; après ta mort, je te le jure, j'en exécuterai toutes les clauses.

JUDAS.

Moi, Judas, moi l'infâme, je dis d'abord que je me donne à toi, Lucifer, corps et âme; puissent les flammes éternelles, puissent les supplices, les tourments et les maux qui plongent leurs racines jusqu'aux entrailles de l'enfer,

Être mon partage assuré; puissé-je trouver place au plus profond recoin possible du puits de l'Abîme empesté; que là soit ma tombe elle-même, et que j'y sois jeté brutalement, sans aucun espoir de pitié.

Da bout maestr a ty enn ifern,
En cystern e mesq an bern bras.

Testamant Juzas.

Dyaoulou, dyaoulou azgas,
Lucifer, ha te Sathanas
Orribl hegas, a drouc assant,
Deut em requet, na fellet tam,
Infernalet guytebuntam,
Da tremen flam ma testamant.

SATHAN.

Cza! divis hy espediant;
An tremenvan, me az goarant,
Me he gray ez presant antier.

JUZAS.

Me Juzas, leun a diablasder,
Am em ro dihuy, Lucifer,
An quentaf guer, corff ha speret;
En tan flam eternalamant,
En poan, ha langour, ha tourmant,
Bede an fondamant plantet,

Da bezaf, hep flaig, ostaget;
En puncc an abim venimet
Donaf, maz galhet, cafout placc;
Eno vezo hezr ma bezret,
Da bezaf cruel sebelyet,
Hep esper quet a cafout gracc.

6

Ici, à moi, chiens de l'enfer! traînez mon corps aux lieux immondes; qu'harassé, qu'en lambeaux, je roule, objet d'horreur et de pitié; car c'est l'angoisse et non la joie que j'ai mérité par ma vie.

Je renonce de toute ma force au saint Paradis, à la Trinité, au Père, au Fils, au Saint-Esprit; à la Vierge Marie bénie, à Michel et à tous les Anges; à tous les biens faits dans ce monde.

Vite, qu'on me jette à présent dans les ordures et le feu de l'enfer! vite Satan, dépêche-toi; que, pour mon crime, corps et âme, je sois bouilli dans la chaudière, rôti, brûlé, sans nulle trêve.

Mes entrailles,—commençons par elles,—je les abandonne avant tout aux mille crapauds hideux du lieu; puis, je livre particulièrement mon odorat à toutes les infections de l'enfer;

Mes oreilles, je les condamne à entendre tous les cris de terreur des maudits; et mes yeux retournés, à pleu-

Deut breman, ia dirac ma facc,
Eguyt dan lech fleryus ma quacc,
Mastinet! haracc, difacet
Mazif gant languis ha tristez,
Rac anquen eguyt levenez
Ameux em buez dellezet. ·

Renonciaf a graf affet
Dan barados din, dan Dreindet,
Tat, Mab, queffret han Speret glan;
Dan Guerches Mary benniguet,
Da Michael ha dan holl aëlez;
Dan holl madou graet en bet man.

Ma quecet rac drem a breman
Dan ifern puant, ha dan tan!

Tizmat, Sathan, quent chanaf,
Enef ha corff, dre ma torfet,
Da vezaf en cauter bervet,
Rostet, losquet, heb arretaf.

Ma bouzellou, pan dezrouaff,
Da mil toucec an re heccaf
Eno a roaf an quentaf pret;
Hac ex roaf ma fry special
Da santaf pep fler infernal;

Ma diou scouarn ameux barnet
Da clevet pep cry milliguet,
Ha pep terribldet, ent certen;
Ha ma dou lagat translatet

rer avec les damnés; car ils n'ont pas mérité moins.

Je condamne ma langue et mes lèvres blêmes à hurler à jamais, d'horreur, de douleur et d'angoisse, sans articuler d'autre son; si bien qu'on me reconnaîtra aux hurlements que je pousserai du fond de l'abîme infernal, et à mes cris quand je serai en fonte.

Pour en finir : dos, ventre, estomac, bras et jambes, chacun de mes membres, mon cœur lui-même, tout ce que j'ai, en vérité, je vous donne tout publiquement.

Je teste, sans prendre caution. Venez, regardez-moi au fracas du tonnerre; je suis prêt à braver vos tempêtes infernales; je brave le Dieu qui me créa; j'élis domicile pour jamais dans le feu auprès de Satan.

C'est, c'est fait!

LE DÉMON.

Bravo! J'aime à te voir renoncer ainsi d'un cœur ferme à toute espérance de pardon à venir.

Da goelaff [1] gant an re dampnet,
No deveux quet dellezet quen.

Ma teaut ha ma quenou coen [2]
Da cryal euzic bizhuyquen [3]
Gant poan hac anquen, hep quen son,
Maz clevher ma brut oux yudal
En font an cystern infernal
Hac oux crial en teual don.

Bref chetu an conclusion:
Am holl membrou beden calon,
Gant confusion disonest,
Quein, coff, beguel hac ysily
Ha quement ameux, nedeux sy,

A roaf oll dihuy manifest.

Hep quempret azrectet [4], me dest.
Duet, gant mil safar, dam arhvest;
Doz tempest em em aprestaf [5];
An despet da Doe am croeas
En tan equichen Sathanas
Ma domicil bras a choasaf.
Ac acecc eu!

AN DYOUL.

Adesevaf!
Pan guelaf oz renonciaf
Da esper start a pep pardon
Eguyt an saeson da donet.

---

1 Var. Da gouelaff. — 2 Couen. — 3 Bizviquen — 4 Hep quemeret arretet. — 5 Em en aprestaf.

JUDAS.

C'est ce que je fais au premier chef; mon parti est pris. Maintenant il faut que, sans broncher, j'attache tout de suite à mon cou, pour mon malheur, de mes deux mains infâmes, le lien qui doit m'étrangler.

Plus de miséricorde! je n'en veux pas! Arrière Dieu désormais! la mort au plus tôt! c'est le mieux!

Voyons, Furie, viens à mon aide; pas de faiblesse; tu te fais bien prier; ne me quitte pas tant que je vivrai.

LA FURIE (*étranglant Judas*).

Va donc avec un baiser de moi, il en est temps. Pas un mot de plus, quand tu es prêt; oui, il le faut, et tu vis trop.

†

DANTART (*amenant Jésus.*)

Gouverneur Pilate, homme de haut rang, Caïphe vous envoie ce grand et insigne scélérat afin que vous le punissiez sévèrement, car il l'a bien mérité.

JUZAS.

Hennez a graf an quentaf pret;
Ma mecher so deliberet.
Breman eu pret, hep arretaf,
Am dou dorn iffam, hep amouc,
Ez mennaf tizmat, dre ma drouc,
Ere an chouc ma em crougaf.

Bishuyquen gracc ne pourchazaf!
Na pelhoch Doe ne avoeaf!
An marv soudenhaf! guelhaf eu!
Disemperancc, ro avancc dif;
Na flaig quet, mar tal da pidif,
Dioux if her, dra bezif[1] beu.

DISEMPERANCC.

Quea[2] oarse afvet, rac pret ve[3].
Muy na safar, pan out dare,
Rac ret eu, ha re ez berez.

†

DANTART.

Provost Pylat, den a stat bras,
Heman dihuy gant Cayphas
Evel torfetour bras a sclaer
So dirac hoz facc digacet,
Eguyt gardis ma en punisset,
Dren deveux dellezet zeder.

---

1 *Var.* Dre vizif. — 2 Que. — 3 Pret e.

PILATE.

Voyons! de quoi s'agit-il? et quelles plaintes portez-vous contre cet homme devant moi? On dirait, à voir l'effroyable tumulte où vous êtes, la haine et la malice blâmable qui vous pressent, comme un aiguillon de feu, que vous êtes tous en révolution à cause de lui.

ANNE.

Pilate, n'en soyez pas ému; s'il n'était un grand malfaiteur, il ne vous eût point été amené : il se fait passer pour le Christ et le Fils de Dieu, pour roi aussi, et certainement il le deviendra, qu'on y prenne garde, si on le laisse libre.

En outre, nous l'avons trouvé parmi le monde, refusant de rendre honneur à personne, et soulevant selon sa coutume tout le bas peuple de Galilée. Crois-en ces personnes dont plusieurs sont venues pour l'attester jusqu'ici.

PILATE.

Est-ce qu'il est de Galilée? répondez-moi vite.

LES PHARISIENS.

Oui, il est né au bout du pays de Galilée, comme chacun le sait.

PYLAT.

Orcza! pebez tra en dra man?
Na pez clem em drem a heman
A gret breman? Evel tan brout,
Gant tumult bras, ha cas hastif,
So na rebreig [1] *dre e mechif,*
Ma zouch oll en strif edivout.

ANNAS.

Pylat, nep stat na trellat quet;
Pan na ve drouc graer meurbet
Ne vihe quet dereet dit :
Christ ha mab Doe ha roe yvez
En hem gra plen; ha certen bez,

A vezaf carez, mar bez cuyt.

Ivez cafet entren bedis
Onneuz ef, hep doen da den pris,
En e guys ouz subvertissaf
An pobl commun guytybunan
A Galile : cret an re man
Bet hac aman so meur anaf.

PYLAT.

Ac a Galile eu heman?
Lyryrit aman breman scaf.

AN PHARISIANET.

A Galile pen bro se eu,
Hervez pep unan a esneu.

[1] *Var.* So a rebreig.

6.

PILATE.

Puisqu'il est de Galilée, adressez-le tout de suite à son roi qui est en ce moment dans cette ville, et de qui il dépend; c'est un homme ferme et sévère qui fait toute chose avec sagesse : il le punira comme il l'entendra.

SCÈNE VIII

LE TÉMOIN.

Quand Hérode vit Jésus, il en eut une grande joie,—saint Luc en est témoin.—Il s'imagina qu'il lui verrait faire soudainement

Quelque signe éclatant, quelque miracle en son honneur.

Longtemps il le considéra; mais comme il ne faisait aucune merveille, il le traita comme un idiot, en présence du peuple.

PYLAT.
Pan eu a Galile heman,
De roe so a tra sclaer en kaerman
Reit e glan, pan eu a an bro;
Hennez so den start ha gardis,
Hac a gra pep tra dre avis,
Hac en e guys en punisso.

VIII
AN TEST.
Evel ma en guelas

En devoe joa bras,
—Sant Lucas a test—
Herodes dre se,
Credout ez guelse,
Hag ez grace [1] prest

Un sin manifest,
Pe marvaill onest.
Pell en arhvestas ;
Ha dre na grae brut,
Un sol entre en [2] lut
Ef en reputas.

---

[1] *Lege.* Grase. — [2] Entre'n.

Hérode le relâcha donc et le renvoya, avec ceux qui l'avaient amené, à la juridiction de Pilate, après l'avoir fait revêtir d'une robe blanche étrange.

Il l'habilla de cette manière comme un sot jugé digne des mépris du monde; et jamais Jésus, malgré toutes les accusations, ne se disculpa.

✝

UN CHEVALIER (*amenant Jésus à Hérode*).

Pilate, seigneur, envoie devant Votre Majesté cet homme étroitement lié, car il est de votre pays et votre sujet : c'est un docteur fourbe et qui trompe tous ceux qui vivent parmi nous.

HÉRODE.

Il y avait longtemps que je désirais te voir à loisir; aujourd'hui, je suis satisfait par le hasard, et c'est heureux, car j'ai entendu des témoins oculaires raconter de toi des merveilles.

Mais réponds-moi donc! N'es-tu pas Galiléen?

Herodes dre se
En leuzras arre [1],
Gante, oar ho guis,
Da Pylat de glenn;
Hac en e querchenn
Un sae guenn exquis;

Evel sot dispris
Cafet dan bedis
De guys en guiscas;
Ha byscoaz Jesus,
Eguyt nep achus,
Nen em escusas.

✝

AN MAREC.
An den man dihuy gant Pylat

So dileuret aereet mat [2]
Dirac hoz maiestat, Autrou;
Rac maz eu oz bro ha hoz den;
Maestr tromper ha decever plen
Da quement den so en metou.

HERODES.

Pell ayoa aban emoa hoant [3]
Daz guelet em pret competant,
Hac ezouf presant contantet
Dre avantur, hac eur eu,
Rac marvaillou, dre testou beu,
Ahanode am eux clevet.

Respont hep dout difme goude!
Ac a Galile oude querz?

1 *Var.* Atre. — 2 So dilivret ereet mat. — 3 Choant.

Dis-moi encore, sans te faire prier : n'est-ce pas de toi que parlait dans le désert celui qui baptisait, ce grand prédicateur dont la prétention était d'avoir baptisé le Messie, et qui certifiait la chose?

Es-tu endormi, ou es-tu muet? Parle donc! car tous, grands et petits, te traitent de fou.

(*A ses gardes.*)

A en juger par ses manières et sa conduite, celui-ci est un insensé ou un idiot, ou un charlatan qui trompe toutes mes espérances : qu'on lui attache au cou la robe de mon Fou, et qu'on le mène à Pilate tant bien que mal. Allez, accompagnez-le, sans plus tarder.

LE FOU D'HÉRODE.

Où emportez-vous ma belle robe? Ne me dépouillez pas ainsi; laissez-la-moi. Mille crottes de chien pour vos nez! Vous la donnez à cet idiot, et je vais rester nu, tout triste. Arrêtez! par ma foi vous me faites grand tort!

Dif breman reall, hep dale,
Lavar scot, ac ahanode
Oa ez prezegue en deserz
An Badezour, prezegour bras,
Hac anevez a badezas
Messias, dren [1] lavaras querz?

Cousquet cref out, pe ezout mut?
Comps ouz an re man; rac an tut
Bras ha munut az reput foll.

Hervez e manyer hac e roll,
He man so sot pe diot oll,

Pe morfoll [2], hervez ma oll spy :
Lequet sae am Foll oar e chouc.
Hac aet da Pylat mat ha drouc.
It de hambrouc, hep amouc muy.

AN FOLL.

Ma za ma sae me guynihuy?
Nam divisquet quet, lezet hy.
Me a pet caoch quy en hoz fryou!
Dan diot se en e rehet,
Ha me chommo noaz anoazet [3].
Paouysit! me cret ez gruyt gou [4]

---

[1] Var. Dre'n. — [2] Mor jol. — [3] A noazet. — [4] Gaou.

SCÈNE IX

LE TÉMOIN.

QUAND le fils de Marie eut été ramené bruyamment à la maison de Pilate, il y souffrit depuis le sommet de sa tête sacrée jusqu'à la plante de ses pieds ;

Là il fut si battu que son sang coula à grands flots, qu'il jaillit comme une source sur la terre, qu'il s'épuisa tout entier, miséricordieusement, pour notre salut ;

Il fut si battu que, des pieds à la tête, sa chair et sa peau tombaient en lambeaux, que, sous les coups de fouet et les pointes d'épine, il n'offrait qu'une plaie.

Et pourtant il ne se plaignit jamais ni de la tête, ni du dos, ni des liens qui le serraient par le milieu du corps.

IX

AN TEST.

Pan oa Map Mary
Digacet gant cry
De ty da Pylat[1],
En devoe tourmant
A blein e penn sant
Bede plant an troat;

Eno ez cannat
Maz rede e goat
Evel lifvat bras,
Maz yene dren placc;

E holl goat, dre gracc,
Nep hon dilaczas[2].

Cannet voe quen tenn
Maz oa a pep penn
Quic ha crochenn brein;
Leun a goulyou,
Gant an scourgezou,
Hac an barrou drein.

Eguyt penn na quein,
Nac eren dren[3] mein
Byscoaz ne queynias.

1 *Var.* De ty Pylat. — 2 Nep hom dilaças. — 3 Dre'n.

Après de froides cruautés, il fut condamné par l'homme à mourir sur la croix.

✝

UN CHEVALIER (*à Pilate*).

Voici votre homme ; on vient de me donner l'ordre de vous le ramener dans cet état, car il ne daigne pas dire un mot, sachez-le, et Hérode le trouve très-sot, soit qu'il n'ait point de bon sens, comme je le pense, soit que, par malice, il contrefasse le fou.

LES PHARISIENS.

Qu'il soit crucifié ! qu'il le soit sans faute ! qu'est-il besoin de faire durer cette contestation ?

PILATE.

Elle ne durera plus longtemps ; je vais le châtier ; je vais commencer par le faire vigoureusement flageller par quatre valets : après je le laisserai aller.

Or donc, qu'à une colonne solide il soit attaché, et qu'on le batte rudement.

———

Goude garv ha yen
Ez barnat dre den
Da mervell en croas.

✝

AN MAREC.

Chetu hoz den ; en termen ordrenet
So deoch arre en stat se dereet,
Rac ne pris quet, credet, lavaret guer.
Pe ez traing cref [1]*, am desef, an deuot,*
Rac Herodes certes en quef re sot,
Pe, dre riot, ez gra an diot noter.

AN PHARISIANET.

Bezet cruciffiet seder !
Diampeig ! rac nez eux mecher
A mennat delchell e querell.

PYLAT.

Men corrigo, ne chommo pell,
Hac a gray essae, gant travell,
Dre pevar mevell e guellat ;
Goude men leso da monet.
Rac se ous un pyler fermet
Bezet staguet ha cannet mat.

———

1 *Var.* Estraing cref.

DRAGON.

Avec votre permission, nous le dépouillerons, afin de le flageller comme il faut.

BRUYANT.

Je vais tout de suite lui ôter ses vêtements.

(*Il les arrache.*)

Voilà sa peau toute nue.

DANTART.

Je ne vis jamais d'homme aussi blanc que lui! Pas une tache!

GADIFFER.

Mieux vaudrait toutefois qu'il fût bon que blanc, si c'était possible.

DRAGON.

Attache-le bien!

BRUYANT.

Attachons-le! à l'œuvre! mettons-nous tout de suite à le battre!

DANTART (*frappant Jésus*).

Il en aura de ma verge! Tenez! est-ce bien appliqué?

DRAGON.

Ny en divisquo, gant hoz grat,
Eguyt e guellat mat ha tenn.

BRUYANT.

Me ya de diviscaf affo;
Chetu dissolo e crochenn.

DANTART.

Byscoaz ne guylis den quen guenn,
Hep un tachenn, evel hennez!

GADIFFER.

Guell eu pep quentel madaelez
Eguet fez [1], mar galhe bezaf.

DRAGON.

E aeren tenn [2] !

BRUYANT.

Stagomp! enn hâf!
Desrouomp de fustaf affo!

DANTART.

Gant ma scourgez en devezo!
Dalet! a me sco a tro mat?

---

[1] *Var. Sez.* — [2] *Et eare'n te'n.*

GADIFFER.

Il faut le châtier sérieusement; il perd déjà tout son sang.

DRAGON.

Il ne faut pas lui en laisser une goutte! Courage! frappons-le! hachons-le! Aïe! il m'épuise!

BRUYANT.

Je n'en puis plus moi-même! je tombe évanoui de fatigue!

DANTART.

Le voilà, chair et peau, en lambeaux de la tête aux pieds.

GADIFFER.

Maintenant qu'il est suffisamment châtié, qu'on le détache, qu'on le proclame et le sacre Roi.

DRAGON.

Oui, il le faut, je le jure; car il a dit qu'il était roi.

BRUYANT.

Si nous le revêtions d'une belle robe? Il nous en faudrait une de pourpre, croyez-moi.

GADIFFER

Ret eu devry e castizaf;
E holl goat aya digant af.

DRAGON.

Ne fell lesell pez aenesaf[1]*!*
Sus! e fustaf, e draillaf glan!
Ay! scuiz ouf gant af.

BRUYART.

Me a sembl aman!
Quen fat gant poan mazouf manet!

DANTATT.

Chetu ef glan an treit dan penn,

E quic e crochen dispennet

GADIFFER.

Breman, mar deu acecc blecet,
Bezet àrre disaereet,
Maz vezo hanvet ha graet Roe.

DRAGON.

Hennez a vezo ret, men toe,
Rac maz eo Roe em avocet.

BRUYANT.

Un sae jolis mas ve guysquet?
A poubr a renquet, credet huy.

1 *Var.* Anczaf.

DANTART,

Par Dieu, voici l'affaire. Il n'y manque pas une seule pièce.

GADIFFER (*à Jésus*).

Cette robe-ci n'est-elle pas bonne, mon brave homme ? Mettez-la pendant que vous avez chaud ; ne laissez pas votre sang refroidir.

DRAGON.

Il faut aussi que nous lui donnions un sceptre : ce roseau fera l'affaire ; il l'honorera suffisamment. (*A Jésus.*) Tenez, Seigneur !

BRUYANT.

A mon avis, il est indispensable qu'il soit agréablement couronné avant qu'on lui rende hommage.

DANTART.

Mettons donc sur sa tête une guirlande d'épines, vigoureusement tressée en cercle.

GADIFFER.

Voici une grande couronne d'épines ; faites-la entrer de force dans son crâne ; qu'elle lui perce les os de ses pointes sans nulle pitié ; qu'elle guérisse son rhume de cerveau.

DANTART.

Men toe dre ma le, chede hy.
Ne deuz pez anezy dien.

GADIFFER.

An deu homan sae mat, ma den?
Guysquet pan ouch tom; ne chom quen
Quent ho goat certen da yenaff.

DRAGON.

Un cedr yvez reompny dezaf;
An corsenn man da bihanaf
Eguyt e enoraff affet.
Aulrou, dalit!

BRUYANNT.

Ret ez ve saczun [1] *curunet*
Quent bout enoret, a crethenn [2].

DANTART.

Lequeomp oarse oar e penn
Un garlantes a un dresen
A ve rodellet crenn en e cern.

GADIFFER.

Chetu un curun bras a spern;
Lequet hy dre hec oar e quern,
Hac a toullo fresq e esquern
Hep espern; maz disifferno!

[1] Var. Saçun. — [2] A crethe'n.

7

DRAGON.

Réunis tous autour de lui, nous le couronnerons selon son rang, nous lui rendrons hommage aujourd'hui.

BRUYANT (*couronnant Jésus*).

Tenez cette couronne! Elle est désagréable, elle est piquante, elle ira bien à votre front; elle vous ceindra, je le sais, convenablement.

DANTART (*à Bruyant*).

Pèse dessus avec ce bâton.—C'est bien.—Lui casserons-nous la tête?

GADIFFER (*à Dragon*).

Donne-moi un bout de ta trique.

DRAGON (*à Gadiffer*).

A nous deux avec ceci! Prends ce bout-là.

BRUYANT.

N'y a-t-il plus personne ici pour frapper? Malchus, est-ce que tu dédaignes la besogne?

MALCHUS (*frappant*).

J'enfoncerai si avant les épines dans son cerveau qu'il ne tardera pas à mourir.

DRAGON.

Dastumet gueffret oar he tro,
En e fortun ny en curuno,
Hac en enoro an dro man.

BRUYANT.

Dalet!
Disaczun eu an curun man,
Ha lem, a diouch ho drem breman,
Me a goar, homan en ho goano.

DANTART.

Poes gant an bax se. Chede so.
Ha ny a froeso e clopenn?

GADIFFER.

Ro dif un penn.

DRAGON.

Ha ny gant homan [1] *a hanenn!*
Croc en pen se.

BRUYANT.

An deus den oar tro a soohe?
Malchus, a ne prises te travell?

MALCHUS.

Me planto ferv en e cervel
Maz ranco quent pell mervell mic.

[1] *Var.* Houman.

GADIFFER.

Pas de coup faible et mesuré! Frappes-en qui déchirent et poignent!

DRAGON.

Toutes ces épines sont entrées dans son crâne dur, je crois bien.

BRUYANT.

Le sang coule à flots de ses blessures; je le sens tout chaud.

DANTART.

Que Dieu te sauve, Aliboron*, *Rex Judeorum*, quel que soit ton nom.

GADIFFER.

O Roi des Juifs, par-dessus tout autre, nous te saluons en disant : *O Ave, Rex Judeorum!*

DRAGON.

Gouverneur, voilà le supplice à son comble. Pour cette fois, il a grand chaud; n'est-il pas couvert d'assez de plaies?

PILATE.

Voilà votre homme! le voilà qui vient de souffrir plus

'GADIFFER.
Na sco taul lausq na goustadic!
Gra ef guyridic, pistiguet!

DRAGON.
Oll an dren se so antreet
En e penn calet, a credaf.

BRUYANT.
An goat seder a diver scaf
Anezaf, hac en santaf tom.

DANTART.
Doe ro salvo, Aliborum.

Oar pep tro, Rex Judeorum!
GADIFFER.
Roe an Yuzevyon, dreist pep heny
Ny oz salut huy a muy son :
O ave, Rex Judeorum!
DRAGON.
Provost [1], chetu an hec en e crom;
Eguyt un som ezeu tomet;
An deu ef quet acecc blecet?
PYLAT.
Chetu hoz den! En anquenn ha penet,
Dreis [2] pep heny a devry castizet.

* Docteur imbécile.
[1] Var. Prevost. — [2] Dreist.

d'angoisses et de tourments que jamais nul autre en ce monde. N'est-il pas assez châtié? Regardez-le. Maintenant, vous et votre pays n'êtes-vous pas pleinement satisfaits? Regardez-le; je vous le présente.

LES PHARISIENS.

Vous n'êtes pas l'ami de César, si vous lui faites grâce, nous le savons tous et sachez-le vous-même. Pas de pitié! pas de délivrance! Qu'il soit crucifié sans faute! sans quoi nous le dirons à César, et on vous apprendra à lui désobéir!

PILATE (*à Jésus*).

Tu vois les tiens? tu vois quels témoignages et quelles réponses pleines de colère ils m'adressent! et quels cris contre toi! Devant ta face ils demandent ta mort! Viens et causons un peu; dis-moi une chose : de quel pays es-tu? apprends-le moi.

Je vois que tu ne me réponds rien. Et ne sais-tu pas que ma place me donne le pouvoir, soit de te renvoyer libre, sur l'heure, sans exil, sans poursuite et sans mal, par ma

---

An deu ef quet, sellet, punisset acc?
An douchuy glan breman huy hac an
                    [bro
Contant a plen eguyt an termen so?
Sellet e tro affo dirac hoz facc.

AN PHARISIANET.

Ne vech quet car Cesar, ny en goar acc,
Dezaf, gouzvezet, mar gruet gracc;
Na pourchacc gracc! e dilacc muy!
Racse hep sy bezet cruciffiet!
Pe da Cesar ez vezo lavaret;
Clemet vihet, mar lequet contredy!

PYLAT.

An ne guelez te da re? pez testeny
Ha pez respont gant gront a reont y
Oarnouf devry? na pez cry az divout?
Dirac da dremm lem ez clem an reman!
Deuz, comps un dra, ha divis [omp]
                    [aman:
Lavar breman dif aman, peban out?

Me guel difme na respontez netra.
A ne gousode ez gallafme dre va,
Hep estrenva [1] *ha hep goa, na* [2] *tra-*
                    [vell,
Da achap glan breman e pep manier,

·[1] *Var.* Estrenna. — [2] Hep goaua.

seule volonté, comme juge, entends-le bien; soit de te faire mourir?

JÉSUS.

Tu n'aurais ici aucun pouvoir sur moi, si mon bon Père ne te l'avait donné, par un effet de sa pure grâce. Je sais que ton péché est très-grand, mais je trouve encore plus grand celui des gens dont la malice m'a mis entre tes mains.

PILATE (*aux Juifs*).

Que ferai-je de Jésus?

LES PHARISIENS.

Le crucifier avant que la nuit soit noire! c'est notre avis formel à tous.

PILATE.

Je vous ferais un grand outrage en crucifiant votre roi.

LES JUIFS.

Nous n'avons, croyez-le, d'autre roi au monde que César; nous le disons hautement, et nous en appelons à lui si, continuant de nous contrarier, vous persistez à refuser de condamner cet homme au supplice de la croix.

Em volante [1], an dra se lez seder,
Evel barner, pe ober dit mervell.

JESUS.

Gallout en se oarnoufme nez ve quet,
Nemet e grat, digant ma Tat mat net,
Ez ve affet dit bezet en credit;
Me en goar se ez pechez te re bras
Hoguen pep lech, a mui bech [2], ez
[pechas
Nep dre ho cas diblas am livras dit.

PYLAT.

Petra a grafme da Jesu?

AN PHARISIANET.

E crucifiaf quent ann nos du!
Ny a pep tu en conclu crenn.

PYLAT.

Deoch ez grahenn plen vileny
Houz roe huy mar crucifíhenn.

AN YUZEVIEN.

Nonneux roe en bet, credet henn,
Nemet Cesar; ni en lavar crenn;
Hac a menn quemenn bet enhaf,
Ma ne queret hep contredy
E barn tizmat hep debat muy
A devry da crucifiaf.

[1] Var. Volontez. — [2] A mur bech.

PILATE.

Je ne voudrais point le crucifier, car je ne trouve rien en lui qui mérite la peine de mort. Faire mourir ainsi durement et dédaigneusement un innocent, par envie et sans cause, serait une trop grande injustice!

LES PHARISIENS.

Pilate, écoute encore une fois ce que nous te disons à ta barbe : Il faut qu'il meure de malemort!

A mort!

SCÈNE X

LE TÉMOIN.

Après avoir fait battre et flageller rudement le Fils de Dieu roi du monde, Pilate lava ses mains odieuses et le condamna sans appel.

Il le condamna à être étendu tout de son long sur une croix, sur une croix de bois haute et infâme, entre des criminels appelés Jestas et Dismas.

PYLAT.

Nen deu [1] man spy muy e crucifflaf;
Rac ne goun tenn na cas a penn enn
[haf
Maz dlehe scaf dreiza gouzafmaru.
Lazaf gardis ha dispris en guys se
Un inocxant, dre drouc hoant, hep
Honnez a ve iniquite re garu. [atre,

AN PHARISIANET.

Pylat,
Entent undro dirag da barv :
Ret eu ez gouzafve garv marv!
Las !

X

AN TEST.

Goude bout cannet
Mab Doe roe ann bet
Ha scourgezet tenn,
Pylat a golchas
E dou dorn azgas
Hac a barnas crenn.

En croas e astenn
Ahet e crochen,
En creis an prenn croas
Uhel a velim,
Entre tut a crim
Jestas ha Dismas [2].

---

1 *Var.* Ne'n deu. — 2 Dismas ismas.

Une grande couronne d'épines qui lui traversait les os fut fixée violemment autour de son front, avant qu'on le conduisît à la mort.

Cette mort fut atroce.

Elle fut accompagnée de moqueries et d'hommages simulés : on courba devant lui les genoux, en disant chaque fois : « Je vous salue, *Roi des Juifs.* »

†

LE DÉMON.

Je vais vite jusqu'à la ville pour empêcher, s'il est possible, par quelque subtilité, la mort de Jésus. Il est du parti des bons, il est juste, il est plein de noblesse. Grâce à la femme de Pilate, je trouverai sûrement le moyen d'en venir à mes fins.

(*A la femme de Pilate.*)

Femme qui te disposes à dormir, empêche bien ton mari de condamner, pour quoi que ce soit, Jésus; prends-le en pitié. S'il va au supplice, sois certaine que tu feras une mauvaise fin.

PROCILLA, FEMME DE PILATE (*à un de ses serviteurs*).

Je viens d'avoir, en vérité, un songe extraordinaire et

Curun bras a spern
Ayae drenn esquern
Oar e quern cernet
A lequeront garv
Quent e ren dan marv,
Ayoa garv meurbet.

Has ex saludet
En un lavaret,
Ha stouet pep pas :
Roe an Yuzevyon,
Dre derision
Ha finction bras.

†

AN AZROUANT.

Me ya has tiz bet en cite

Da ampechaf, mar gallafme,
Dre subtilite eneffet
An marv a Jesu, a tu mat,
Mat ha gentil; dre gruec Pylat,
Me cafo en mat ma atret.

Gruec, so da repos disposet,
Diffen devry oux da priet
Na barno quet dre nep redy,
Jesu nep tu; quemer truex.
Mar da dann marv yen, certen bex
En un drouc finvex es coexy.

PROGILLA, gruec Pylat.

Guelet emeux, ha nen deux sy,
Un hunvre bras ha fantasy

une vision qui me donnent infiniment de soucis; c'est au sujet de Jésus, le beau et le bon. Si le noble Pilate le condamne, notre fortune finira mal.

Va, et dis à mon mari que pour rien au monde il ne consente à la mort de Jésus le juste; qu'il se garde bien de le condamner à la prière de personne; et que, s'il s'avise de le faire, je ne l'aimerai plus jamais, jamais!

Car je suis, certes, très-agitée, très-soucieuse et très-en peine à cause de lui, jusqu'à en perdre tout mon repos. Prends donc cette lettre, porte-la-lui tout de suite, et qu'il la lise attentivement : va vite le trouver.

†

LE SERVITEUR DE PILATE.

Tenez, Seigneur, voici ce que votre épouse elle-même vous envoie : veuillez lire ce qu'il y a là-dedans.

PILATE (*aux Juifs, après avoir lu*).

Un moment, je vous prie : il vaut mieux, en gens sages, réfléchis et froids, prendre garde à ce qui peut ar-

---

Am gra dreist muy pridiriet;
Dre penn Jesus gracius mat;
Mar en barn an gentil Pylat,
Ez ay hon stat en drouc atret.

Quae, lavar devry dam priet
Oar pep tro na consanto quet
En maro Jesus net a netra;
Nac e barn quet, en requet den;
Rac nen quirif muy bizhuyquen,
Eguyt nep termen, mar en gra!

Rac me so certes en esmoa,
Dreizaf, bet coll oll ma holl joa,
Hac e melcony a poan tenn.

Rac se dal sclaer an lyzer man,
Douc ef affo ma en lenno glan;
Dezaf quae buhan ahanenn.

†

SERVICHER PYLAT.

Autrou, dalet, ha sellet henn
Disleuzret [1] gant hoz priet crenn;
Deoch da lenn an pez so enn haf.

PYLAT.

Hoz [2] em arretet, pan ouz pedaf;
Guell eu deoch fournis avisaf,
Consideraf, ha bezaf yen,
Pe en faecson ez guell donet;

[1] *Var.* Dileuzret. — [2] Hag.

river; car si l'on juge que nous avons été trop prompts, nous serons blâmés, n'en doutez nullement.

C'est une vieille coutume chez vous, à Pâques, chaque année, qu'on laisse aller libre un de vos prisonniers : il vous est délivré en raison de ce qu'autrefois vous avez été tirés par un décret

De votre Dieu et de votre Créateur, à cause de vos mérites, des mains des Égyptiens, et rendus à la liberté après avoir été esclaves. Je vous donne donc, en vérité, la faculté de délivrer celui que vous voudrez de ces deux prisonniers.

Voici d'abord Barrabas, voleur, assassin, brigand, malfaiteur insigne, émeutier, indigne d'égards assurément; puis voici l'aimable Jésus, qui vous a fait de si charmants discours pour vous porter à la vertu.

CAÏPHE.

Votre conclusion ?

Rac, mar bemp re prim estimet,
Ex vemp tamallet, credet plen.

Custum eu dihuy ancien
Da Pasq caffout piz, pep blizen,
An prisoneryen un den cuyt,
Dihuy nedeux sy dilivret [1]
En signifiance avancet
Mas vioch lamet dre edit

Hor Doe, hoz croer, a merit,
Ha graet diampeig a Egipt
A bout suget, pan ouz acuytas [2],

Rac se, hep nep gou [3], *an dou* [4] *man*
Da bout dilivret an pretman
Ez roaf deoch glan breman an choas.

Chetu hep nep goap Barrabas
Lazr, muntrer, rober, ribler bras,
Sedicius, diblas assur;
Ha heman an courtes Jesus
A sarmon dihuy gracius
Compsou [5] *vertuzus dreis musur.*

CAYPHAS.

Nac eguyt se?

---

[1] *Var.* Dichuy nedeux sy deliuret. — [2] Pan oz a cuitas. — [3] Gaou. — [4] Daou. — [5] Compsaou.

PILATE.

Ma conclusion est que, comme vous êtes sages, et comme il est bon, vous le laissiez aller en toute liberté.

CAÏPHE.

Lui? jamais! A d'autres! C'est Barrabas que nous voulons! Qu'on le délivre! croyez-nous. Quant à Jésus, qu'on le crucifie! Voilà notre conclusion à nous. Pas d'autre arrangement faisable !

PILATE.

C'est une grande cruauté, cela! c'est de la colère et de l'envie, et un emportement d'injustice qui passe toute mesure, que de sacrifier un innocent! C'est par trop infâme! et l'effronté coquin, vous ne le châtiez pas!

ANNE.

Jésus ? nous n'en voulons à aucun prix! C'est Barrabas qu'il nous faut; délivrez-le! Écoutez-nous, et taisez-vous!

PILATE.

Emmenez-le donc, je vous l'abandonne; allez-vous-en avec lui; hâtez-vous; le voilà libre. Mais je trouve votre

---

PYLAT.

Ef ve a dlehech, pan vech fur,
Rac maz eu den mat a natur,
Da dilivraf[1] *pur assuret.*

CAYPHAS.

Ef? oar nep tro! non bezo quet!
Rac Barrabas onneux choaset !
Da bout dilivret ! credet se;
Ha Jesus, onneux concluet,
Da bout hep sy cruciffiet !
Na ne grahymp quet quen trete!

PYLAT.

Crueldet brus eu an drase!

Dre depit hac iniquite,
Ha dreist equite gourreet [2],
Distrugiaf dre hoz drouc avis
Un ynoczant ! re dicoantis !
Han lazr gardis nen punisset!

ANNAS.

Jesus? oar nep feur non deur quet!
Barrabas deompni delivret!
En on requet na compset [3] *muy!*

PYLAT.

Aet gueneoch, me en ro dihuy;
It scaf gant af, hep tardaf muy,
Pan eu a devry dilivret;

---

[1] Var. Deliuraf. — [2] Gourroet. — [3] Complet.

choix bien étrange : je n'en reviens pas d'étonnement.
Comme vous haïssez Jésus!

BARRABAS.

Jamais assurément personne n'eut plus de bonheur!
car, en vérité, je croyais être pendu la corde au cou,
ayant plus d'une fois mérité la corde et la claie sans
merci.

Moi, Barrabas, le bandit, moi dont chacun détourne
le visage avec dégoût, moi qu'on réprouve, ohé! me voilà
en liberté! Quelque peur que j'aie eue ici, je ferai encore
et souvent plus de mal que je n'en ai fait.

PILATE (*se lavant*).

Je suis tout à fait innocent du sang de cet homme, qui
est juste de paroles et d'œuvres. Si malheur arrive, et
il finira par arriver, c'est vous qui le supporterez; oui, un
jour, vous y verrez clair.

Si, en le condamnant, je fais mal, je m'en lave
les mains, à cette heure, sans reproche ni souci, en

Me queff ho chaing estraing bras!
Soezaf a raf glan oûr an cas!
Jesus mar diblas en caset!

BARRABAS.

Byzcoaz muy eur assuret
Ne coezas oar quein [1] den en bet!
Rac me en effet a crede
Ere an chouc besa crouguet,
Dre moa meur a guez dellezet
Silleiyet, truhinet, hep trete.

Me, Barrabas, lazr, diblas cre,
Dienep ha rep ouz pep re,
Aul chetu me disacreet!

Eguyt quement estlam ameuz,
Hoaz [2] me a a gray, hac alieuz,
Muy a reuz eguet nameuz [3] graet.

PYLAT.

Me so ynoczant hac antier
A goal heman e pep manyer
So just a guet hac oberiou;
Mar deu da drouc, huy en dougo;
Hac en divez ez hoarvezo;
Ha huy undro a guelo gnou [4]!

Ha mar en barhaf ez graf gou [5],
Rac se, credet, diouz e fetou,
Ez golchaf, hep gou, en louen,

---

[1] Var. Quin. — [2] Choaz. — [3] N'ameux. — [4] Graou. — [5] Gaou.

ce qui le regarde. A vous le poids du crime; je vous le laisse tout entier, croyez-le bien.

LES PHARISIENS.

Que son sang tombe à flots glacés sur nos parents et sur nous, à jamais, sans se tarir et sans nous apporter la joie! qu'il tombe sur notre famille aussi longtemps qu'elle existera, comme une source féconde de maux et non de biens! qu'il tombe sur notre race entière tant que le jour et la nuit dureront!

PILATE (à *Jésus, en rendant sa sentence*).

Ton peuple et tous tes seigneurs, tous les tiens, tes amis, tes proches, ta race à l'unanimité, ont porté contre toi une grave accusation qui m'étonne, et je ne puis, sans blâme, te relâcher. Voilà quels sont les fruits de la voix populaire!

Mais pourquoi aussi prétendre que tu es roi, et qui pis est, que tu es fils de Dieu? C'était peu sage quand tu ne pouvais le prouver; c'était très-grave, et, en outre, c'était te rendre odieux par ton opiniâtreté. Je te dis donc, pour

---

Ma daou dorn breman glan ha net [1].
Gueneoch an bech han holl pechet
A lesaf apret, credet plen.

AN PHARISIANET.

E goat ra couezo a tro yen
Oar hon re ha ny bizvyquen,
Pep termen, hep quen levenez!
Ha oar hon lignez, her dre pat,
E drouc dreist pep re hep e mat,
Ha oar hon holl hat, nos ha dez!

BETANCC PYLAT.

Da nation ha da holl autrones,

Da re pep hent, da querent, da hentez,
Ha da lignez yves tout da fez voe,
Az accusas en bras, me a gra soes;
Ne gallaf tam, en diablam, da amoues,
Chede pez froez a douc moez [ann]
                                    [ploe]

Hoguen dren pez yves ma em gres
                                    [roe,
Ha choaz, goaz tra, bout [2] *map da*
                                    Doe,
Drouc graet voe, pa naz voe an moen:
Hac un cas bras [hac] *azgas dre da*
                                    [stif;

---

[1] A partir de cet endroit, il manque cinquante-quatre vers dans l'édition de 1530. Nous les suppléons avec celle de 1622. — [2] *Lege* Bezout

en finir, sans crainte de passer pour téméraire, et je te prie de m'en croire, je ne saurais rien faire pour toi.

Moi, Ponce Pilate, constitué en dignité; moi, de ma pleine autorité; moi, gouverneur sévère et juge suprême de tout homme et de toute chose du monde; moi, qui certes tiens la place de César dans cette terre de Jérusalem et de Bethléem, où je suis, et dans tout ce pays soumis aux Romains,

Vu la clameur, et l'accusation, et le témoignage, et l'émotion des Juifs, et tout ce qui a été ébruité de ta vie étrange, par ton procès, ô Jésus, devant moi, au milieu de mille plaintes sans cesse renouvelées, lesquelles sont, pour la plupart, suffisamment fondées,

Je te déclare coupable et te condamne à être crucifié aujourd'hui, avant que la nuit soit venue. Voilà ma sentence : je te condamne à être attaché à une grande croix de bois, chair et peau, sans qu'on craigne de te faire souffrir, les mains et les pieds percés de clous.

Men lavar dit evit diftnitif,
Hep bout hastif, ha cret dif, ne rif
[quen.

Me, Poncc Pylat e pep stat, am grat
plen,
Provost auster, ha barner souveren
Dirac pep den, quement re so en bet,
A les César, hep mar, en douar man
Hierusalem. Bethleem, an re man,
Oll an broman didan an Romanet,

Guelet an cry han accusation
Han testeny hac an commotion

An Yuzevyen hervez so resonet
Az buhez spes, dre da proces, Jesu;
Dirac ma drem gant mil clem hep
[remu,
Han pez hep muy so pep tu concluet,

Ez disclaeriaf hac ez barnaf affet
Hizio quent nos mar hogos ez eu diuet
Da veza net crucifflet, chede,
Hep dougaf gloas, en un croas [bras a]
[coat
Gant tacou dre en palvou han naou
[troat,
En quic ha gat, da gryat en stat se.

De plus, je te donne pour tribune un lieu très-élevé et par conséquent en vue de tout le monde, d'où tu pourras te faire entendre à ton plaisir. C'est le Calvaire, où tu resteras sous bonne garde jusqu'à ta mort, dans l'angoisse et la peine. Tel est mon ordre et l'effet de ta sentence.

LES JUIFS.

O roi des Juifs, ô roi au-dessus de tous les rois, nous te saluons à jamais!

SCÈNE XI

LE TÉMOIN.

APRÈS cela, on conduisit le Roi, le fils du Dieu le Père, celui qui était la beauté, la bonté infinie, entre deux infâmes voleurs, pour qu'il mourût de malemort, pour notre salut.

On le conduisit, plus défiguré que ne le fut jamais aucune créature humaine par de grandes tortures, et pour l'achever, on força l'Agneau à porter sa croix.

Ha da muy, mex [roaf] ma eompsez te,
Un lech cruel a uhel, evel se
Dirac pep re, evyt du recreancc.
En Calvary ez chomy da miret
Beden maro yen en anquen ha penet.
Chede an decret, han effet az setancc.

AN YUZEVIEN.

Roe en Yuxevyen, dreist pep heny,
Salut dichuy da bisvyquen!

XI

AN TEST.

Goude ez renat

An Roe, map Doue'n Tat,
Graet, mat dreist natur,
Entre dou lasr lic,
Da mervell maro mic,
Divoar hon sigur;

Hac ef diffigur,
Dreist pep croeüdur [1]
Dre un laur [2] *bras;*
Hac eguyt muy poan
Ez lacai [3] *ann Oan*
Da doen ann langroas.

---

[1] À partir de ce vers cesse la lacune de l'édition de 1530, et nous continuons à donner des variantes tirées de celle de 1622. — [2] *Lege* Lavur. — [3] *Var.* En lacet.

Comme on le menait à la mort, la croix sur le dos, entre deux haies de chevaliers, ils s'ingéniaient à le tourmenter dans le chemin, quoiqu'il ne pût les repousser.

Ils le chassaient en avant, en grinçant des dents; ils ne se possédaient pas de rage en le menant à la montagne; il fallait qu'il perdît la vie, il fallait sa mort.

✝

MARIE.

Je sens une douleur extrêmement poignante; mon pauvre cœur est froid comme une glace, dans ma poitrine; il est tout malade à cause de mon fils chéri, naguère si beau, il est en proie à un délire qui s'est emparé de ma raison, et que personne ne peut concevoir.

Comme je crains qu'il n'ait des regrets! Je n'ai pas dormi depuis que je l'ai vu hier. Je tombe sous le poids du chagrin, faute de bien connaître son sort. Mais le connaissant, ma douleur me tuerait, si personne ne me consolait.

Pan oat ouz e ren,
Entren marchyen [1],
Dan marv yen, drenn hent
An croas oar e quil,
Hep quet a revil [2],
Abil en pilent;

Dren placc en quacent,
Ox scrihnal [3] ho dent;
Ne auisent pas,
E ren dan menez,
Maz collas buhez
Ha max [4] finvezas.

✝

MARIA.

Un gloas a sef hac am gref acc;
Am calon ufvel, evel sclacc
A yen en he placc; digracc eu
Dre ma mab quer, goude chermat,
Gant ann diboell so em poellat;
Nep stat ous e coufhai na teu [5].

Aoun cref ameux nen deveux nech!
Ne cousquis aba en guylis dech;
Ma emeux un bech am nech cals
Affaut gouzout clouar e doare;
Rac ma morchet bras dren drase
Am lazhe, ma ne ve freals.

[1] Var. Entr'en marchyen.—[2] Yéuil.—[3] Scrignaf.—[4] Ma.—[5] Ouz e coufhai eu.

✝

SAINT JEAN.

Hélas! qu'est-ce qui se passe ici? et quel est ce personnage étrange? Ah! c'est mon maître qui va à la mort. Quel changement de fortune! En quel horrible excès de misère le voilà soudainement tombé!

Hélas! quand la mère qui l'a enfanté apprendra ce dénoûment, elle mourra de chagrin sur place à l'heure même. Et moi, comment, cruel, irai-je lui raconter en face toute cette douloureuse histoire?

Et pourtant il vaut mieux que j'aille la trouver le plus promptement possible. Mais quel soulagement porterai-je à la bonne Marie, au milieu de ses douleurs? Dans une âme céleste comme la sienne, quelle blessure spéciale soigner?

LA VÉRONIQUE.

Hélas! je vois distinctement Jésus qui passe ici dans la rue; on le mène à une sombre et cruelle mort; il

---

✝

SANT JAHAN.

Allas! peber cas en cas man?
Na pebez estreun eu heman?
Ma maestr breman aya dan marv!
Na pebez fortun so dihunet!
Na pez excès en berr respet
So coezet affet meurbet garv?

Allas! pan clevo an droman
An mam en ganas, an cas man
Ez marvo gant poan oar an placc;
Na da comps, cruel evelte,
Dezy an glachar han doare,

Penaux exafme [1] *en he facc?*

Guell eu monet, pan eu ret [2] *acc,*
Hep dale muy, scaf ha dilacc.
Ach! pebez soulacc a quacif
Da Mary glan leun a cafvou?
En he enef bet en nefvou
Na pez cafvou a ennouif [3]*?*

AN VERONIC.

Allas! me guel espres Jesu
Oz monet aman dre ann ru;
Dan marv garv du ez conduer;
Hag ef gant angoes oz huesaf.

---

[1] *Var. Exahensme.* — [2] *Retc.* — [3] *Cafuaou a ennaouif.*

sue la douleur. Je vais à l'instant essuyer de mon mieux et le plus doucement possible,

Essuyer le visage en feu de mon divin Maître, de mon Christ, du fils de Dieu, mon Créateur, avec ce voile de fine toile.

(*Abordant Jésus.*)

Ah! doux Jésus, créateur du monde, que d'angoisses et de douleurs vous endurez sur cette terre!

JÉSUS.

Filles de Jérusalem, ne pleurez pas ici sur moi, mais pleurez sur vous-mêmes, car le temps viendra bientôt où vous gémirez durement, croyez-moi, et où l'on vous verra avec des visages défaits.

GAMALIEL.

Vrai fils de Dieu, Roi des cieux rayonnants, vous qui êtes né, vous qui vous êtes fait homme pour porter l'angoisse et la peine de la race humaine, afin de l'arracher à l'abîme et de la racheter, comme je le crois et l'affirme,

Jamais supplice pareil à celui qu'on vous a préparé a-

Me ya oar an lech da serchaf
Pix mar tizaf, an guelhaf cher,

E facc divin a luminer,
Dam Maestr, Christ, mab Doe, ma
Seder gant an couricher man. [croer,
Ach ! Jesu glan, croer an bet,
Seul a anquen hac a penet
A gousafvet oar an betman!

JESUS.

Merchet Hierusalem breman
Na goelet tam oar an draman,
Oar ho cas hoz unan doanyet,

Rac en berr flam ez duy ann amser
Max goelhet calet, credet sclaer,
Ha ma oux guelher drouc cheret.

GAMALIEL.

Guyr mab Doe, roen nefvou luuen,
So duet en bet hac em graet den
Da doen hac ancquen ha penet
Eguyt ann abym [1] redimaf
Lignex humen, hac ho prenaf,
Se a credaf, nen nachaf quet,

Ha seul a glachar preparet
So deoch dreist pep den ordrenet ?

[1] Var. Euyt a'n abym.

t-il été ordonné pour personne? Comme on vous traite durement! que de tourments et que d'ennuis! que de douleurs, ô Seigneur Dieu! Et vous êtes le Maître, le Roi, le Créateur!

Cher Seigneur, Seigneur plein de bonté, vous montrez bien combien vous aimez l'homme, par la patience avec laquelle vous supportez les langueurs et les défaillances au prix desquelles est son salut.

MARIE (*accourant*).

Ah! malheureuse que je suis! Voyons, que se passe-t-il? Jean, lève-toi et dis-le-moi vite! Approche, parle : où est mon doux fils? Réponds-moi tout de suite ou je meurs; la douleur me tue; parle-moi donc de lui.

JEAN.

En vérité, ma Dame, il se rend au mont du Calvaire; il est condamné, j'en suis témoin; je l'ai vu lier pour être suspendu. Maintenant, si vous voulez le revoir encore une fois, hâtez vos pas, je vous prie, courez vite.

Ha peguen calet hoz treter!
Ha pebez oncquen hac enoe!
Ha pebez gloasou, Autrou Doe,
Ha huy Maestr, ha Roe, ha croer!

Quer Autrou, Autrou deboner,
Discuez a ret meurbet seder
Dre houz douzder[1], ez quemeret
Guyr carantez ouz lignez den,
Hervez an langour han sourpren
Ouz ho daspren a soutenet.

MARIA.

Ach! goa me! za, pebez[2] tra so?

Iahan, zav, ha lavar affo!
Distro, ha comps undro ouzif:
Medy ma mab huec? prezec scaf,
Pe gant fin glachar ez marvaf;
Comps anezaf da quentaf dif.

IAHANN.

Certes, ytron, edy[3] ouz monet
Da mont Calvar; men goar ef[4] bar-
[nel;
Aereet, da bout crouguet, me dest.
Mar fell dech glan breman en bet[5]
Dre nep hevel[6] nep quentel e guelet,
Hoz em hastet, moz pet, diredet prest.

---

[1] Var. Dre hoz doucder. — [2] Na pebez. — [3] Lege Ez edi.— [4] Lege Ez eu barnel.
— [5] Lege A breman oar an bet. — [6] Var. Heuel.

MARIE.

O mon cher fils au doux visage, ô fils de Dieu le Père, toi que le Saint-Esprit forma surnaturellement de mon sang, qu'avait Dieu le grand Roi pour permettre à la haine de te faire souffrir un pareil traitement et de pareilles indignités?

Ce n'est pas toi qui méritas de porter pour tous, petits et grands, la peine de la pomme de malheur mangée par l'homme; pour être sorti d'Adam, tu n'en es pas moins libre et pur et pleinement exempt de péché.

Que je suis accablée de fatigue et d'angoisse! Les paroles effrayantes que je viens d'entendre de toi passent froides à travers mon âme. O toi, mon souci éternel, joie des anges et vie de l'homme, comment peux-tu m'abandonner?

Hélas! Gabriel, grand archange, que me disais-tu donc que j'étais agréable à Dieu le Père, que j'étais bien-

---

MARIA.

Allas! ma mab quer a cher mat,
Dren Speret glan, mab Doe an tat,
Am goat a furmat dreist natur,
Petra voe da Doe, an Roe bras,
Gouzaf an chancc, han viltancc [1] las
A graer dit dre cas, a tra sur?

Ne voe quet te a dellezas
Doen [2] poan an bihan hac [3] an bras
Drenn aval glas a debras den;
Eguyt bout a Adam lamet,
Te so a se ha pep pechet

Cuyt, ha net, hac eximet plen.

Clevet flam da estlam am ben!
—Maz ouf scuiz stanc gant an anc-
A tremen yen dre ma enef;   [quen—
Ous da pridiry byshuyguen,
Joa ann [4] aelez, ha buhez den,
Penaux ez es plen diguenef?

Allas! Gabriel, archael bras,
Aperz Doen Tat te a gratas,
Ha dif a lavaras assur
Ezoann guenvidic, benniget,

---

1 *Var.* Vilancc. — 2 Doan. — 3 Nac. — 4 A'n.

heureuse, que j'étais bénie entre toutes les saintes femmes du monde, que j'étais pleine de grâces?

Au lieu de tout ce bien et de cette félicité, mille maux étranges vont m'envelopper; mon malheur est tel qu'il n'est personne au monde capable de supporter une pareille douleur!

O Juifs, chiens privés de raison, gens infâmes, remplis de vices et de malice, et aveuglés dans vos péchés, pourquoi venir ici parmi nous jeter l'effroi et souffler la tempête?

Et contre le Fils de Dieu le Père! lui si noble et si généreux, après tant de faveurs, de bienfaits, de miracles, d'œuvres signalées; après tout ce qu'il a fait pour les vôtres, sans aucun mérite de leur part; après vous avoir délivrés des chaînes de l'Égypte qui vous enlaçaient de tous côtés;

Après vous avoir ouvert un passage commode à tra-

Entrenn holl graguez glan an bet,
Leun ha carguet a melidur!

Eguyt pep mat ha pligiadur,
Cant mil estreun ha mal eur
So dif, a tra sur, mailluret;
Quement eu ma reux, nac [1] *eux den*
Entrenn holl re, a gallhe doen
E hevelep ancquen en bet!

Yuzevien, con diraesonet,
Carguet a vicc ha malicet,
Ha dallet en ho pechedou,

Petra cu dihuy, tut yffam,
Ober an tempest hann [2] *estlam*
A gret aman en hon metou?

Da mab Doen Tat! gouden madou,
Nobl, propicc, ha beneficzou,
An marvaillou han eufrou bras
A guerue douz re hep merit;
Ha pan oach a pep tu sugit [3]
A Égypt, en houz [4] *acuytas;*

Ha hoaz muy, eguyt hoz dihuz,
Ez guereu digor an mor ruz

[1] Var. Mac. — [2] Ha'n. — [3] Suget. — [4] Hoz.

vers la mer Rouge, pour vous tirer de captivité et vous sauver d'une froide mort; après vous avoir fait nourrir délicieusement, infirmes et valides, par Moïse, au désert, d'une manne fortifiante et saine.

O vous qu'il a délivrés, vous qu'il a protégés d'une manière tout exceptionnelle, vous à qui il a donné la Terre de Promission de préférence à tout autre peuple, ô Juifs, vous le mettez aujourd'hui très-cruellement à mort!

Et toi, Judas, quel sentiment d'envie t'a porté à trahir celui qui t'honora? celui qui, t'ayant formé de ses conseils, fit de toi son majordome, et t'éleva ainsi au-dessus de tous dans sa maison.

S'il fallait à toute force que tu le vendisses, ah! pourquoi ne pas me le vendre à moi, sans bruit? J'aurais pu, je crois, t'en donner un bon prix, sinon par moi-même, du moins à l'aide de ma famille.

Ma sœur *, ma plus aimée, allons voir, je vous en prie,

Doz lamet a luz, ha stuz yen;
Ha ho pascaf doucc, glas ha serz,
E grez Moyses en deserz
Gant an mann han nerz hep terzyen.

Breman, goude hoz disaeren,
En lequel peur garv dan marv yen!
Rac dreist pep den ouz soutenas,
Ha dihuy dreist pep nation
An Douar a Promission,
Yuzevyen a abandonas.

Na te, Juzas, pez fantasy
Oe dit traissaf dre afvy

An heny az glorifias?
Goude da lacat maestr a ty
Ha da gourren dreist pep heny
En e ty pan ez alias.

Mar doa ret en guerzse dre cas,
Perac na voe difme, allas!
En guerzsot a bras, hep noas quet,
Rac me a dlee, a credaf,
E caffout ouz pris fournissaf,
Da bianhaf dre nessafdet.

Deomp da guelet, pan oz pedaf,
Pebez dives a graer dezaf,

---

* Marie, mère de Jacques.

quelle fin on lui prépare; je veux mourir avec lui de la même mort, et à la même heure, et au même lieu.

Mon cœur est froid comme un glaçon; je fais mal à regarder en face; tout mon bonheur s'est évanoui; je perds ce qui faisait ma plus grande joie, ma seule joie, mon fils, mon espoir, mon époux!

En voilà trois qui marchent au supplice; viens, dis clairement, Jean, mon neveu, dis-moi, lequel est-ce?

JEAN.

C'est celui-ci, celui d'entre eux qui succombe sous le poids de cette lourde croix : il a été si défiguré par les coups que personne ne le reconnaît.

DRAGON (à Jésus).

Marchez! que l'on ne vous en prie, ou je vous surmènerai, sans discontinuer.

BRUYANT.

Marchez! marchez! Vite! Pas de regards de côté!

Ma hoer, muyhaf a caraf acc;
Max mirvif yves en des man
Dan un pret pan ay an bet man
Gant af en un poan oar an placc.

Ma calon certen so yen sclacc;
Goall e [1] guelet a plen en facc;
Ma holl soulacc so diffacet,
Pan a diguen eff a devry
An oll ma holl joa ne moa muy,
Ma mab, ma spy, ha ma priet!

Ouz monet [2] cruel me a guel try.
Deux, lavar splann, Iahan, ma ny,

Dif a devry, peheny eu?

IAHANN.

Entre ann re hont, hen hont eu
So scuix las ox doen an croas ten;
Quen cannet eu nen [3] ezneu den.

DRAGON.

Querzet [4]! na lest quet hox pidif;
Pe oux [5] pourmenif; ne grif quen.

BRUYANT.

Sus! sus! hastet! na sellet tro!

---

[1] Lege Am. — [2] Lege Mont. — [3] Var. Ne'n. — [4] Euezet. — [5] Hoz.

DANTART.

Attrapez à travers les jambes, vilain ! Il faut que vous alliez jusqu'au bout. Avancez !

GADIFFER.

Le voilà qui reste ici !

(*A Simon le Cyrénéen.*)

Çà ! brave homme, qui passez, approchez.

SIMON LE CYRÉNÉEN.

Pour quoi faire ?

DRAGON.

Pour prendre cette croix, vassal ; pour aider celui-ci qui n'en peut plus.

SIMON.

Moi ? excusez-moi ; je n'en ferai rien.

BRUYANT.

Vous n'en ferez rien ? Vous le ferez, ou je vous casse le nez.

SIMON.

Portez-la vous-même si vous voulez ; pour moi, je n'y toucherai point ; voilà la vérité.

DANTART.

Dalet a treux an quil, bilen !
Da crisquif certen hox penet !
Querzet !

GADIFFER.

Chetu heman aman manet !
Cxal ma den, quent ex tremenhet,
Distreit aman.

SYMON SYRENEUS.

Pe da tra allas ?

DRAGON.

Quemeret, hon goas [1]*, an croas man ;*
Sicouret heman so poanyet.

SYMON.

Me ?
Pardonit dif, ne douguif quet.

BRUYANT.

Ne reheut [2]*?*
Greheut [3]*, pe me totro hous fry.*

SYMON.

Ha huy, mar queret, douget hy ;
Ne squeif quet out y ; chetu so.

1 *Var.* Quemeret hu goas. — 2 Ne rehet. — 3 Gregeut.

BRUYANT.

Vilain, tu la porteras sur ton dos! la vérité, la voilà.
(*Il le frappe.*) En veux-tu encore?

SIMON.

Au meurtre!—C'est une monstrueuse infamie!

DANTART.

Voyons! voyons! marchez! faites votre besogne.

SIMON.

Ah! il faut donc que je la porte moi-même.—Hélas!

GADIFFER.

Oui, et à l'instant!

SIMON.

Donnez-moi alors le timon de la croix; si lourde
et si grande qu'elle soit, je la porterai sans me plaindre.
Hâtez-vous donc de m'en charger, que je la porte vers ce
haut lieu, hors de la ville.

(*On met la croix sur ses épaules.*)

Ouf! ouf! quelque fort que je sois, j'ai ici une lourde
charge; j'étais trop osé de la prendre; je ne pourrai ja-

BRUYANT.

Bylen [1] *! oar ho chouc huy he dougo!*
Chetu so. Na noz bezo choas?

SYMON.

A llas!
Se a ve yffamite bras!

DANTART.

Sus! sus! avancit [2] *; grit ho cas.*

SYMON.

Ha!
Querz en he douguif me. Allas!

GADIFFER.

Ya tizmat!

SYMON.

Reit dif oar se loman an croas;
Nac eu mar dispart, na mar bras,
Me dougo hep noas, a tra sclaer.
Racse a pret ham bezet hy,
Maz if espediant gant y
Dan lech uhel, en maes a quaer.

Ha! ha!
Nac ouf mar son, un bech pounher
Ameux anezy; re fier
Voe ma esper de quemeret;

---

[1] *Var.* Bizen. — [2] Auancyn.

mais porter ce fardeau jusqu'au but. Laissez - moi ici, car déjà je suis rendu.

DRAGON.

Allons, vilain; en avant! en avant!

SIMON.

Oh! je vais; mais si vous me frappez je ne pourrai plus avancer. Vous avez tort de me presser; accordez-moi un moment de repos, ou je reste ici sous mon faix. (*Il tombe.*)

Je m'évanouis, je n'en puis plus.

BRUYANT.

Debout! ou je vous coupe la face!

SCÈNE XII

LE TÉMOIN.

Au Calvaire, on le dépouilla sans égards devant tout le monde, et, après l'avoir couché sur la croix de bois, on le détira violemment;

Vetez ouz an knech an bech man
Ne dougaf tam; ma lest aman;
Rac a breman ezouf manet.

DRAGON.

Sus! sus! bylen, marchet! marchet!

SYMON.

O! chetu zo; mar em [1] *scohet*
Ne dahenn, na ne gallhenn quet;
Gou a ret mar em hastet huy;
Ma leset piz da discuizaf
Pe aman didan ez manaf.
Semplaf a graf, ne gallaf muy.

---

[1] *Var. Am.*

BRUYANT.

Troucet! pe me trocho ho fry!

XII

AN TEST.

En Calvar gardis,
Dirac an bedis
Ez voe divisquet,
Ha oar ann croas prenn
Goude e astenn
Ez voe quenn tennet;

8

Si violemment qu'on pouvait compter tous ses os sa-crés ; et, par un raffinement de cruauté et de haine, on l'attacha au bois à l'aide de deux, puis de trois clous.

Quand il y eut été attaché, au prix de grandes dou-leurs, on le remit debout lui et sa croix de bois, au mi-lieu de la place, pour mourir tout nu.

Sa chair une fois cuite au feu des tourments, on lui donna le coup de la mort, comme à un malfaiteur ou à un traître ; et personne ne le secourut.

✝

MALCHUS (à Jésus).

Enfin, nous voici rendus au Calvaire, où tout est prêt. Il faut maintenant que tout d'abord on vous dépouille ; ne résistez pas.

DANTART.

Oui, qu'on le mette absolument nu, qu'on ne lui laisse aucun vêtement.

Sclaer maz niveret
E esquern sacret;
Dre crueldet bras
Hac y dre afvy,
Gant tachou dou, try,
En hy en gryas.

Pan edoa gryet,
Hac ef e penet,
·Ez voe savet hoaz,
Ef hac e croas prenn,
E creis an tachenn,
Da mervell en noaz.

E quic ayoa poaz
Gant poan hac anoaz;

Hac y en laxas
Evel meffetour,
Pe un traytour;
Gour nen [1] sicouras.

✝

MALCHUS.

Orczal chetu ny arriuet
En Calvar, en lech preparet;
Breman ex fell, na rebellet.
Ex vech diguysquet [2] da quentaf.

DANTART.

Ya! noaz pill, hep barr dillat,
Na leset a nep hat gant af.

---

[1] *Var.* Ne'n — [2] Diuisquet.

GADIFFER.

Qu'on l'étende immédiatement sur le bois de la croix;
qu'on le saisisse pour cela.

DRAGON.

Le voilà couché ici tout de son long; attendez un moment.

BRUYANT.

Quoi qu'il entende et quoi qu'il voie, il ne résiste pas;
je ne sais vraiment ce qu'il pense.

MALCHUS (*à Jésus*).

Il faut maintenant que sans retard on vous attache
par les membres.

(*Aux exécuteurs.*)

Avons-nous tous nos instruments?

DANTART.

Que faut-il?

MALCHUS.

Un fort marteau et des clous.

GADIFFER.

Nous avons tous nos outils. Commençons par clouer
ses mains.

GADIFFER.
Oar ann croas prenn e astenn scaf;
Creguet enn haf da quentaf glan.

DRAGON.
Gourvezet a het cam aman;
Ret eu breman ez eanhet [1].

BRUYANT.
Pe cleu, pe guel, ne rebel quet;
Ne oun en bet pez a preder.

MALCHUS.
Ret eu breman, na ehannet,

Drenn ysily ez vech gryet.
A ny onneux oll hon mecherou?

DANTART.
Petra a fell [2]?

MALCHUS.
Un morsol outraig, ha tachou.

GADIFFER.
Oll onneux ny hon binhuyou.
E dou dorn griomp gant tachou.

---

1 *Var.* Ehanech. — 2 A feel.

DRAGON.

Voici de grands clous.

MALCHUS.

Enfonce à travers l'os de la main. Bien! si elle se détache, je veux perdre un œil.

BRUYANT.

Voyons, à l'autre!

DANTART.

Elle n'arrive pas.

GADIFFER.

Attachez-y une corde et tirez le bras en avant; pas de pitié; il ne faudrait pas percer un autre trou.

DRAGON.

Allons, mettons-nous-y tous et tirons ensemble, puisqu'il se contracte.

BRUYANT.

Courage! tirez fort! c'est bien! nous y voilà! Maintenant, un clou et un bon coup de marteau.

DANTART.

C'est fait. Descendons aux [pieds, clouons-les aussi.

DRAGON.
Chetu taig bras.

MALCHUS.
Sco drenn ascorn.
Me menn, mar retorn, bout bornet.

BRUYANT.
Cza! de guile!

DANTART.
Ne tiz he quet.

GADIFFER.
Staguet un cordenn, ha tennet

Gueneoch oar e brech; na nechet;
Ne falhe quet ez chenchet toull.

DRAGON.
Sachomp oarse a un youll
Oar nezaf oll, pan eu rollet.

BRUYANT.
Sus! tennet cref! chetu ef duet!
Bezet gryet ha staguet mat.

DANTART.
Orcza! deomp dan tnou dan nou troat;
Eguyt ho gryat en stat man.

MALCHUS.

Quel imbécile a fait ce trou? Il est trop éloigné d'un pied; ils n'y arrivent pas.

GADIFFER.

La corde! Attachez et tirez!

DRAGON.

Ils n'y arrivent pas plus pour cela, et voilà ses deux bras disloqués.

BRUYANT.

Ne craignez rien. Mettez ses pieds l'un sur l'autre, et tirez roidement sur la corde. Courage! courage! tirez bien! ne lâchez pas!

MALCHUS.

Encore un peu!

DANTART.

Il s'en faut d'un grand pouce! .....Voyons, remettez ses pieds l'un sur l'autre à se croiser, et prenez ce clou énorme qui le percerait jusqu'au foie.

MALCHUS.
Piou voen foll a gueure an toull man?
Un troatet aman so manet;
Nen tiz hent quet.

GADIFFER.
Staguet an cordenn! ha tennet!

DRAGON.
Eguyt se ne arrifhe quet [1];
Chetu e dieu brech dilechyet,

BRUYANT.
Nep aoun! . . . [he troet] [2]

An eil oar eguile lequet,
Ha tenn oar an cordenn tennet.
Sus! sus! sachet! na fellet pas!

MALCHUS.
Hoaz un nebeut!

DANTART.
Treux un meut bras!
[3] . . . .Ha lequet [4] [choas]. . . .
E treit penn oar penn a en croas;
Ha chetu outraig un taig [5] bras
Bede ann elas de glasaf.

---

[1] *Var.* Cuyt se ne arrif he quet. — [2] Je supplée un mot que la rime indique d'ailleurs suffisamment. — [3] Il manque encore ici la moitié d'un vers. — [4] *Var.* Laquet.— [5] Un traig.

GADIFFER.

Donnez donc, et je vais l'enfoncer si avant à coups de marteau, qu'il ne pourra plus bouger. (*Il frappe.*)

DRAGON.

Maintenant, il est bien attaché; sa peau est si tendue qu'on peut compter, en vérité, et que vous voyez chacun de ses os.

BRUYANT.

Qu'on l'élève sans retard, lui et sa croix, pour son châtiment, puisque le voilà crucifié.

PILATE.

Voici une tablette blanche et polie où l'on a écrit en trois langues, comme il convient, ce qui regarde Jésus : attachez-la au-dessus de sa tête, sans différer.

LE VALET DE PILATE.

Je vais l'attacher tout de suite, si vous me traitez bien.

LES JUIFS.

Illustre Pilate, n'écris point, contre notre gré, *Roi des Juifs* en aucune manière, mais écris la vérité, à savoir, qu'il se dit roi des Juifs, ce qui ne peut se soutenir, ce

GADIFFER.

Reit ef aman da bihanhaf,
Ha men scoy crenn quen tennenn haf[1]*,*
Na gallo en scaf flachaf quet.

DRAGON.

Breman ex eu devry gryet;
E crochenn so quen astennet
Max guell bout contet, hep quet sy,
A chuy guel e holl ysily.

BRUYANT.

Bexet savet, na tardet muy,
Ef e croas, da gousaf casty,
Pan eu enn hy crucifflet.

PYLAT.

Chetu un taulen crenn ha net
Pe en heny ex eu scryvet
Un teir divisat competant
A fet Jesus, hep quet a sy,
A dioux e penn ex staguet hy,
Hep dale muy espediant.

SERVICHER PYLAT.

Me e stago tizmat batant
Suramant, mar em contantet.

AN YUZEVYEN.

Pylat bras, a strif na crif quet
Roe'n Yuzevyen a tra en bet,
Hoguen scrif affet hep quet sy

---

[1] L'édition de 1530 présentant ici une nouvelle lacune de cinquante-trois vers, je suis l'autre.

qui est une prétention aussi mal fondée que déraison-
nable, et une indignité.

PILATE.

Ce que j'ai écrit restera toujours écrit : je n'ai pas une
tête qui tourne à tout vent. L'inscription demeurera
donc ici telle qu'elle est, malgré vos observations à tous.

JÉSUS.

Aimable, cher et très-saint Père, pardonnez, je vous
prie, leur action à ces hommes, quoiqu'ils me haïssent
amèrement; oui, hâtez-vous d'agréer ma demande, car
ils ne savent pas ce qu'ils font.

SCÈNE XIII

LE TÉMOIN.

Étant en croix, le larron le pria, et il lui pardonna.

Suspendu par les bras, accablé d'angoisse et de douleur, il eut soif;

Mais il ne but point.

Ez lavar bezout, hep souten,
Dre un drouc port ha disordren,
Roe'n Iuzevyen, gant vileny.

PYLAT.

An pez ameux hastif scrivet
Evel se a chommo pepret ;
En effet ne douf quet hedro;
Hac en guyr fet, an despet glan
Dichuy comun guytibunan,
En stat man aman ez mano.

JESUS.

Ma quer Tat, hegarat man glan,
Mox pet, pardonet an fet man
Dan re man breman heman gret,

Non obstant diblas em casont;
Ach! ma requet receuet pront;
Rac na gousont pez a greont quet.

XIII

AN TEST.

Pan edo en croas,
An lazr en pedas,
A pardonas net.
Oar poes e diou brech,
En ancquen ha nech,
Ma en devoe sechet;

Ha ne efvas quet.

Puis, quand l'heure vint, il pria son Père pour chacun de ceux qui, par haine, le crucifièrent.

A Marie, sa mère bien-aimée, il donna Jean, son neveu, pour qu'il la gardât et devînt son fils ; et il la lui donna à lui-même pour mère bénie,

Car toujours il l'avait aimé tendrement. C'est pourquoi il le pria d'avoir bien soin de la Vierge sans tache dans le grand deuil où il la laissait.

✝

JÉSUS.

Femme, voici Jean, ton neveu ; je te le donne pour fils et pour protecteur ; il a été bien bon pour moi.

Jean, je te la donne pour tendre mère ; demeure avec elle et aie bien soin d'elle.

LE MAUVAIS LARRON (à Jésus).

Maintenant, montre ta vertu, montre que tu es puissant et que tu as du cœur ; ne trompe plus le monde. Si

---

Goude pan voe pret,
E tat a pedas
Evyt pep heny
Ha nep dre afvy
En crucifflas.

De quer mam Mary,
Da bout map dezy,
Euyt he miret,
Ez roas Iahan he ny;
Hac en roas hy
Da mam benniguet

Dezaf; rac pepret
En caras parfet [1];
Dre se en pedas

A miret e mam
Ayoa, hep nep blam,
En un estlam bras.

✝

JÉSUS.

Grec, chede splann Iahann, da ny;
Men re [2] dit da mab en abry;
Eguyt douf. hep sy, gracius;
Iahan, ha dide me ro hy [3]
Da bout dit mam mat; chom gant y,
Ha bez anezy curius.

AN LAZR CLEYZ,

Breman discuez bout vertuzus,
Mar dout en nep rout galloudus,
Ha couraigius, na abus muy.

---

[1] Avec ce vers cesse la lacune de l'édition de 1530, et je reviens à elle. — [2] Var. Men ro. — [3] Me ro hy.

tu es le Fils de Dieu, trouve le moyen de descendre de ta croix; tire-toi de peine et nous avec toi.

LE BON LARRON.

Tais-toi; laisse-le; ne le blasphème plus. Lui, il ne mérita jamais d'être puni; mais nous, par notre méchanceté, nous avons mérité des hommes qu'ils nous fissent souffrir ainsi toutes sortes de maux, d'ennuis et de douleurs.

Seigneur, archange de sainteté, quand vous serez dans votre Royaume, pensez avec bonté au misérable qui vous parle ici. Après votre supplice, ô Sauveur du monde, ayez pitié de moi, quand mon esprit s'en ira d'ici-bas.

JÉSUS.

Je te l'annonce : purifié par mes mérites, tu seras, toi aussi, en vérité, avec moi aujourd'hui au nombre des miens, en Paradis, dans mon sein, libre de toute langueur et de toute torture, dans une félicité parfaite.

LE MAUVAIS LARRON.

Tu n'es qu'un sot et qu'un bavard! Est-ce qu'il

Mar dout Mab da Doe, caph moean
Ha disquenn lem rac drem breman;
Da em lam a poan te ha ny.

AN LAZR DEHOU.

Tav; les ef; na blasfem ef muy.
Byscoaz ne dellezas casty;
Hoguen ny dre hon drouguyez
Onneuz dellezet en bet man
Bezaf en languys en guys man,
Ha poan, ha doan, ha bihanez.

Autrou, pennael a santelaez,
Pan vizy ez roantelaez,
Dre da madelaez, an quaez man

Couf; ha trugarez haz vezet,
Goude da poan, salver an bet,
Pan ay ma speret an bet man.

JESUS.

Men lavar dit : em merit glan,
Ez vizy yvez en dez man
Guen ef, dit men bry, em nifver,
En baradoes, em gres, esant
A pep [1] langour hac a tourmant,
En joa excellant hac antier.

AN LAZR CLEYZ.

Te so diot mat ha flater!
Mennat ez galhe, ent seder [2],

---

[1] *Var.* A nep. — [2] En seder.

pourrait songer, vraiment, à faire en ta faveur quelque grand miracle? Il ne vient pas à ton aide, à cette heure! N'est-il pas en train lui-même de mourir de douleur sur le bois de sa croix?

JÉSUS.

Mon Dieu, mon Père bien-aimé, ah! pourquoi m'avez-vous abandonné? pourquoi suis-je condamné à souffrir un si cruel tourment? Jamais langueur ni défaillance pareilles aux miennes! Non, jamais personne ne vit d'aussi amères, d'aussi grandes douleurs!

LES CHEVALIERS.

Si tu es le Fils du Dieu qui nous créa, comme tu le dis, c'est grande honte à toi de rester là, en danger de mort. Descends de ta croix devant tous; montre ta force; fais un miracle, et nous t'acclamerons en chœur.

JÉSUS.

Une grande soif me tourmente; je désire ardemment conduire tous les hommes à la joie, à l'asile bienheureux du Paradis, au saint repos; telle est ma soif perpétuelle, et tout mon souci depuis que je suis né.

Ober ez quefver myster bras?
Na da sicour quet en pret man!
Nac ef en fortun e hunan
Oz mervell gant poan en langroas?

JESUS.

Ma Doe, ma Tat a grat, pe dre atret
Ach! exouf me guenede dileset,
Da gouzaf quet quen calet penet man!
Biscoas anquen na sourpren [e] quen
            [glas,
Par dam heny, hep sy, na quen di-
            [blas!
Den ne guelas nep pas e quen bras
            [poan!

AN MARCHYEN.

Mar dout mab da Doe on croeas,
Dren leverez, ex eu mes bras
Dide, en poan las chom va se;
Disquenn breman dirac en tut;
Discuez ez eux nerz, gra berzut;
Neuse gant brut ny az salvthe.

JESUS.

Sechet cref am gref quen devry
Gunt hoant da ren den pep heny
Dan joa han abry benniguet
An barados, dan repos glan;
Se eu[1] pepret an sechet man,
Ham holl poan a pan ouf ganet.

---

1 Var. Eo.

LES CHVALIERS.

Ce Jésus est presque rendu; je l'entends là-haut qui crie la soif; il faut que nous y veillions tous de près, car certainement la fièvre le dévore; il faut que nous lui donnions tout de suite quelque breuvage fort à boire.

DANTART.

J'ai ici une liqueur, faite, je crois, avec du vinaigre, de la myrrhe et du fiel; je vais lui en donner à goûter tout de suite dans cette éponge.

(*A Jésus.*)

Tenez, Jésus; ne détournez pas les lèvres; buvez; point de refus.

SCÈNE XIV

LE TÉMOIN.

Il dit sept paroles mémorables du haut de sa croix de bois, le Sauveur du monde.

Quand il eut achevé d'accomplir tout ce qui était écrit de lui,

---

AN MAREHYEN.

An Jesus man so hogos manet;
Men cleu dan knech oux clem sechet;
Ret eu deomp gueauret [1] sellet scaf;
Rac tisyc yen certen en gref,
Reif rez dezaf, hep bezaf bref,
A un bevraig cref da esvaf.

DANTART.

Me meux un braouhet, a credaf,
Guin aegr, myr, vestl da molestaf,
Eguyt reif dezaf da tafha
Gant an spoing man breman an pret.

Dalet, Jesu, na arguet;
Efuyt, na refusit netra.

XIV

AN TEST.

Ef a [2] lavaras
Seix guer a poes bras,
En creis an croas prenn,
Pan oa achiuet
Gant Salver an bet
An pex so scryvet;

---

1 Var. Guevret. — 2 Max.

Et quand il eut fait sa prière, inclinant la tête, il recommanda son âme blanche et pure à son doux et aimable Père. Puis il rendit l'esprit sur la montagne du Calvaire.

Aussitôt qu'il mourut, les rochers se fendirent, et la sainte et vaste terre trembla jusqu'en ses fondements, si fort que tous les hommes de ce monde en furent surpris et très-émerveillés.

Après sa mort, quelqu'un le frappa d'un coup de lance; et il versa sur notre froide terre, jusqu'à la dernière goutte, le sang qui nous racheta.

✝

JÉSUS.

On va voir maintenant ma vie s'écouler rapidement; on va voir bientôt les Écritures complétement vérifiées, et toutes les prophéties qui me regardent accomplies en ce monde.

Ha graet e peden;
E speret net guenn,
Oux stouet e penn,
A gourchemennas
De Tat huec, hegar.
En menez Calvar,
Quentiz ez marvas.

Evel maz marvas,
An mein a fraillas,
Han douar bras glan
A crenas affet,
Maz voe souzanet
Ha quen marvaillet
Holl tut an bet man.

Goude en scoas unan
Gant un goa; aman
Bannech ne manas
Na scuillas a plen
Oar an douar yen
An goat on prenas.

✝

JÉSUS.

Breman gant fest ez arhuestet [1]
Am buhez an fin terminet;
En berr respet a guelhet glan
Han Scritur assur apuret,
Han [2] *holl profecy achiuet,*
So ahanof scryvet en bet man.

[1] *Var.* Arrvestet. — [2] Ha'n.

GADIFFER.

Mes amis, j'ai partagé en quatre lots les habits des voleurs, entre chacun de nous, et croyez bien que ces lots sont égaux; mais voici la robe de Jésus qui est faite, ce semble, sans aucune couture; laissez-la entière, je vous prie.

DRAGON.

Alors, il faut tirer au sort pour savoir qui la gagnera.

BRUYANT.

C'est convenable; jouons-la donc. Avons-nous ce qu'il faut pour cela?

DANTART.

Oui, des dés; j'en ai un jeu.....

GADIFFER.

Bien! nous n'avons pas besoin de deux. .....Commençons donc.

DRAGON.

Celui qui amènera le plus de points en jetant les dés, celui-là gagnera loyalement, sans discussion fâcheuse.

GADIFFER.

Dillat an lazron, mignonet,
En peder rann ameux rannet
Entromp gueavret, ha credet plen;
Hogu-n sae Jesu chetu hy
So graet hevelep, hep nep gry;
Moz pet huy, lysit hy dien.

DRAGON.

Ret eu teureul sort, dre ordren,
Da gouzout certen pe heny
He gounezo.

BRUYANT.

Ne fallo muy;

Rac se deomp hep mar da hoary [1]
Oar nezy; medy an binhuyou?

DANTART.

Hoary propicc eu an diczou;
Memeux unan. . . . . . .

GADIFFER.

Quement a gray unan ha dou [2].
. . . . Dinoe dezrou.

DRAGON.

An brassa nifver, hep guer gou [3],
A poentou diczou, en loven
A gounezo.

---

[1] Var. Choary. — [2] Daou. — [3] Gaou.

9

BRUYANT.

C'est convenu. Es-tu bon joueur? Allons, commence.

DANTART.

Hélas! non. Il est bien douteux que je gagne la partie.

(*Jetant les dés.*)

Aïe! je suis battu! je n'ai que trois points!

GADIFFER (*jouant*).

Oui, trois à toi, et quatre à moi!

DRAGON (*à Bruyant*).

......A nous deux, maintenant!

(*Amenant quatre points.*)

Pair à pair!

BRUYANT (*à Dragon*).

Fais un coup de trou.

DANTART (*jetant de nouveau les dés*).

Cinq à moi!

GADIFFER.

J'amènerais pair cinq fois moi-même plutôt que de me voir enlever la robe par vous!

BRUYANT.

Ne veso quen.
Ha te so souveren enn art?
Dezrou an cas.

DANTART.

Allas! hasart
Maz gounezif start an party :
Ay! allas! nemeux nemet try!

GADIFFER.

Ha genty de [1]! ha me pevar!

DRAGON.

. . . . . . Ema an hoary
Entre me ha huy.— Ha ny squemp!

BRUYANT.

Gra un taul treux [2].

DANTART.

Hac emeux pemp

GADIFFER.

Me a.rethe [3] squemp en pemp lech
Quent nen lamhenn plen diguen ech.
Orcza! sellyt hu, chetu huech!

---

[1] *Lege* **Hag** int d'i-de! — [2] *Var.* Creux. — [3] *Me* arethe.

(*Jouant.*)

Bravo! voyez! en voilà six! Vous êtes battu. Si vous contestiez, vous feriez mal, car c'est de franc jeu que je gagne.

DRAGON.

Me voilà donc battu, moi aussi! Que le ciel vous confonde et vous mette en morceaux!

†

JÉSUS (*mourant*).

Créateur du monde, très-saint Père, vous que j'ai toujours aimé plus que moi-même, recevez, je vous prie, mon âme entre vos mains sacrées.

LE CENTURION (*voyant la terre trembler*).

J'en atteste le ciel, cet homme s'est montré par toutes ses œuvres, et il se montre encore, n'en doutez nullement, fils du Dieu qui a créé les cieux, les anges et l'homme, le soleil, la lune et la terre immense.

Ne voyez-vous pas quels signes arrivent parmi nous? et dans les éléments, quels signes extraordinaires! Ne voyez-vous pas ce que fait la Nature? et quelle est sa

---

Collet a certen eu guen ech.
Mar debatech ez grahech gou,
Rac dre guyr hoary men biou [1] *!*

DRAGON.

En se on grefvet entre dou [2] *!*
En badou [3] *ra vech darnouet* [4] *!*

†

JESUS.

Ez dou dorn glan, Croer an bet,
Ma Tat sant antier, ma speret
A caras pepret muy eguet af,
Gant pedenn a gourchemennaf.

CENTURIO.

An den man, certen, me en toe,
Ayoa, hep quen tra, hac a voe,
Ha so map da Doe a croeas
An nef affet, na lequet mar,
An aelez ha den, me en goar,
An heaul, han loar, han douar bras.

Pe huy na guel pebez synou [5]
So hoarvezet en hon metou?
An elementou, traou bras!
Na pebez tra a gra Natur?,

---

[1] Var. Me'n biaou. — [2] Daou. — [3] Badaou. — [4] Darnaouet. — [5] Synaou.

douleur ? et n'entendez-vous pas ses cris, les cris sans mesure qu'elle jette en faveur de son Créateur?

Le monde, je crois, se dissout; la terre a tremblé jusqu'en ses fondements; les rochers se sont fendus d'eux-mêmes; voilà les ténèbres qui s'étendent partout; le soleil a perdu son éclat; ni lune, ni étoiles ne brillent.

LONGIN (*l'aveugle*).

Élevez droit ma lance aiguë et mince jusqu'à la hauteur de son sein, que je le frappe au cœur ou auprès, roidement. J'atteindrai au moins, je pense, la poitrine, et vous verrez bien,—car il en est temps,—s'il vit encore ou s'il est mort.

(*Il pousse sa lance; le sang jaillit et lui inonde le visage.*)

Voici un miracle sans pareil! Il vient de me rendre la vue! Ah! malheureux forcené que je suis! j'ai péché envers lui! mais dès ce moment je crois en lui.

Na pez glachar ? na goa, mar sur,
Dreist musur, da nep he furmas?

Me cret an bet eshemdetaill [1];
Crenet en douar disparaill;
Han mean dre marvaill so fraillet;
Duet eu general tevalder;
Gant ann heaul collet e sciaerder;
Na loar ne gueler na steret.

LONGINUS.

Sevet ma goaf en e saf sonn,

So lem ha moan, didan e bronn,
Ha men scoy en calon gronnet;
Pe tost, en he gres, am deseu,
Ha querz ez guelhet, rac pret eu,
Pe ef so beu pe nac eu quet.

Chetu marvaill nomparailhaf [2]!
Rac ma guelet an pret quenlaf
So roet ent scanf [3] gant af dif;
Allas! am goall! me so fallet
En e quefver, disemperet!
Hac enn haf pepret ez credif.

---

[1] *Var.* En em detaill. — [2] Nomparaill baf. — [3] Scaf.

Oui, je le proclamerai Dieu, et je le prierai de toutes mes forces, tant que je vivrai, sans me lasser jamais, je le prierai de me pardonner de bon cœur, dans sa miséricorde infinie. Hélas! que ne puis-je le sauver!

†

MARIE (*au pied de la croix*).

O croix rude, mortelle, déshonorante, infâme; ô exil et tourment de l'homme condamné à mort, pourquoi, contre toute loi et tout droit, pourquoi porter un fruit qui ne t'appartient pas?

Un fruit exquis dont, vierge toujours pure, j'ai donné la fleur? Tu ne devais pas le porter sur ton sein; il ne devait pas être suspendu à toi, celui que le péché n'a jamais chargé ni rendu digne de blâme.

Quoique je fusse sa mère, il n'avait rien de commun avec Adam, en ce qui regarde le morceau reproché; car dans mon sein pur et virginal, il fut formé, pur aussi, de mon sang, contre toutes les lois naturelles.

Hac evel Doe hen avocif,
Hac a glan coudet [1] en pedif,
Her dre bevif, ne fillif pret,
A guyr calon dam pardonaf
Dren meur trugarez anezaf;
Rac amantaf ne gallaf quet [1]

†

MARIA.

Croas garv, marvel, criminel, fell;
Da den estrenva ha travell
A dle mervell dre e dellit,
Perac exux [2] te quemeret,
Hep abec pur nac usurpet,

An froux nac eu quet dleet dit?

An froex courtes ha me guerches
Ameux ganet flour hep exces?
E doen [3] ez yres ne dlehes tam,
Bout en ode ne dlehe quet
An heny dre bech a pechet
Nen [4] deveux quet dellezet blam.

Eguyt ma bezaf me e mam,
Ne dlee netra da Adam
Touchant an tam maz roe blamet,
Rac em corff a guerchdet net pur
E maes ann holl stat a natur,
Am goat mat pur ez voe furmet.

---

1 *Var.* Caoudet. — 2 Ez eux. — 3 E douen. — 4 Ne'n.

Hélas! pourquoi, lui, l'innocence même, est-il attaché à toi, ô croix? Et comment a-t-il pu ne pas avoir une horreur invincible pour toi, qui n'offres rien,

Rien que d'exécrable et de vil, rien que tourments, martyre, gémissements et honte, partage des criminels infâmes, dignes de mort et indignes d'égards!

Et pourquoi encore fallait-il que tu donnasses la mort à celui qui donne la vie, à celui qui doit ressusciter après avoir souffert le dernier supplice? Pourquoi as-tu pris dans tes bras la Sainteté, la Bonté même, épouvantée de s'y trouver en compagnie de tous les vices?

O ingratitude! en retour de ses bienfaits, on a accablé l'Agneau sans tache de peines, d'ennuis et de tourments; en retour de sa charité et de sa bonne foi, les traits de l'envie et de la haine ont percé le vrai Fils de Dieu, Père de la Nature.

Allas! perac ex eu staguet
En croas nep na dellezas quet
A tra en bet, ne deux quet dout?
Na petra voe dezaf affet
Na quemeras orreur meurbet
En ot [1], *consideret ned out*

Nemet cas, lastez, hac ex out
Jayn ha martyr ha hirvout
Ha mez, e pep [2] *rout, deboutet*
Dan re criminel dimelit,
A dle mervell dre ho dellit
Ha dre merit disheritet!

Na perac hoaz [3] *voe dit lazaf*
Nep a re buhez, ha bezaf
Da bevaf goude gouzaf glan
An marv? Na quempret ex metou
Santelaez na madelaezou
Entren [4] *vicxou, leun a souzan?*

Dre bezout ingrat! en stat man,
Eguyt doucxder ex rester poan
Ha hirder ha doan dann oan purl
En lech carantez ha fez mat
Afvy ha cas, eguyt noassat
Da guyr mab Doen Tat a Natur·

---

1 *Var.* En or. — 2 Pet. — 3 Choaz. — 4 Entre'n.

Ah! Dieu, roi des astres, vous qui êtes juste! où sont-elles cachées les trois Dames, Justice, Raison et Vérité? Où s'est enfuie la loyauté, quand l'injustice opprime celui qui donne la lumière à tout?

Le mensonge a tant fait que la Vie et la Vérité trouvent partout la mort. Il me cause une telle frayeur que je ne sais plus ce que je fais : il faut souffrir; je ne puis autre chose.

(*Elle tombe.*)

SCÈNE XV

LE TÉMOIN.

Joseph n'eut rien de plus pressé que de se rendre hardiment d'Arimathie chez Pilate, pour réclamer avec instance le corps de notre Roi Jésus.

Il était profondément triste, et accompagné de ce Nicodème qui avait défendu le Sauveur.

Ach! Doe roe an styr [1] so guyryon!
Maz eu cuzet [2] an teyr ytron?
Justicc, Raeson ha Guyryones?
Na maz eu techet equite?
Pan eu pignet iniquite
Oar nep da pep re a re dez?

Graet eu quement gant falsentez [3]
Maz eu a pep tu an buhez
Ha guyrionez en divez yen;
Ma emeux quement esfreiz dreizaf
Na oun en nouar pez a graf :
Ret eu gouzaf; ne gallaf quen.

XV

AN TEST.

Joseph hep quen tra
Ab Arimathia
A yez, hep abus,
Da Pylat, gant pres,
Da mennat espres
Corff hon roe Jesus;

Ef pur morchedus,
Ha [4] Nichodemus
Nep hen excusas;

Var. Roe an tyr. — [2] Et. — [3] Fassentez. — [4] Na.

Avec beaucoup de peine et d'efforts, ils descendirent Jésus de la croix.

Quand le Fils de Dieu eut été descendu, il fut remis à la Vierge sainte, sa mère, qui, de langueur et de regrets, soyez en certains, s'était tout à fait épuisée,

—La chose est bien naturelle;—puis, comme il sied à une femme sage, elle enveloppa de bandelettes en toile fine son bon et digne fils, de la tête aux pieds.

†

JOSEPH.

Pilate, seigneur au cœur franc, toi que j'aime tendrement, comme tu le sais, je te prie de m'accorder une demande : donne-moi, par pitié, le corps de Jésus; qu'aujourd'hui, puisqu'il est mort, il me soit remis, grâce à toi.

PILATE.

Joseph d'Arimathie, je ne puis rien te refuser; tu

Gant trauaill ha poan
En disquensont glan
Emaes an langroas.

Pan oa disquennet
Mab Doe, ez vue roet
Dan guerchez net pur,
E mam estlamet,
Gant queux esteuzet
Meurbet, bezet sur,

—So tra a natur,—
Hac, evel grec fur,
Hy en mailluras,
Hac en lyen fin

He mab mat ha din
A anterinas.

†

JOSEPH.

Pylat, autrou a guyr coudet [1],
Ten goar, mez car dispar parfet:
Me az pet ro un requet dif :
Ro dif corff Jesu, dre truez;
En dez hizyu, en e divez,
Dre carantez ma en bezhif.

PYLAT.

Joseph ab Arimathia,
Nez refusif quet a netra

Var. Caoudet.

n'es pas un étranger pour moi, assurément, mais tu es, comme tu dis, mon meilleur ami ; je te le donne donc sur l'heure, il t'appartient ; fais-en ce que tu voudras.

JOSEPH.

Seigneur Pilate, je vous remercie infiniment de votre bienveillance et de votre extrême courtoisie, car, en m'exauçant, vous m'avez fait le plus grand plaisir. Vous ne pourriez pas m'en faire davantage.

†

NICODÈME.

Joseph, je vous souhaite le bonjour. Dites-moi, je vous prie, sans retard, s'il ne vous déplaît, d'où vous venez.

JOSEPH.

De chez Pilate.

NICODÈME.

Qu'y êtes-vous allé faire ?

JOSEPH.

Lui demander le corps de Jésus afin de l'enterrer, et il me l'a donné de bon gré.

Dre estrenva, na laca sy,
Rac mazout, ten goar, ma car quer;
Men re dit seant, hac antier,
Da ober an pez a quiry.

JOSEPH.
Provost Pylat, oux grat mat huy [1],
Ent espres, hac ox courtesy
Parfet detry, ox graciaf;
Rac mil pligiadur assuret
Oux ma syntif, oxeux dif graet.
Ne galsech [2] quet ma muy hetaf.

†

NICHODEMUS.
Joseph,

Des mat oar hox penn a mennaf
Dif leveret, pan hox pedaf,
Hep arretaf, a guelhaf grat,
Peban duet huy?

JOSEPH.
A ty Pylat.

NICHODEMUS.
Na pe da [3] penn?

JOSEPH.
Eguyt mennat
Corff Jesus yvex da bexhat
Ha dif, a youll mat, en gratas.

---

1 Var. Ouz grat ha chuy. — 2 Ne galech. — 3 Na pe dan.

NICODÈME.

Hélas!

Jésus, le fils du Dieu qui nous créa, est donc mort de douleur en croix! Il faut donc que nous choisissions quelque part un petit tombeau honorable et selon sa condition, pour l'y transporter et l'y enterrer.

Je veux sans tarder aller secrètement avec vous le descendre de la croix : ainsi, partons vite et cherchons partout, nous qui pleurons, nous qui aimions notre bon Maître, quelque tombe particulière où il pourra être enterré.

JOSEPH.

J'ai une tombe nouvelle, creusée au milieu d'un joli clos de vigne, tout près du lieu où est Jésus; je veux que son corps pur et sans tache soit enterré là au plus tôt.

NICODÈME.

Que Dieu vous bénisse! Mais où trouverons-nous de la toile?

NICHODEMUS.

Allas!
Jésus, mab Doe nep hon croeas,
So marv yen gant ancquen en croas!
Rac se, allas! ez fell choasaf
Un lechic pennac de lacat
A ve onest hervez e stat
De bezhaf ha de translataf;

Monet secret hep arretaf
Guen eoch de disquenn a mennaf;
Rac se deomp scaf hep tardaf quet,
Ha sellomp un tu, dre truez

Hon maestr plesant, dre carantez,
En lech privez max ve bezhaet.

JOSEPH.

Me ameux un bez nevez graet
En creis un jardin popin net
Tost meurbei dan lech mazedy;
En haf ez mennaf quentaf pret
Ex vexo e corff hep torfet
Pur ha net bezhaet hep quet sy.

NICHODEMUS.

Bennos [1] Doe a pedaf dihuy!
Hoguen ma oafhymp ny lyen?

Var. Bennoz.

JOSEPH.

Ne vous préoccupez pas de cela, croyez-moi, j'en ai acheté suffisamment.

NICODÈME.

Hâtons-nous, avant que la nuit soit close, hâtons-nous d'aller faire notre commission.

JOSEPH.

Il est bon d'amener avec nous notre cher Gamaliel.

NICODÈME.

Oui, certes. Précisément le voici : je cours le chercher.

(Abordant Gamaliel.)

Gamaliel, venez avec nous pour descendre Jésus de la croïx où il est mort dans les douleurs, hélas! et dans des tortures atroces.

GAMALIEL.

Je vous suis à l'instant même.

JOSEPH.

Allons donc vite nous trois, et faisons bien notre besogne.

JOSEPH.

Nep aoun noz bezet, credet plen,
Me ameux aczecc lyen prenet.

NICHODEMUS.

Hastomp quent noz da bout closet;
Deomp apret en hon quaevridy.

JOSEPH.

Guell eu deomp ren plen guen eomp [ny]
Hon den quer ny Gamaliel.

NICHODEMUS.

Y a ve, certen. Me en guel;

Me ya de querchat mat ha hel.
Gamaliel, duet don heul ny
Da disquenn Jesus en un tas
So marv mic gant ancquen en croas,
Allas! ha gant diblas casty.

GAMALIEL.

Me yel oar en lech guen eoch huy.

JOSEPH.

Cza! oar se eomp pront, ny hon try,
Max labourhomp ny gracius.

SCÈNE XVI

LE TÉMOIN.

Quand le corps de Jésus eut été enseveli selon les rites, le bon Nicodème et Joseph allèrent l'enterrer avant le coucher du soleil.

Ils se hâtèrent de le porter avec tous les honneurs convenables et le déposèrent dans une belle tombe, propre et nouvelle, qu'ils fermèrent sur lui.

Après qu'il eut été enseveli et embaumé avec beaucoup de soin par ceux que nous avons nommés, et par les trois Maries, suivant la coutume ordinaire,

Alors, chacun s'en revint portant sa douleur.
Lui, il resta seul dans sa couche glorieuse, berceau de son peuple, jusqu'au jour de sa résurrection.

XVI

AN TEST.

Pan oa corff Jesus
Lienet dre us,
Nichodemus mat
Ha Joseph yvez
Quent abardahez
A yez de bezhat;

En dougas tizmat
Gant enor ha stat
Hac en translatas,
Hac en creis an bez
Cazr net a nevez

Y en anhezas.

Pan oa sebelyet
Hac oignamantet
Hac ordrenet glan
Gant an re hanvet
Hac en Mariet,
Diouz fet an bet man;

Neuse, pep unan,
A dougas e poan.
Hac Éf a manas
En bez a enor,
Adref e coscor,
Quen na daczorchas.

†

JOSEPH (*regardant la croix*).

Ah! cher fils de la Vierge, ô Jésus, notre unique et glorieux Seigneur, comme ils vous ont traité outrageusement!

NICODÈME.

Hélas!

Oui, ils vous ont traité indignement, ceux dont l'envie et la colère, sans que vous l'ayez mérité, vous ont fait étendre et mourir ainsi sur cette croix horrible.

GAMALIEL.

Il faudrait une grande échelle.

JOSEPH.

Ne craignez rien, j'en trouverai. En voici une longue là-bas.

Maintenant, un marteau et des tenailles!

GAMALIEL (*en apportant*).

Ceci, il va falloir s'en servir.

---

†

JOSEPH.

A! quer mab an Guerches, Jesus,
Hon maestr net, detry glorius,
Re outraigius oux accusas!

NICHODEMUS.

Allas! ya,
Hep nep dellit gant despit tenn
A lacas diblas hox astenn
Da mervell evelhenn en croas.

GAMALIEL.

Squeul a rancquer a manyer bras.

JOSEPH.

Nep aoun, me a cafo hon cas.
Chetu [1] unan bras vase.
Morzol a turques!

GAMALIEL.

An re se
A falhe labourat gant e.

---

1 *Lege* Sellit hu (forme archaïque). V. *supra.*, p. 148.

JOSEPH (*à Gamaliel*).

Vous, tenez bien l'échelle. Nous, à l'ouvrage pour le descendre.

GAMALIEL.

N'ayez pas peur, je la tiendrai bien, quoique je ne sois pas très-gaillard.

JOSEPH.

Montez devant, Nicodème, prenez respectueusement Jésus par le milieu de son très-précieux corps, prenez-le entre vos deux bras sans crainte, et je vais me mettre tout de suite à détacher les clous.

(*Arrachant un premier clou.*)

Que le malheur poursuive celui qui t'enfonça; que mille déplaisirs l'accablent!......

Quelque dur qu'il fût, le voilà arraché.

NICODÈME.

Noble Joseph, venez à l'autre, ne tardez pas.

JOSEPH (*après un nouvel effort*).

Ah! ah! voilà celui-ci pareillement tiré.

NICODÈME.

Soutenez avec moi le corps, de peur qu'il ne tombe,

JOSEPH.

Huy, dilchyt homan ahanenn;
Ha poanyomp de disquenn en net.

GAMALIEL.

Nep aoun me en dalcho pepret,
Non obstant ne douf quet hetus.

JOSEPH.

Pignet rac drem, Nichomedus,
Max crequet courtes en Jesus,
Dren corff precius dreist musur,
Entre hoz diou brech, hep nech quet;
Han tachou, pan ouf dezrouet,
Moz tenno apret, credet sur.

. . . . . Drouc avantur
Da nep ouz poulsas, a tra sur,
Ha mil displigiadur furmet!
Nag oa mar calet, tennet eu.

NICHODEMUS.

Joseph gentil, duet de guile;
Na daleet.

JOSEPH.

Aha!
Heman so yvez diffreet.

NICHODEMUS.

Dilchyt an corff, rac muy torfet
Na coeze quet, pan hoz pedaf.

je vous prie; il faut le traiter avec respect; déclouez vite les pieds.

JOSEPH.

Quel énorme clou est enfoncé dans ces deux pieds!... J'ai bien peur qu'il ne reste ici.

NICODÈME.

Il n'y restera point... Tirez fort; il ne peut résister à vos tenailles. Ferme! vivement! vous l'aurez!

JOSEPH.

Ah! ah! —Mon ami, je le sens qui vient à moi; le voilà, vraiment, venu dehors.

NICODÈME (à *Joseph, après qu'ils ont descendu le corps de la croix*).

Hélas! le voilà donc celui qui nous aima tant pendant qu'il vécut! le voilà qui n'est plus!

Il faut le remettre à sa très-sainte mère.

JOSEPH.

Ah! vierge Marie bénie, le corps de votre divin fils est descendu de la croix; asseyez-vous et prenez-le;

Gracius ex fell bout out af;
An treit dislaguet scaf affo.

JOSEPH.

An bet man en laig outraig so
En nou troat man! . . . . . .
Aoun ameux aman na mano.

NICHODEMUS.

Na gray quet; . . . . . .
Sachet calet, na fellet tro;
Cref! affo! hac oz bezo ef!

JOSEPH.

Aha! ma den, duet eu guen ef;
Men toue, dan nef chede ef teu.

NICHODEMUS.

Allas!
Ef on care her dre xoa beu!
Breman pa nac eu! Ez eu ret [1]
En rehomp de mam dinam net.

JOSEPH.

A! guerchez Mary benniguet,
Corff hoz mab guenn so disquennet,
Asezet, ha quemeret ef;

[1] *Var.* **Ez en pret.**

Étendez-le sur vos genoux. Aujourd'hui, avant qu'il soit mis au tombeau, visitez-le et l'ensevelissez.

MARIE.

Seigneur Dieu saint, créateur du ciel! quelle douleur, quels gémissements, quelles transes m'arrachent l'âme! Le voilà donc, tout déchiré, tout en lambeaux, des pieds à la tête, visage, corps, chair et peau, mon fils!

Ah! mon cher enfant, la bonté même; mon attente, douceur de ma vie; mon âme, tout mon bonheur, toute ma joie; mon cœur, mon espoir, mon consolateur, mon ami, et tout mon tourment!

Mon bien-aimé, ma beauté, mon souci, celui qui était à moi, celui qui était tout pour moi, et plus que tout! Ah! votre visage, tout votre corps, je veux le baiser partout où mes lèvres trouveront place; je veux soulager par tous les moyens ma douleur.

JOSEPH.

N'est-il pas temps, ma dame, que nous le portions et

Oar hoz barlenn ent [1] astennet;
Hizyo en dez, quent bout bezhael,
Visitet ha sebelyet ef.

MARIA.

Autrou Doe glan, croer ann nef,
Pebez ancquen so em enef,
Pebez lef ha pebez clefvet!
Ouz guelet glan an treit han penn
Corff ha visaig pep un tachenn
Oll quic ha crochen dispennet!

A! ma mab quer, deboner net;
Ma esper, douczder ma speret;

Ma coudet, ha ma holl deduy,
Ma joa special, ma calon,
Ma spi, ma consolation,
Ma mignon, ma holl melcony!

Ma quer, ma cher, ma pridiry,
Nep dif a ioa, na ne moa muy
A nep heny refection!
Do corff tro oar tro ha do facc
Ez afif her dre quifif spacc,
Eguyt soulacc en pep faeczon.

JOSEPH.

A ne ve pret deompny, ytron,
E doen da gourvez dan bez don?

[1] *Var.* En.

que nous le couchions au fond du tombeau? Oui, il est l'heure de s'y rendre; le soir vient. Hâtons-nous donc, ne restons pas ici plus longtemps, je vous en conjure humblement.

MARIE.

Hélas! puisqu'il le faut, partons, et que, selon les rites ordinaires, il soit étendu et renfermé dans le tombeau.

NICODÈME.

Allons donc, et faisons ce que nous voulons faire, car il est presque nuit.

JOSEPH (*après avoir enseveli Jésus*).

Le voilà couché dans le tombeau; fermons-en l'entrée tout de suite; il n'y a pas lieu de différer.

NICODÈME.

O Vierge, modèle de courtoisie, que la paix de Dieu soit avec vous toujours! Nous allons vous quitter, ma dame.

✝

LA MADELEINE.

Douce dame, vierge Marie, venez à Béthanie avec nous.

MARTHE.

Plaise à votre grâce de venir passer tout le temps de

Rac certes saeson eu monet ;
Abredahez eu anezy;
Rac se hastomp, na tardomp muy;
Deoch me suply humiliet.

MARIA.
Ach! deomp oarse, pan ez eu ret,
Max vezo en hez gourvezet,
Ordrenet ha dastumet clos.

NICHODEMUS.
Deomp oarse ha graeomp hon propos;
Rac chetu an nos hogos duet.

JOSEPH.
Chetu ef en bez gourvezet;

Closomp oar nezaf quenfaf pret;
Rac ne deux quet pe tardet muy.

NICHODEMUS.
Guerches, maestres a courtesy,
Peoch Doe pep tro ro bezo huy!
Vetez, ho lesomp ny, Itron.

AN MAGDALEN.
Itron clouar, Guerchez Mary,
Duet guen eomp glan da Bethany,

MARTHA.
Pliget gant hoz gracc afaeczon

votre deuil et de votre tristesse chez nous, dans notre vieille demeure. Vous y trouverez les consolations convenables. Suivez-nous donc.

Vous y resterez avec nous jusqu'à ce que vous entendiez annoncer l'heureuse nouvelle d'un événement qui doit certainement avoir lieu.

MARIE.

Madeleine, j'irai avec vous et avec Marthe aussi, j'y consens de grand cœur, et avec Jean, mon neveu, que nous emmènerons; j'irai porter ma peine à Béthanie, en attendant les bonnes nouvelles dont vous parlez et auxquelles vous croyez.

GABRIEL.

Chère vierge, ô Marie, bénie pour votre grand sens et votre patience, consolez-vous à l'heure qu'il est, car vous allez effectivement, dans peu de temps, ouïr des nouvelles qui vous réjouiront et vous tireront de toute angoisse.

GAMALIEL.

Cette Passion douloureuse que Jésus, le Sauveur du monde, vient de souffrir ici, je vais, je pense, mettre

Da tremen espres an saeson
Hoz eston ¹ ha hoz ² melcony
Don lech ha don ty ancien,
Don ³ em confort, en un ordren,
Manet breman plen guen eomp ny.

Eno guen eomp ni ez vihet
Quen na clevhet a effet plen
Entre dou quehezlou louen ⁴
An pez so certen ordrenet.

MARIA.
Magdalen,
Guen eoch ha Martha, me a cret,
Ives ezyf, ne fillif quet,
Dren lyvirit ha credit huy,

Ha Iahann, ma ny, guen eomp ny plen,
Da gourtoz quehezlou louen,
Da doen hon poan da Betany.

GABRIEL.
Quer Guerchez, Mary, benniguet
Dre squient ha paciantet,
Hoz em confortet an pret man;
Rac quehezlou oz gray louen
A clevhet ferm en ber termen
Doz disaeren oz ancquen glan.

GAMALIEL.
An faeczon an Passion man
A gouzaf diblas an pas man
Jesus, gant poan, Salver an bet.

¹ Var. Ho nech. — ² Hq. — ³ Do'n. — ⁴ Entredaou quehezlaou laouen.

toute ma peine pour en écrire le récit, telle qu'elle a eu lieu, sans vouloir tromper personne *.

†

CAÏPHE.

Venez ici, vous, Joseph d'Arimathie, et dites-moi franchement une chose : Qui vous a permis de descendre Jésus de la croix, et en outre de le mettre au tombeau? et qui vous a assisté dans cette opération?

Qui a donné nul ordre de le faire? Cet ordre, c'est à moi seul qu'il appartenait de le donner. Ainsi, vous êtes coupable, et votre corps, je vous le jure, pâtira pour votre crime.

JOSEPH.

C'est Pilate, ne vous déplaise, Pilate, le grand gouverneur, le chef des juges et l'homme sage, à qui j'ai demandé la permission de le descendre, et qui me l'a donnée; là-dessus, je l'ai descendu et l'ai mis au tombeau.

Je n'avais nulle intention, croyez-le bien, de vous

Me a laquay sirif de scrivaf
Evel ma zeu, a desevaf;
Na faziaf ne mennaf quet.

†

CAÏPHAS.

Duet aman, huy....
Joseph ab Arimathia;
Responlit dif sacxun un dra :
Piou so nac a yoa hoz goarant
Da disquenn hoz hunan an croas
Jesus, hac yvez huy en bezhas?
Na piou dan cas a voe assant?

Na piou a roas tam mandamant

Dan drase? rac ne doa seant
Hep hon consant aman antier;
En se ex ouch huy fazyet,
Hac en ho corff, dre hoz torfet,
En amantet, credet seder.

JOSEPH.

Digant Pylat, ne douf flater,
Nep so provost bras, a tra sclaer,
Principal barner, ha den fur,
Conge de disquenn me mennas;
Ha dif neuse enn autreas;
Men disquennas, en bezhas sur.

Ne ententenn quet, credet pur,
Ober nep stat displigiadur

---

* Allusion à la relation apocryphe de Gamaliel. (**Mss arabes** de la Bibliothèque impériale, n° 160.)

causer aucun déplaisir et de vous faire aucune injure en le descendant de la croix; j'ai fait cela par amour de la justice, et je l'ai enterré par le même sentiment.

ANNE.

A d'autres! et pas tant de paroles! Nous vous mettrons tout à l'heure si à l'étroit que vous apprendrez, je crois, que vous vous êtes trompé. Vous vous corrigerez, n'en doutez pas, car nous avons dessein de vous châtier.

NICODÈME.

Vous avez grand tort de le blâmer en quoi que ce soit, et de lui reprocher d'avoir fait une bonne action; c'est du dépit et de l'injustice; il n'a point mal agi en cela.

Mais vous, il faut que vous le sachiez, vous êtes si enlacés par le mal, si aveuglés dans vos péchés, si misérables, si maudits, qu'en vérité le crime que vous venez de commettre fait de vous des excommuniés.

Pas tant de bruit et de reproches, et de forfanterie et de mystères, et de choses extraordinaires et de paroles inu-

---

Dihuy sigur, nac injur quet,
Pan en disquennis; en gryis [1] me
Dre apetit a equite,
Hac en bezhis [2] me en effet.

ANNAS.

Nep aoun! nac seccet ho caquet!
Ny ho gray en berr quen enserret [3]
Ma asnavihet, a credaf,
Ezouch fallet; ha, credet huy,
En amantet, na lequet sy,
Rac ny a spy ho castizaf.

NICHODEMUS.

Gou en pep rout oz eux out af

En nep hent e reprehendaf,
Na tamall dezaf quentaf pret,
Dren despit ouz iniquite.
Rac ober eufr mat en stat se
Hac en dra se ne droucgrae quet.

Hoguen huy, ma en gouzvihet,
So en malicc quen torticet,
Quen dallet en hoz pechedou.
Quen reuseudic, quen milliguet,
Maz ouch huy excommuniet
Dre ho torfet graet, hep nep gou.

List ho trous ha ho gourdrousou,
Ha ho brut, ha ho burzudou,

---

[1] *Var.* Grys. — [2] Bizhis. — [3] Quen serret.

tiles; tout ce que vous faites ne mène à rien. Écoutez-moi : Vous n'êtes tous, malgré vos clameurs, que des lâches.

CAÏPHE.

Nous vous comprenons bien, brave homme; vous êtes de ses disciples, il y a longtemps que nous le savons. Dispensez-vous de vous moquer et ne croyez pas nous échapper en nous insultant : nous vous emprisonnerons avec les malfaiteurs.

NICODÈME.

Certes, alors nous nous reverrons.

BRUYANT (*à Joseph*).

Vous, restez ici avec nous; prendre la fuite n'est pas possible, car nous vous tenons bien. Vous serez mis dans un cachot solitaire, noir et bien muré; nous allons vous y loger sur l'heure.

ANNE.

Qu'on le mène à l'instant, sans que personne songe à le défendre, au fond de la tour, dans la petite basse-fosse; qu'on le jette dans la cave pratiquée sous la

---

Ho marvaillou, ho compsou ren,
Gant quement a ret na ret sy.
Enteniet : entroch ezouchuy,
Gant ho holl cry, louidien.

CAYPHAS.

Ny ho entent en mat, ma den,
Huy so e ty he disquiblyen;
Ny en goar certen, hir termen so;
Nouz eux mecher a ober goap,
Na mennat, dre langaig, achab : ꞏ
En un strap ny ouz atrapo.

NICHODEMUS.

Nep aoun, neuse ny hon guelo.

BRUYANT.

Huy, guen eomp aman a mano;
Ne achapet, nen dehet tro,
Rac ny ho dalcho an dro man.
En un prison abandonet
Du ha hec ez vihet lequaet,
Maz vihet loget en pret man.

ANNAS.

Quecyt ef rac drem a breman
Diabry dan soubit bihan
So oll glan en goelet [1] an tour;
E toull an vout [2] gryt e boutaf

1 *Var.* Gouelet — 2 Dref oll an vout.

Mettez qui vous voudrez, à vos risques et périls, pour le garder, mais ne me mêlez plus en aucune façon à vos affaires; j'en ai trop fait à votre demande; vos méchantes coutumes, je ne m'en soucie plus.

CAÏPHE.

Nous trouverons assez de gens comme il faut.

(*Au centurion.*)

Écoutez, centurion, cherchez beaucoup de vos amis, afin de garder avec eux le corps de Jésus soigneusement; oui, prenez garde qu'aucun des siens ne l'enlève.

LE CENTURION.

Je trouverai des hommes d'élite, pourvu qu'on les soudoie bien, qu'on les paye convenablement. Mais combien de jours faudra-t-il passer là? Dites-le avant tout; je ne dois pas l'ignorer.

ANNE.

Trois jours, ni plus, ni moins; nous en sommes certains et vous garantissons ce terme; il ne peut être dépassé. Quant au salaire, n'en doutez pas, car nous allons vous le payer.

Lequet seder nep a querhet,
Hac en ho pirill, da miret;
Nem emellit quet, credet don,
En nep manyer ho matery;
Re ameux graet do requet huy;
Nem deur muy houz abusion.

CAYPHAS.

Ny a cafo acc tut a faecxon.
Ententet huy, centurion.
Clesquet foeson hoz mignonet
Max mirhet suramant gant e
Corff Jesu; ya, rac na ve
Den e re en transporte quet.

CENTURIO.

Me a cafo tut deputet
Oar ex vexint gae soudaet,
Paet de miret competant.
Hoguen pet dez ex fell bezaf
Hennez? leveret da quentaf;
Ne fell quet bezaf non sauant.

ANNAS.

Try dez hep muy espediant;
Non em doutomp tam autramant;
An demorant ny ho goaranto;
Chetu an termen avenant.
Na doetet tam an paemant;
Rac presant ny ho contanto.

' LE CENTURION (*prenant l'argent*).

Ne craignez rien, le tombeau sera bien gardé; personne ne l'enlèvera de là.

NASON, LE BOURREAU.

Il faut que cette tombe soit scellée sur l'heure, de peur que quelqu'un vienne pour dérober son corps.

(*Après avoir apposé le sceau.*)

La voilà bien scellée : les gardes n'encourront aucun blâme.

ICI FINIT LA PASSION.

CENTURIO.

Nep aoun, an bez miret vezo ;
Ahano nen remuo den.

NASON, TYRANT.

Hac ez fell ez ve siellet

An bez man glan breman dan pret,
Rac na ve[he] transportet tam
E corff a plen gant nep heny.

Chetu ef siellet detry;
Rac na coezhent y en muy blam.

AMAN EZ FIN AN PASSION.

10

DEUXIÈME PARTIE

LA · RESURRECTION

ICI COMMENCE

LA RESURRECTION

SCÈNE PREMIÈRE

LE TÉMOIN.

Après sa Passion, notre généreux Seigneur sortit du tombeau, comme cela devait être, et, le troisième jour, il se montra

D'abord à la mère qui l'avait mis au monde, et avait tant gémi, tant souffert pour lui; puis à la Madeleine et à ses disciples et à chacun.

O notre Roi, ô fils de Dieu le Père, mis en croix sous

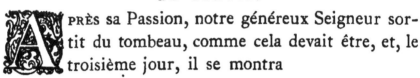

Aman ez dezrou an Resurrection

I

AN TEST.

Goude an Passion,
Hon Autrou guiryon,
Dre exoa raeson bras,
Ez savas an bez,
Ha dann [1] trede dez
En em discuezas

Dan mam en ganas,
Goude hirvout bras,
Ha gloas ha casty;
Ha dan Magdalen
Ha de disquiblyen,
Ha da pep heny.

Hon Roe, mab Doen Tat,
A cruciffiat

[1] *Var.* Da'n.

le grand Pilate, nous t'adorons dévotement! Bénie soit dans ce monde la mère qui t'a enfanté!

Tu as racheté les petits et les grands par ton supplice sur la croix. C'est toi le Roi glorieux du ciel et de la terre, ô Jésus, fils de Marie.

†

MARIE (*seule*).

Mon bon, mon cher, mon tendre, mon saint fils, depuis votre naissance, vous avez souffert en ce monde beaucoup de peines et de tribulations par amour pour l'homme; c'est pour cela, et non pour autre chose, que vous êtes venu sur la terre;

C'est pour délivrer de ses misères la race d'Adam, pour l'arracher de l'abîme où tous restaient, sans que personne les en retirât, privés de soulagement, et, sans consolation d'aucune sorte, chassés,

De tourment en tourment et d'émoi en émoi; c'est

Didan Pylat bras,
Ny az azeul glan!
Guennvet en bet man
An mam az ganas!

Te a dazprenas
An bihan han bras
En groas gant casty.
Te eu Roe a gloar
An efhan douar,
Jesus, mab Mary.

†

MARIA.
Ma mab, mat, quer, deboner, glan,

Huy ho eux [1] gouzafvet en bet man
Cals a poan, a pan ouch ganet,
Hac a penet, dre caret den,
Rac dan dra se, na ne voe quen,
Ez deuzoch plen certen en bet.

Eguyt disaeren a penet
Lignez Adam, ha ho lamet
Ayoa manet guytibunan
En abym, hep bout redimet,
Privet a soulacc, ha quacet,
Hep bezaf quet frealset tam,

E poan ha tempest hac estlam;
Eguyt se, huy [2], a drouc igam,

pour cela que, doux et tendre, jeune et beau, vous avez rompu leurs chaînes douloureuses, par pitié pour eux, par un ardent amour et aussi par une grande générosité;

Car vous avez payé volontairement les dettes qu'ils avaient contractées, et réparé leur crime énorme, en souffrant la douleur, les amertumes, les défaillances et jusqu'aux affres de la froide mort, étendu sur la croix.

Je vous y ai vu élevé, pieds et mains percés de grands clous; hélas! dans un tel état, que mon pauvre cœur se fendit, et que ce fut merveille si je ne mourus pas sur l'heure de chagrin.

Ensuite, mon enfant béni, je vous ai vu descendre du haut de la croix, puis envelopper de bandelettes, ensevelir avec honneur, après des outrages étranges, et coucher doucement dans la tombe par des gens de condition.

Caer [1] ha flam, houz euz y lamet,
Douce ha clouar, dren [2] trugarez
Oute, han [3] ardant carantez
Han meur truez ouz euz bezet;

Rac huy diffrae ouz euz paeet
An dle ho devoae quemeret,
Ha reparet ho torfet bras
Gant poan, disaour, ha sourpren [4],
Bede gousaf stanc, gant ancquen,
An marv yen oar ho huen [5] en croas.

En hy uhel me ho guelas

Dre houz membrou gant tachou bras
Gryet; allas! max voe gloaset
Ma calon ufvel pan ho guylis;
Max voe soez dan'heur na mirvys
Ha na finvezis gant tristet.

Goude, ma mab guen, disquennet
Dioch ufvel, ha sibelyet
Ha dastumet ha lequaet rez,
Goude estrenva disaour,
Gant tut autentic da sicour
En creiz un bez flour da gourvez.

---

[1] *Var.* Caezr. — [2] Dre'n. — [3] Ha'n. — [4] Surpren. — [5] Chuen.

Mais voilà venu le troisième jour, celui où vous devez vous lever de vous-même du tombeau; si donc c'est votre volonté, mon cher fils, je vous en prie avec la plus ardente foi, montrez-vous à moi par amour.

J'ai un tel désir de vous conserver, mon fils immortel, une telle soif de vous revoir! Je vous en conjure de toute la puissance de mon cœur, écoutez sur l'heure la prière de la mère qui vous a enfanté sans douleur.

†

JÉSUS (*apparaissant*).

Me voici, moi, le Fils de Dieu, le Roi, le créateur du glorieux ciel, de la lune, de la grande terre et de la mer bleue qui l'entoure. Je suis uni au Père, je ne fais qu'un avec lui, j'ai été engendré par lui, je suis pareil à lui, je suis son égal en durée, en condition, en bien et en nature.

Oui, certes, je suis Dieu et homme tout ensemble; je règne aux cieux, et je suis là-haut non moins inébranla-

---

Duet eu oarse an trede dez [1]
Mar sefhet glan hep poan an bez,
Hac he volante, mar be quet,
En ho pedaf dre muyhaffez,
Ma mab plesant, dre carantez
Dif prives ho hem discuezet.

Rac un desir so oux miret,
Ma mab eternel, douz guelet
Ha hoant [2] *meurbet ha souhaet bras!*
Dre se me ho pet a coudet glan
Ex clevhet requet an pret man
An mam hep nep poan ho ganas.

†

JÉSUS.

Me eu, mab Doe, an Roe, nep a croeas
An ef dre gloar [an] loar, han douar
                       [*bras*
Hac an morglas dre compas. Atra sur,
Me so unan hac unvan [3] *gant an Tat,*
Mab natural, equal, haval da pat
Dezaf, en stat, en mat, hac en natur.

Me so certen Doe ha den dien glan,
Roen [4] *nefvou, knech ha tnou* [5] *di-*
                       [*souzan,*

---

[1] *Var.* An drede dez. — [2] Choant. — [3] Unan hac unan. — [4] — Roe'n. — [5] Knech ha traou.

ble qu'ici-bas : ici-bas, je naquis le plus grand. Il n'est ni sage ni fou, il n'est pas de génie, si subtil qu'il soit, capable de résister à ma volonté, et de lui mettre un frein.

Maintenant, je suis le Seigneur souverain du monde; personne assurément ne pourra m'empêcher d'y être craint et honoré comme je dois l'être; en moi plus qu'en personne réside l'intelligence, et par elle je dirige les hommes; en m'obéissant, ils suivront le chemin de la Vie.

Je me suis levé au jour marqué, ressuscité par ma propre force; sans peine et avec joie je suis sorti de la tombe, afin de montrer que c'est moi le vrai Maître, le Maître évident et vénérable de la mort comme de la vie : toute la race humaine sera éternellement présente à mon esprit.

Tout homme vivant pourra attester qu'il n'y a pas d'autre Dieu que moi dans l'univers; je fus uni, dès l'heure où je fus homme, par-dessus tout à la Divinité,

Hac en tnou man [1] oar pep unan
[ganet [2].
Na fur na foll, dre roll, dam youl me
Ne deux artist quen mistr a resiste
Nac a galhe en se lacat remet.

Me so breman Autrouglan oar an bet,
Ne guel hep sy nep heny ma miret
Ma bout dougiet hac enoret; ret eu;
En ouf hep muy ezedi an squient
Oar ann holl re dre se me so regent;
Pa em sentent ez dalchent ann hent beu.

Me so savet daczorchet en gret dez;
Am [3] gallout, hep poan, e maes an bez,
Gant levenez, eguyt discuez ez ouf
[An] guir Autrou, gant gnou ha
[hasouez,
Oar an marv gleu, ha oar an beu yvez,
A pep lignez hep finvez em bez couf,

Quement den so undro [4] a allo prouf
Nac eux affet Doe en bet nemed puf.
Uniet ouf, ann heur maz viouf den
Oar pep heny ous an divinite;

1 En bet man. — 2 Hanet. — 3 *Lege* A am. — 4 *Var.* Endro.

et la Divinité se joint dans moi à la personne humaine :
il n'en pourrait être autrement.

C'est moi qui ai été crucifié pour le salut des hommes,
qui ai été battu et flagellé sous Pilate, de mon plein gré,
comme homme, à cause de l'envie et de la haine violente
de Caïphe le cruel, et d'Anne, poussés par l'esprit de
malice, de discorde et d'impudence, et des Docteurs de
la Loi animés d'un dépit mortel.

Malgré eux tous, jamais, plus jamais, la mort et ses
angoisses n'aura de prise sur moi. Ils m'ont condamné,
mais, à mon tour, je les condamnerai, sans merci, eux
et leur peuple ; quiconque vit et vivra me trouvera sévère.

Moi qui ai connu la mort, moi qui, mortel, ai été
pour les hommes un être méprisable et vil, je viendrai dans toute ma majesté royale, sur les hauteurs du
ciel, juger sévèrement le monde, car l'univers, dont
je suis le roi suprême, est tout entier soumis à mon
sceptre.

Hac exedy gant ma humanite
An deite : ne allhe ez ve quen.

Me en heny ameur crucifflat [1]
Eguyt an bet cannet, scourgezet mat
Didan Pylat, am youll mat, en stat den,
Dre afoy bras hâ cas Cayphas crez,
Annas hastif dre drouc strif ha dimez,
Ha Maestr an Rez yvez gant despez
           [yen.

An despet muy deze y bizhuyquen
En nep amser seder ne graher quen

Muy certen nem sourpren anquen
           [marv
Goude ma barn... me ho barno [2],
Hep faut en bet, y han commun un-
           [dro;
Nep a vexo ha so [3] *am cafo garv.*

Goude quent marv... en stat marvel
Bout dan bedis despris, en pris ysel,
Me a duy uhel ha cruel evelhenn
Da barn pep re gant maieste real;
Pac en holl re evel roe general
Universal so didan ma goalenn.

---

[1] *Var.* Am crucifflat. — [2] *Sic* in D. — [3] Ha sa.

Oui, je vous retrouverai; aucun de vous ne m'échappera! Malheur à celui qui ne se présentera pas à mon tribunal revêtu de la robe blanche de l'innocence, car, en vrai Roi, lorsque viendra le jour, je ferai, aux petits comme aux grands, la part, la juste part qu'ils auront méritée.

SCÈNE II

LE TÉMOIN.

Quand le Roi du monde fut ressuscité et glorifié, il envoya promptement l'ange Gabriel chargé d'un message pressé.

Et l'ange partit avec d'autres anges pour annoncer sur l'heure à la glorieuse Mère, qu'après les opprobres, son fils était ressuscité.

†

JÉSUS.

Gabriel, mon bon messager, va dire tout de suite, dou-

Me ho cafo undro, ne mano penn!
Goa ann heny na duy den emdiffen [1]
Gant livrae guenn en e querchenn en
[net!
Rac me, Roe glan, dan bihan ha dan
[bras
Pan duy an dez [2], an pez a dellezas,
Diouz an compas, ex vezo an cas
[tasset!

II
AN TEST.
Pan oa daczorchet
Ha gloriffiet
Roen bet da quentaf;

Ex leuzras tizmat
Gabriel cannat
En ambassat scaf;

Hac ael ex [3] gant af
Da denonciaf
Oar an guelhaf pret.
De mam a enor
Goude disenor
Ex oa daczorchet.

†
JÉSUS.
Gabriel, ma ael mat,

[1] Var. De'n em diffen. — [2] An bez — [3] Hac a elrez. *Lege* aclex.

cement, sans hésitation, à ma tendre mère Marie, qu'après tous mes opprobres, je suis ressuscité.

GABRIEL.

O reine du ciel, réjouis-toi pleinement avec moi, après tes douleurs, car ton fils Jésus, ce roi du Nord et du Midi, est ressuscité.

Il s'est levé en souverain du monde, et viendra te voir, comme Dieu et comme homme, après ses angoisses et ses infamies.

MARIE.

Sois le bienvenu, Gabriel, messager de la cour céleste, qui viens si généreusement et si aimablement me voir; après tout ce que j'ai souffert, mon cœur est plein de joie et mon chagrin s'envole.

Pour te remercier de ton message, je t'offre une couronne d'un éclat inaltérable, afin de montrer que tu es

---

Quae, lavar hegarat
Tizmat, na debat quet,
Da mam clouar Mary
Goude nep vileny
Ex ouf ressuscitel.

GABRIEL.

Rouanes an nef,
Gra joa plen guen ef,
Goude da clefvet,
Rac da mab Jesu,
Roe an nort han su,
So ressuscitet,

Ha so gorroet
Da bout roe dan bei;

Daz guelet ex duy,
Evel Doe ha den,
Goude e ancquen
Hac e vileny.

MARIA.

Duet mat ra vexy, Gabriel,
Heraut an ty celestiel,
So duet hael ha lael dam guelet;
Gouden queux han estlam amoae,
Carguet eu ma couraig a ioae,
Ha me a esmae diffraeet.

Rac se dre grace da legacy
Un chapelet[1] net a detry
A rof dit[2] en signifiance

---

[1] V. Ducange sur le double sens de ce mot. — [2] *Var.* A rofaf dit.

le roi, le vrai roi de tous les messagers du monde; porte-la désormais à ton front.

(*Elle couronne l'ange.*)

SCÈNE III

LE TÉMOIN.

QUAND la mère de douleurs eut été consolée et ravie par la visite des anges, Jésus revint de nouveau après eux;

Et son divin fils, tout heureux lui-même de la voir heureuse, la couronna solennellement reine de toutes les nations.

†

JÉSUS.

Ma noble et sainte mère, je vous en prie, réjouissez-vous après toutes les douleurs et tout l'émoi, et tous les regrets incessants que je vous ai causés. Soyez dans

---

Ez out souueren dien glan
Oar holl heraudet an bet man;
Douc ef breman daz contenancc.

III

AN TEST.

Pan oa confortet
An mam estlamet
Ha hy graet hetus
Gant an aelez se;
Ez aez adarre [1],
Goude se, Jesus.

He mab gracius
Da guelet hetus,
Maz voe ioaeus bras;
Neuse dreist fortun
Oar ann holl comun
Ef he curunas.

†

JÉSUS.

Ma mam flam net, moz pet, graet
[ioae [2],
Goude ann angoes han esmae
Ha queuz, hep diffrae, ouz vae dif;

---

1 **Var. Bezet adarre.** — 2 Gret ioae.

II

ma cour, avec mon Père, au-dessus de toutes les créatures, en attendant que je vous y couronne réellement et sans figure.

MARIE.

Ah! mon fils!

Après avoir pleuré sur vous, désormais je vais me réjouir aussi longtemps que je vivrai; je ne cesserai pas un un seul instant de souhaiter par-dessus toute chose d'aller avec vous goûter les joies célestes, et de quitter ce lieu d'exil.

Mon doux fils, que je vous remercie! Mes soucis et mes peines, vous le savez, sont changées en joies! Je vous revois vivant après tout ce que vous avez souffert au monde,

Pour délivrer, comme vous le vouliez, la race humaine, pour la racheter, pour la consoler, pour la décharger de ses peines, de son deuil et de ses terreurs.

Ah! montons tout de suite au ciel!

Huy em ty, chetu, anfigur,
Gant ma Tat, dreist pep croeadur
Bezet sur; en hoz curunif.

MARIA.

A ma mab!
Goude ho divout hirvoudif,
Hivizyquen e louenhif
Her dre bevif; ne secrif dez
Ouz desiraf dreist muyhaf tra
Monet plen, goude estrenva,
Guen eoch dan ioa dialahez.

Ma mab clouar, ho trugarez!
Convertisset eu a nevez
Ma queuz ham tristez, gouzvezet [1],
En mil levenez en [2] guez man
Ouz ho guelet daczorchet glan
Goude ho [3] holl poan oar an bet.

Ha, do apetit, aeuytet
Lignez humen, ha dazprenet,
Frealset net, ne fel netra;
Ha lamet ho dilivret glan
An poanyou, cafvou, ha souzan.
Hac ezahimp breman dan ioa!

---

[1] Var. Gouezet. — [2] An. — [3] Hon

✝

JÉSUS (*dans le cachot de Joseph d'Arimathie*).

Joseph d'Arimathie, je te vois là glacé dans un étrange lieu; lève-toi, sois joyeux, et ne crains rien; je suis Jésus. Plein de compassion, tu m'as doucement déposé dans la tombe préparée pour toi,

Et voilà que je viens te voir et te porter conseil, et te tirer de toute gêne. Approche, regarde, et tu croiras. Lève-toi, te dis-je, ne reste pas ainsi ébahi; approche donc, et, une fois en haut, tu verras qui est avec toi; ne tarde plus.

Crois fermement en moi, ne doute pas; je ne suis pas un fantôme; je suis celui-là même que tu aimes tant et malgré tout, celui qui a souffert sur la croix et qui y a été attaché par les membres.

JOSEPH.

O Jésus, je vous rends mille grâces! J'étais enfoncé dans ce cachot, en proie aux douleurs et aux chagrins, et je pensais que personne hormis vous, que personne au monde ne pourrait jamais m'en délivrer.

✝

JESUS.

Joseph ab Arimathia,
Me az guel yen en estrenva;
Saf, ha gra ioa, na esmae quet;
Me eu Jesu; dre meur truez
A lequesot flour da gourves
En creis da bez diasezet,

So duet en quentell daz guelet
Hac az holl estlam daz lamet;
Deuz da sellet ha maz credy;
Saf, na vez abaff, deux affo,
Ha neuse ufvel te a guelo .

Guen ez piou so; na gourto muy.

Ha cret parfet hep contredy,
En ouf; nen douf pas fantasy ·
Me eu ann heny hep muy quet
A cares parfet ha detry,
Hac a voe en croas gant casty
Dren ysily cruciffiet.

JOSEPH.

Jesus, huy ra ve graciet!
Rac en toull man ez oann manet
E poan an bet ha penet yen;
Ha me crethe, pa na ve huy,
Nam diliurse den nep heny
Digant e, hepsy, bixhuyquen;

Je vous en conjure de tout mon cœur, mon bon Maître, défendez-moi toujours désormais contre ce peuple qui, de toute façon, cherchera à me détruire, tant il est cruel et furieux.

JÉSUS.

Sache-le, Joseph : non, jamais ils ne pourront te faire aucun mal. Crois-moi, c'est moi qui te protégerai contre quiconque voudra te nuire. Jamais tu n'éprouveras d'affront.

†

LA MADELEINE.

Maintenant, je vais vite au tombeau, où l'on a doucement déposé le corps de mon Maître, et où on l'a enseveli. O Maries, oserons-nous aller, vous deux et moi, à grands pas avant qu'il fasse grand jour, pour le voir?

MARIE SALOMÉ.

Si nous irons? Oui certainement, quand il vous plaira, et des premières.

MARIE JACOBÉ.

Oui, mais si nous allons, courons vite, et par un chemin détourné, et tout de suite, car j'ai un extrême désir d'apprendre de ses nouvelles, sachez-le.

Hoguen mouz pet a coudet plen
Ma maestr deboner, pep termen,
Hyvizyquen em soutenhet
Ouz an pobl man, en pep manyer
A clasquo prob ma disober
Dre ho garvder disemperet.

JÉSUS.

Gousvez bref, Joseph, gant effet
Dit dre nep hent ne galhent quet
Ober nep torfet, ha, crel rez,
Me suramani az gouranto
Ouz quement den az repreno,
Na oar nep tro nez vezo mez.

†

AN MAGDALEN.

Me ya breman buhan dan bez

Ma voe lequaet flour da gourvez
Corff ma maestr yvez ha bezhaet.
Maryet, a ny a crethe
Monet a het cam, huy ha me,
Quent donet dez cre, de guelet?

MARY SALOME.

A yel? ya sur assuret,
Pan querhet, gant ann re quentaf.

MARY JACOBE.

Ya, mar deomp, querzomp scaf,
Ent secret, ha hep arretaf,
Rac desiraf a graf affet
Clevet e doare, gouzvezet.

MARIE-MADELEINE.

Partons donc à l'instant, je vous prie. Mais, dites, qui trouverons-nous là pour nous aider à soulever la pierre de la montagne posée sur la tombe, et qui est très-lourde? Partons, il fait presque jour.

SCÈNE IV.

LE TÉMOIN (*chantant les paroles de l'Ange*).

Jésus, que vous cherchez, n'est point ici; n'ayez nulle peur; allez, et publiez de bonne heure cet événement.

Apprenez-le à ses saints disciples, et d'abord à Pierre, qui est dans le chagrin, ô filles de Béthanie; dites-leur qu'il vous reverra en Galilée, car c'était son intention.

†

L'ANGE.

Allez gaiement, et dites aux disciples comme une

AN MAGDALEN.

Deomp oar se affo, me ho pct;
Hoguen piou vezo eno quet
Hon sicouro net, sellet huy,
Da gourren an men en menez
So ponher glan dioar an bez?
Deomp; hogoz dez eu anezy.

IV

AN TEST.

Jesus peheny
Nep a clesquet huy
Nen dedy aman;

Nox bexet aoun quet;
Eth [1], ha leveret
Apret an fet man

Da [2] disquiblyen glan,
Ha Pezr so e poan,
Merchet Bethany,
Hac en Galile
Ho guelo arre,
Rac max voe e bry.

†

AN AEL.

Eth, ent seder [3], ha leveret
Dan disquiblyen ha certenet

---

[1] *Var.* Et — [2] De. — [3] Et en seder.

chose certaine, qu'il est ressuscité, qu'il s'est levé de la tombe, croyez-le bien, ce Jésus que vous cherchez. Dignes et saintes femmes, voyez; il n'est plus ici.

SCÈNE V

LE TÉMOIN.

Aprés avoir vu la sainte mère qui l'enfanta, il se montra sous la figure d'un jardinier, le dimanche matin, dans le jardin, à la bonne Madeleine, par amour pour elle.

Par amour pour lui, elle voulut baiser les pieds qu'elle avait lavés; mais il l'en empêcha, et elle ne put y réussir.

†

LES ANGES.

Femme, réponds sans honte : pourquoi pleures-tu, et qui cherches-tu?

LA MADELEINE.

Hélas! ce n'est vous ni personne que je cherche ici en

Ex eu daczorchet, savet glan,
Jesus a clesquet, credet flam.
Entroch, graguez din ha dinam,
Sellet; nen dedi tam aman.

V

AN TEST.

Evel ortolan
—Goude quelet glan
An mam hen ganas—
An sul dan myntin
Dan Magdalen din
En jardin, dinoas

En em discuezas;
Afet, dinoas net,
Dan treit a golchas
Ef he diffennas,
Ha ne gallas quet.

†

AN AELEZ.

Gruec, lavar hep mez:
Perac ex goelez;
Piou a clesquex te?

AN MAGDALEN.

Allas! nen deu huy hep muy quet

pleurant, croyez-le, mais mon vrai Seigneur, ma joie, mon doux et tendre Maître, lui seul, qu'on a emporté loin de moi;

Je cherche mon vrai Seigneur, ma lumière, le Roi céleste qui rend mon âme heureuse. Si je le trouvais, je serais consolée. Mon chagrin est tel que je ne me soucie de voir, sachez-le, ni anges ni qui que ce soit.

Aussi ne veux-je pas demeurer plus longtemps dans ces environs, je vous jure. Jamais une autre créature ne réjouira mes yeux que lui, fût-elle plus belle que Gabriel ou tout autre ange.

Ce n'est pas vous que je m'attendais à trouver ici; votre présence m'est à charge; c'est Jésus, le doux Jésus, mon unique et saint Maître, qui me retient dans ces lieux.

Malheureuse que je suis! le cœur plein de chagrin, par l'amour que je lui porte! Et je ne sais au monde où

Ouz goelaf [1] a clasquaf affet [2]
Na tra en bet, ha credet ef,
Nemet ma guyr autrou louen,
Ma maestr doucc ha huec nen deu quen,
So ael ouz quichen diguen ef.

Ma guyr autrou splan, roe ann nef,
Nep a gra louen ma enef;
Pan en caffenn ez venn seven;
Dren queux flam ameux, nemeux quet
Da guelet aelez, gouzvezet,
Hoant en bet, na da guelet den.

Dre se nem deur quet, credet plen,
Chom oar nep sy en e quichen

Rac bizhuyquen ne louenaf [3]
Dre nep croeadur naturel
Pan vent y muyguet Gabriel
Na dre nep ael, quen nen guelaf.

Nen deu quet huy [4] a studiaf
D a cafout aman [5], max doanyaf;
Quent se ez clasquaf quentaf pret,
Jesu, den cuff dreist pep unan,
Ma maestr singulyer antier glan
Pe dre aman ezouf manet,

Ha me gant mil poan souzanet
Leun a glachar, oux e caret!
Ha ne oun en bet max edy,

---

[1] *Var.* Gouelaf. — [2] Avet. — [3] Laouenhaf. — [4] Chuy. — [5] Man.

il est, ni où on l'a mis, ni où il pourrait être. Ah! il me cause tant de trouble que ma douleur est à son comble.

Le cœur de l'homme ni de personne ne saurait concevoir, par aucune image de deuil, quels chagrins déchirent mon âme! Pour le retrouver, pour le voir, je ne sais où je courrais!

Rien au monde que lui ne peut me rendre le bonheur; mourir pour lui sur l'heure ne me paraîtrait pas un mal; ne saurais-je pas, de cette manière, ce qui me préoccupe tant, ne saurais-je pas où ils l'ont mis?

Peines et soucis poursuivent furieusement mon âme! Le chagrin me consume toute vive! mais je ne crains pas la douleur; j'arriverai par elle aux lieux où on le garde. Ne pourrai-je donc pas le trouver?

Je pleure! n'ai-je pas lieu de pleurer? Il m'aimait tant pendant sa vie! Et quand je songe qu'il n'est plus!

Na maz ve na maz galhe bout;
Ma emeux quement strif e divout
Na alhe ma hyrvout bout muy.

Na ne alhe quet, na ret sy,
Calon mab den na nep'heny
Dre nep melcony studiaf
Pebez cafvou so hem coudet!
A goall, un quentel e guelet,
Ne oun de cafout maz redaf!

En nep guys ma reiouissaf
Ne ell tra en bet nemet af;
Goall nen cafaf ez marvaf pront

Dre e merit; hac eguyt se
Ne oun pe lech, hac am nech re,
En faeczon se, en lequesont?

Bede ma sperit en redont
Poan ha hyrder, quen divergont!
Glachar parfont am confont beo!
A goall arriuout, hep dout quet,
En lech maz edy oux miret!
Ha ne gallaf e caffout tro?

Allas! an cas hirvout bras eu!
Ef am chare her dre xoa beu!
Hac emeux deseu nac eu muy!

Est-ce que personne ne me donnera de ses nouvelles pour m'apporter la joie et me tirer de peine?

Seigneur Dieu, Roi du monde, où donc est mon bon Maître, celui qui me rendait si heureuse entre toutes; celui qui était mon espoir, ma gloire, mon amour? Il était là, tout seul, couché dans cette tombe qu'on a ouverte avant le jour.

Voilà que je l'ai cherché de tout côté, dans ma douleur extrême, sans pouvoir le trouver; voilà que je l'ai appelé tendrement, mais il ne m'a pas entendue, et il ne m'a pas répondu. Ah! ma douleur recommence et me tue!

En vérité, ma douleur est telle,

Telle est ma torture, telle ma défaillance, que je ne puis plus vivre éloignée de lui, que je me meurs!

Je sais ce que je ferai, et je n'y manquerai pas : je vais parcourir à l'instant toute la terre dans son étendue,

---

Na quehezlou, da bout louen,
Anezaf franc, eguyt ancquen,
Ne [1] *clevaf diouz den nep heny?*

Autrou Doe, Ron bet [2]*, maz edy*
Ma maestr louen, dreist pep heny
Ma ioa, ma spy gloriffiet,
Ma amour; ayoa ous gourves
E hunan glan en creis [3] *an bez,*
So quent an dez dianhezet.

Gant queuz bras emeuz ef clasquet,

En pep guys, ha nen quiffys quet,
Hac afet galvet competant,
Nem clevhe nem responte tam;
Dre se ma queuz a nezez flam
Am laz! Hep blam, dre nechamant,

Ma ne guillif tam suramant
Bevaf gant langour ha tourment,
Dre e bout absant, ez dismantaf!
Me goar per if, ne fillif quet,
Oar tro ann holl douar esparet
Ez if afet hep arretaf.

---

[1] *Var.* Na. — [2] Roe'n bet. — [3] Crais.

II.

Oui, je vais à travers le monde, sans repos, hiver comme été, m'en aller, explorant avidement montagnes, vallées, et tous les lieux où je pourrais le rencontrer et entendre sa voix joyeuse!

Versez, mes yeux, versez des flots de larmes! que la douleur vous ronge à vous faire périr! ne cessez de pleurer que vous ne l'ayez vu! pleurez du haut de ces montagnes!

Et vous, mes pieds, ne revenez point en arrière; marchez en dépit de la souffrance, marchez à travers les cailloux, les ronces, les épines, et ne vous plaignez pas. Allez par le monde, chez toutes les nations, jusqu'à ce que vous l'ayez trouvé; pas de faiblesse! pas de repos!

Ah! dans quel pays es-tu allé? Est-ce là-haut, est-ce là-bas? O Seigneur de mon cœur! où donc irai-je pour te trouver? Dans quelle grotte es-tu caché? Montre-toi! vois ma douleur, montre-toi à moi un instant, je t'en supplie.

Ha neuse glan, hep ehanaf,
Pan if dre bro, me sello scaf.
Haf ha gouaf, ne mennaf quen,
Ha tnou ha knech ann holl lechyou
Possibl da monet de metou
Da sezlou e compsou louen [1]!

Ma daou lagat, a livat plen
Rentet [2] a dinou dazlou yen,
Maz vihet gant ancquen quen brein
Pan dlehech mervell gant goelvan [3]!
Na seczet [4] quen nen guelhet glan!
Goelet [5] breman dioar an blein!

Na huy, ma treit, na distreit quyn;
Querzet eguyt ancquen dren meyn,
Han spern, han drein, ha na queynet;
Quen nen queffet, yt dren bet man
Entren comun guytibunan;
Eguyt nep poan na ehanet!

Ach! pe en contre ezoude aet?
Knech na tnou? Autrou ma coudet!
Maz ifme quet da caffout te?
Na pe tu ezoude cuzet?
Da hem discuez, pan ouf queuzet,
Dif un pret, mar glig guen ede.

---

[1] Var. Compsaou laouen. — [2] Pantet. — [3] Gouelvan. — [4] Secet. — [5] Fouelet.

Hélas! que faire? et pour te trouver, où aller, dans le trouble où je suis? Si je pouvais rencontrer quelqu'un d'assez aimable pour me dire clairement et certainement où tu es! Ah! celui-là seul me rendrait la joie!

Impossible de supporter une attente aussi prolongée! Ma souffrance et mon agonie n'ont pas de terme; mon affliction est sans mesure et à son comble; mon âme est enveloppée d'une si amère tristesse que personne n'en vit jamais de pire.

Je ne puis sortir de peine; je ne sais ce que je fais; je ne vois plus ni quel but poursuivre, ni à qui demander un conseil salutaire, ni ce qu'il convient que je fasse, ni quel parti je dois prendre.

Mais je réfléchis dans mon cœur que, si je quittais ce lieu, je pourrais être bientôt déçue. J'y reste donc, quoiqu'il m'en coûte, et je ne bouge pas.

Allas! pe rif? na maz if me
Dre ma hyrvout daz caffout te?
Pan quaffen un re agreabl
A lavarhe sclaer ha certen
Pe lech ezout? ha! na ve quen
Em grahe louen couuenabl!

Memeux hyrder intollerabl,
Glachar hac angoes incessabl,
Ha queuz inestimabl a plen;
A pep tu emeux treffu [1] bras
Ha melcony, heny diblas
Biczoaz quen glas ne guelas den.

Ne gallaf dianc diouz ancquen;
Ne gon pe raf; ne guelaf quen
Na pez tremen a ordrenaf,
Na pebez cusul singulyer,
Na pez ameux prob da ober,
Na pez berder a quemeraf.

Adarre e consideraf [2]
Abarz em couraig, mar flachaf [3]
Ez gallhenn bezaf quentaf pret
Decevet affet, credet dif;
Ha rac se [4] aman, ne doanyf,
Ez chomif, na ne flachif quet.

---

[1] *Var.* Treffa. — [2] A dare ez consideraf. — [3] Flaichaf. — [4] Hac ra se,

Impossible de chasser mon inquiétude! mon cœur est si troublé! Personne aussi, je crois, ne pourrait demeurer près de cette froide tombe, sans espoir, comme moi, d'en voir sortir celui qui causa mon tourment et qui le cause encore.

Mais je n'ai nulle peur, et je sais ce que je ferai : je resterai ici jusqu'au bout. Voilà le parti que je prends, et il me semble le meilleur. S'éloigner ainsi de sa tombe et l'abandonner serait une douleur et une privation à nulle autre pareilles.

Je ne m'éloignerai donc pas, qu'on m'en croie, quand même je devrais mourir en l'attendant; et, pour quoi que ce soit, je ne renoncerai à l'espoir qui renaît en moi : je désire tant le conserver! Non! je ne m'éloignerai point d'un pas!

Ici, certes, je resterai; et si je tombe malade et meurs, du moins je serai enterrée dans ce lieu, et mes restes reposeront près de la tombe de mon bon Maître.

Ne gallaf diforch diouz morchet!
Ma calon so quen estonet!
Na ell den en bet, e credif[1],
Chom yvez en tal an bez yen,
Ma ne deuhe am doanhye plen
Hac a ve certen ancquen dif.

Nep aoun, me a goar pez a grif :
Aman bet un som er chomif
Hennez a grif ha so dif guell;
Monet evel se diouz e grues
A ve ancquen ha diernes
Eguyt nep pres, hac e lesell.

Rac se, credet, nen dif quet pell
Pann dlehenn dre hyrder mervell;
Nac, eguyt traveill[2], ne fillif,
Pan emeux em esper quemeret;
Gant hoant[3] ha desyr e miret;
Ne flachif camhet, credet dif.

Aman a certen ez minif
Ha da bianhaf pan clafvif
Ha pan mirvif, maz vizif plen
Berr enterret en e metou,
Ha sebelyet ma costou
Tost ouz bez ma Autrou louen.

1 Var. Cridif. — 2 Euyt travell. — 3 Choant.

O mon Dieu! créateur et sauveur de l'homme, combien sera heureux à jamais mon pauvre corps enseveli, s'il veut bien que je sois enterrée près de son tombeau! Je n'en demande pas davantage après mes chagrins et mes peines!

Mieux que personne je ferai le guet; et mon cœur me dit tout bas que je le verrai sans tarder, pour prix de mes peines, s'il se promène jamais dans ces lieux, mon saint Maître.

Or, je le supplie ardemment, si c'est son bon plaisir, et s'il est possible qu'aucun être vivant de ce monde le voie, je le supplie de se montrer à moi secrètement, une fois, une seule fois;

Car j'ai dans le cœur un désir si violent, j'ai une telle faim de le voir que je mourrai de douleur, je crois, de ne le voir pas, que je mourrai de crainte qu'aucun homme ne le voie jamais délivré de la mort.

————

Ach! Doe, croer ha salver den,
Peguen guynvydic bizhuyquen
Vezo ma corff yen ordrenet,
Gant af mar plig en e quichen
Ma bout bezhaet; hep sellet quen,
Goude ma ancquen ham penet!

Dreist pep unan me ray an guet;
Hac ameux avis ha discret
Em speret, hep quet arretaf
En guylif, pe ex guellif poan,
Mas bale nep tro en bro man
Ma Autrou glan, da bianhaf.

Hoguen meurbet en requetaf,
Dre e gracc mat, mar plig gant af,
Na mar guell bezaf quentaf pret
En guelhe den perguen en bro,
Dif privez en em discuezo
Oar pep tro, ha na fallo [1] *quet;*

Rac un desyr so oux miret
En creys ma calon quen sonnet
De guelet, hac un apetit,
Max desevaf ex marvaf yen,
Goal nen guelaf franc, gant ancquen
Na bizhuyquen nen guel den cuyt.

[1] Var. Ne fallo.

Mon doux et cher Maître, plein de grâces, s'il vous semble bon et permis, venez promptement me visiter; venez bientôt, je vous en prie, me tirer de peine en ce lieu; je soupire vers vous nuit et jour!

Je vous en conjure ardemment, écoutez ma prière; je vous en conjure de toute mon âme, montrez-vous à moi, si vous êtes vraiment ressuscité, comme vous l'avez annoncé bien longtemps d'avance.

Contempler votre visage aujourd'hui, si vous me le permettiez une fois, serait ma consolation, ô mon doux et aimable Seigneur; car c'est vous l'unique objet de mes désirs, l'unique objet de mon amour!

JÉSUS.

Femme, réponds-moi sans rougir : Pourquoi pleures-tu si fort? quel est celui que tu cherches?

LA MADELEINE.

Seigneur, dites-moi franchement et sans détour si c'est vous qui l'avez enlevé, ou si on le garde chez vous,

---

Ma Maestr doucc quer, leun a merit,
Mar guelet propicc [1] *na lycit,*
Deut ent yscuyt dam visitaf;
En berr termen, pliget guen ech
Ma lamet a poan oar an lech;
Nos ha dez dreiz och ez nechaf!

Ha cref dihuy [2] *ez suppliaf*
Em clevhet [3]*, pan ouz requetaf,*
Hoz suppliaf an quentaf placc
Dif fournis ez aparisset,
Mar douch yscuyt ressuscitet
Dre ez oa lavaret a pret acc.

Dif affo undro dre ho gracc

Hyzio en dez, mar ho bez spacc,
Guelet ho facc ma soulacc ve.
Ma Autrou courtes ha plesant;
Rac hennes eu flam suramant
Ma hull hoant [4] *ha ma carantez!*

JÉSUS

Gruec, lavar scaf hep dougaf mez
Perac a uhel ez goelez [5]*?*
Piou eu hennes a clesquez te?

AN MAGDALEN.

Autrou, real en lealtet
Lavar dif plen mar daez [6] *guen et*
Na mar mireur [7] *quet ez melou,*

---

[1] *Var* Propic. — [2] Dichuy. — [3] En grehet. — [4] Cheant. — [5] Gouelez. — [6] Mar aez. — [7] Mirez.

et je l'emporterai avec moi; car j'ai dans l'âme une telle douleur qu'elle me fait crier jusqu'au ciel.

JÉSUS.

Marie! ah! Marie! Marie!

LA MADELEINE.

Mon Maître et mon amour béni!

JÉSUS.

Marie, ne vous approchez pas; ne me touchez pas.

LA MADELEINE.

Que mon cœur a de joie après tout ce que j'ai souffert! Je cours à l'instant apprendre aux apôtres que j'ai vu mon excellent Maître.

(*Aux apôtres.*)

Bonjour, et que la paix soit avec vous! Réjouissez-vous! réjouissez-vous! Jésus, notre Maître, est vivant; il est levé; il s'est montré à moi dans ma douleur, et il m'a parlé. Oui, certes, il est ressuscité!

SAINT JACQUES.

Est-ce vrai? vous l'avez reconnu? est-il vivant ou ne l'est-il pas?

Ha me en doûgo plen guen ef:
Rac un ancquen so em enef
Dreis af maz [1] lef bet en nefvou.

JESUS.

Maria! a! Mary! Mary!

AN MAGDALEN.

Ma Maestr ham study benniguet!

JESUS.

Maria, na denessa quet;
Nem sco en effet a netra.

AN MAGDALEN.

Quen leun eu ma couraig a ioa,

Goude quement estlam am oa!
Rac se me ya da lavaret
Breman gant ann hent e quentel
Penaux onest dann ebestel
Ma Maestr ufvel am eux guelet.

Dez mat dihuy paciffiet!
Bæzet fournis reïouisset!
Jesus hon Maestr net savet beu,
So dif, em queux, em discuezet,
Hac oufiz en bec prezeguet [2].
En effet ressuscitet eu!

SANT JALM.

Huy [3] goar certen? hac en exneu?
Ac ef so beu pe nac eu quet?

[1] Var. Ma. — [2] Hac ouf iz (*leze ouz if*) eu bet prezeguet. — [3] Chuy.

LA MADELEINE.

Croyez! certes, il est vivant!

SAINT THOMAS.

Pour rien au monde je ne croirai cela !

†

SAINT PIERRE (*dans la solitude*).

Hélas! Que je suis malheureux! comme les remords m'agitent! Je ne sais au monde où courir. Mille chagrins si cruels m'oppressent que, accablé sous le poids de douleurs de tout genre, ma raison s'égare!

Quand je pense (et j'y pense toujours) à ce que j'ai fait! Avoir été assez léger pour renier mon bon, mon excellent Maître, le meilleur des hommes, lui qui m'aimait, je le sais, d'une amitié incomparable!

Avoir montré de la faiblesse, au lieu d'être fier, et dur, et ferme au moment décisif, comme c'était mon devoir! Et moi qu'il appelait *Pierre!* moi établi par lui,

---

AN MAGDALEN.

Credet! beu eu sur assuret!

SANT THOMAS.

Hoaz dre nep tenn nen crethenn quet!

†

SANT PEZR.

Allas!
Me so disaczun fortunet!
Ha quen buanec gant regret!
Na goun quet en bet maz redaf.
Mil soez eu mar cref em grever
Gant poan ha doan e pep manyer

Ha hyrder na dissemperaf!

E pep quefver pan prederaf
Petra dif voe disavoeaf,
Na bout quen scaf da gouzafse,
Ma Maestr mat, parfet hep quet mar
Ha nep dreist pep den, me en goar,
Gant coantis dispar am care!

En apetit fragilite,
Goall bout fier en quefver se,
Evel maz oae difme dleet,
Hac calet ha ferm dan termen!
Rac me ioa affet galvet Men
Gant af certen! hac ordrenet

Moi choisi entre tous comme la colonne inébranlable, comme le dur et solide fondement de son Église, où la foi et les croyances doivent rester toujours debout et ne peuvent jamais vaciller!

Hélas! je le vois, j'ai fait, à ma très-grande honte, tout le contraire de ce que je devais; je lui ai manqué, je suis allé jusqu'à le renier déloyalement par lâcheté, jusqu'à dire que jamais je n'avais été des siens!

Tel est le poids de mon péché, qu'on ne peut juger à quel point je suis misérable et coupable; je ne sais comment expier mon crime; je n'ai rien qui suffise à cela; j'en suis par moi-même incapable.

Plus j'y réfléchis, plus je vois mon impuissance; plus j'y songe, plus je me trouve malade. Mon crime dépasse toutes les bornes, car, avant de le commettre, il m'avait averti de ce que je ferais.

Eguyt piler a fierdet
Dann ylis fournis deviset,
Fondamant calet parfetaf.
Rac an fez han creden enn hy
A dle chom parfet a detry,
Nepret ne guell hy variaf.

Allas! an contrel a guelaf
Am eux graet, ma emem laetaf[1],
Fellell out af, ha bezaf aet
De nach disleal eval se
Dre ma lausquentez, entreze,
Byscoaz e re nag oann bezet[2]!

Quement eu an bech am pechet
Na ell ma crim bout estimet
Na ma offance graet, a credaf;
Rac ne galhenn tam suramant
Na ne douf nep guys souisant
Na competant de amantaf.

Muy oux muy seul max studiaf
Em mecher da consideraf
Ha pan coufhaf, exaf claf re.
Ma iniquite so re bras,
Rac, quent ez grasenn glan an cas.
Em avertissas an dra se.

---

[1] *Var.* Saetaf. — [2] Byszcoaz é renauo a'n bezet.

Soit! je ne m'en confie pas moins à sa Divinité souveraine et à sa bonté efficace; je me recommande instamment, je me recommande de mon mieux à sa miséricorde.

Maître tendre et doux, bon Seigneur, je vous en supplie, daignez recevoir ma prière; pour rien au monde
ne me repoussez; pardonnez-moi, je vous en prie; af-
fermissez ma foi en vous !

JÉSUS (*apparaissant*).

Pierre, lève-toi; quitte ce lieu, car ta prière est exau-
cée; ne demande plus rien; je te pardonne; ne doute
plus de moi; suis mes préceptes, et tu obtiendras la
grâce de ne plus m'offenser jamais.

SAINT PIERRE.

Ah! Seigneur Dieu! ah! mon bon, mon souverain
Maître, combien vous me rendez heureux par votre miséricorde, à cette heure! Me voilà maintenant tout à
fait consolé!

Me voilà délivré de tous mes chagrins; me voilà al-

Mal em refferaf à graf me
De infinit Divinite
Ha de doucæder cref gant effet;
Ha dan trugarez anezaf
Ent tenn em em gourchemennaf
Muyhaf maz gallaf quentaf pret.

Ma Maestr douce huec, me az requet,
Autrou louen, mas plig guen ez,
Recef ez coudet ma pedenn;
Dre nep tra nam ancoufha quet,
Ham bezif az gracc, me a pet
Ma conferm parfet ez credenn!

JESUS.

Pezr, saf breman, quea ahanenn,

Rac recevet eu da pedenn
Guen ef a crenn; na goulenn quen;
Pardonet out, naz em dout muy,
Dalch ma doctrin maz obtiny
Ha na fazy muy bizhuyquen.

SANT PEZR.

Ach! Doe Autrou, peguen louen,
Ma Maestr deboner souueren,
Ez ouf me perguen graet guen ech
Ha hox trugarez an guez man!
Rac am penet frealset glan
Ouf guen eoch aman oar an lech;

Diliuret ouf oll am holl nech,
Ha scafhaet an poan hac an bech!

légé du poids qui m'accablait! Après mille douleurs, la santé me revient! Je cours apprendre aux apôtres que j'ai vu mon excellent Maître.

✝

MARIE SALOMÉ.

Que la paix croisse entre vous tous! Après le deuil, réjouissez-vous! Jésus est vraiment ressuscité!

SAINT JACQUES.

Que dites-vous, femmes?.....

MARIE JACOBÉ.

Nous sommes allées au tombeau, là nous avons vu un ange, et, comme nous étions fort tristes, il nous a dit, nous l'attestons :

« Celui que vous cherchez, sachez-le bien, est réellement ressuscité. »

SAINT JEAN.

Nous voilà tous bien heureux!

SAINT THOMAS.

Assurément, cette nouvelle est fausse! Quoi! après une mort si cruelle et si certaine! Pour moi, quoi qu'on puisse dire, je n'y croirai jamais !

Goude mil rech em eux yechet!
Me a ya ma hent en quentel
Da comps onest dann abestel
Em eux ma Maestr ufvel guelet.

✝

MARY SALOME.
Peoch rox bezo cresquet gueffret !
Goude pep sourpren, louenhet!
Jesus so cuyt resuscitet !

SANT JALM.
Penaux graguez? . . . . . .

MARY JACOBE
En tal an bez ex omp bezet,

Eno ann ael onn eux guelet;
Hac ex oamp meurbet tristidic,
Pan compsas certen, ny en test :
« Nep a clesquet, ententet prest,
« Resuscitet eu autentic. »

SANT IAHANN.
Chetu ny meurbet guynvydic!

SANT THOMAS.
Hennez so certen termen lic !
Goude quen cruel mervell mic !
Eguyt pep replic, hizhuuquen
Nen crethenn quet !

MARIE SALOMÉ.

Écoutez donc : nous avons vu son suaire, nous; qui ne nous croit pas s'abuse étrangement; sa tombe aussi était ouverte.

SAINT PIERRE (*accourant*).

Ah! mes frères, réjouissez-vous! Notre cher Maître est ressuscité! Je l'ai vu moi-même, croyez-moi.

SAINT THOMAS.

Malgré tout, je ne puis le croire, et je ne le croirai que quand je le verrai.

†

L'HÔTELIER.

Holà! hô! écoutez-moi donc : vite, qu'on prépare à manger; le pays est plein de voyageurs.

RÉBECCA.

Que voulez-vous que nous préparions?

L'HÔTELIER.

Toute espèce de choses, des poulets, des canards, car, les voyageurs, les voici, et il nous en arrivera d'autres ce soir ici; faites vite de la soupe au lait.

MARY SALOME.
Ententet plen :
Guelet onn eux ny an lyen ;
Abuset eu yen nep nen cret;
Han bez a edo dygoret.

SANT PEZR.
A! ma breuder, gret scler cher net!
Hon Maestr ny so resuscitet!
Me meux ef guelet, credet dif.

SANT THOMAS.
Hoaz ne gallaf quet e credif,
Na quen nen guylif ne grif quet.

†

AN OSTYS.
Hola! ho! ententet oux if:
Auset boet dif hep dale muy;
Leun en bet a tremenydy.

REBECCA.
Petra vezo a aushymp ny?

AN OSTYS.
A pep tra, ha yer, ha goazy;
Rac tremenidy cheiu y; hoaz
On bezo oux tremen henoaz
Entromp; gret crenn souben en laez.

LE SERVITEUR DE L'HÔTELIER.

Du lait? vous n'en trouveriez pas une goutte, car la servante le prend tout.

L'HÔTELIER.

Et pourquoi faire?

LE SERVITEUR.

Pour faire le teint de Rébecca.

RÉBECCA.

Tu mens effrontément, c'est faux ! Est-ce qu'on peut le rendre uni avec autre chose que des blancs d'œufs? Laisse donc là toutes tes sornettes !

L'HÔTELIER.

Ainsi s'en vont, pour se faire le teint, toutes les provisions d'un ménage ! Œufs, pots de lait, tout y passe. C'est bien avantageux d'avoir une servante!

RÉBECCA.

Passez votre chemin ; ce n'est pas notre gargote qui vous appauvrira, par ma foi; mais encore faut-il que, pour tenir votre rang, vous ne regardiez pas à un peu de fleur de farine.

SERVICHER AN OSTYS.
Laez 1?
Quet ne caffech un banhe laez;
Rac oll gant an matez ez a.

AN OSTYS.
Na pe da tra?

AN SERVICHER.
Da ober bec 2 *da Rebecca.*

REBECCA.
Gou a leverez plat, nag a 3!
*Ac ef so graet plen a qu**n tra,*

Les texa 4 *da arabadou* 5
Nemet, hep muy; gant guenn uuyou?

AN OSTYS.
Evelse exa holl madou
Un tiec, da ober begou!
An uuyou, han podadou laez;
Mecher mat eu caffout matez!

REBECCA.
Eat ouch hoz hent; en pourentez
Net elot, dram fez, on quezguyn;
Ha hoaz ez fell, do derchell din,
Lacat un nebeut a bleut fin.

---

1 Var. Lauez. — 2 — Da ober bec. — 8 Naga. — 4 Les te. — 5 Dan naou.

. L'HÔTELIER.

Dépêchez-vous, silence! et vite à votre cuisine et à
vos plats!

LE SERVITEUR.

Pour du silence, vous n'en obtiendrez pas; mais vous
trouverez le repas cuit à point.

SCÈNE VI

LE TÉMOIN.

Il se montra aux deux bons disciples qui allaient à
pied, vers le soir, disputant entre eux gravement, au
sujet des choses de la foi;

Sur leur prière, il mangea avec ces deux hommes,
dont le premier était Cléophas, et le second, un autre
disciple; et ils le reconnurent à la fraction du pain.

AN OSTYS.

Hastit tixmat, list hox tatin!
An boet en queguyn dotrinet!

AN SERVICHER.

Nep aoun [1], an dra se nox bexet;
Boet a queffet darevet clos.

VI

AN TEST.

Dan nou [2] disquibl mat

A ye oar ho troat
En un debat bras
Dioar penn an fez,
Quent abredahex
En em discuexas;

Gant e ex debras;
Hac y en pedas;
—Da Cleophas voe
Han arall a yoa;—
Ha dre an bara
Y en axnavoe.

---

[1] Var. Nep oun.

†

CLÉOPHAS.

Quitte ce lieu, allons à Emmaüs; lève-toi et habille-toi. Comme il est aisé de le voir, notre Maître est perdu, je crois, et je ne le retrouverai pas vivant ; désormais, plus de joie pour moi, plus de bonheur.

LUC.

Allons donc, car il est temps; me voilà prêt. Le jour est encore loin, je pense.

CLÉOPHAS.

Je le crois aussi. Marchons vite, quoique je me sois mis en route le cœur tout malade, par suite du chagrin qu'il me cause.

LUC.

Le mien l'est de même quand je pense à lui, et je ne suis pas le seul qu'il ait affligé; oui, je suis triste quand je me le rappelle.

CLÉOPHAS.

Il me fait beaucoup de peine, mais de bien aussi quel-

CLÉOPHAS.

Deux alesse, deomp da Emaux;
Gourre da drem, ha da em aux.
Pan guelomp an caux penaux eu
Hon Maestr so collet, a credaf,
Ha bizhuyquen ne louenhaf [1]*,*
Na ioa ne graf; nen guelaf beu.

LUCAS.

Deomp oar se affet, rac pret eu,
Me xo, hep nep safar, dareu.
Pell en dez eu, a desevaf.

CLÉOPHAS.

Ha me cret. Ret eu querxet scaf;
Oarsus aet en hent pep quentaf
Gant hirvout dexaf meur claf ouf.

LUCAS.

Ha me avex, pa em bex couf,
Ha ne deux queuxet nemet ouf;
Ha trist ouf pan droaf de coufhat.

CLÉOPHAS.

Difme ex gra cals cref, a mat

---

[1] *Var. —* Ha bizvyquen ne laouenhaf.

quefois, après mes larmes, quand son image se présente
à mes yeux.

LUC.

Moi de même, elle me réjouit; il était si bon, si doux,
si pur, si rayonnant, si sûr, si sage et si saint!

CLÉOPHAS.

Aucun grand prophète n'a été comparable à lui; mais,
dans la circonstance présente, sa science a été petite.

LUC.

Je pensais qu'il serait roi de Jérusalem et de tout le
pays, que Dieu, qui l'a créé, le sauverait, et ne haïrait
pas un ami au point de le laisser mourir, dans mille
tourments, sur le mont du Calvaire.

CLÉOPHAS.

Un docteur de notre loi a écrit que le Messie devait
mourir sur la croix, ce qui est horrible.

LUC.

Je pense que cela n'est pas exact, car d'autres hommes
excellents ont écrit qu'il est et doit rester toujours vi-

A guezou, goude dazlou plat,
Pan droof[1] da coufhat e statur.

LUCAS.

Ha dif ex gra mil pligiadur;
Rac ef a yoa mat a natur
Douce, pur, illur, sur, ha fur glan.

CLEOPHAS.

Ne doa nygun dezan unvan
Prophet bras; nemet en cas man
E squient aman bihan voe.

LUCAS.

Me deseve ez vihe roe

En Hierusalem hac en ploe;
Hac en mirse Doe en croeas,
Hac eguyt se ne casfe car[2]
Quement, gant mil reux, ne deux mar[3],
En menex Calvar max marvas.

CLEOPHAS.

An den[4] on rex ny a scryvas
Ez dlee devry Messyas
Mervel en croas; cas azgas eu.

LUCAS.

Ned eu quet espres, am deseu,
Rac gant tut parfet scryvet eu
Pepret dre xeu ez dle beu chom,

---

[1] *Var.* Pan deuaf. — [2] Cat. — [3] Mat. — [4] Dez.

vant, comme le témoignent clairement nos prophètes dans l'Écriture : *Christus manet in æternum.*

CLÉOPHAS.

A mon avis, s'il avait pu rester vivant, il le serait encore; mais, comme plus d'un, l'événement l'a trompé.

LUC.

Et tu crois que notre Maître, s'il était le Messie, a vécu et est ressuscité?

CLÉOPHAS.

Je ne sais, en vérité, que croire; je sais seulement qu'il assurait qu'il ressusciterait le troisième jour.

LUC.

Oui, il l'assurait; aussi voilà pourquoi on a trouvé un suaire dans le tombeau, au dire des femmes, dont la foi est grande.

CLÉOPHAS.

S'il a mérité de ressusciter, je ne sais où il pourrait être, ni où il s'est enfui; tout cela ne semble fort douteux.

LUC.

Je ne sais rien non plus; mais, quelque part qu'il soit, puisse-t-il connaître ce doute !

Evel maz edy en Lyzer
Gant hon Prophedet scryvet sclaer :
Christus manet in aeternum.

CLÉOPHAS.
Me cret a se maz galse chom
Ez chomse; hoguen, hep ezom
Unan, dre un som en trompas.

LUCAS.
A te a deseu ez bevas
Hon Maestr ny, mar doa Messias,
Nac ez daczorchas en cas se?

CLÉOPHAS.
Ne gon en bet a men crethe;

Hoguen me goar ez lavare
Ez daczorchse dan trede dez.

LUTAS.
Ya voe; ha gant se yvez
Cafet voe an lyen en bez,
Emen graguez, so a fez bras.

CLÉOPHAS.
Dre merit maz resuscitas
Ne gon maz ve na maz techas;
Me gra un dout bras an dra se.

LUCAS.
Ne gon quet netra; na maz re
Ma carhc gouzout an dout se !

†

JÉSUS.

La paix et la cordialité soient avec vous, enfants! Quels beaux discours tenez-vous ainsi en cheminant, et de quoi disputez-vous tous deux? Personne avec vous, ni écuyer, ni page ; et vous êtes tristes.

CLÉOPHAS.

Et toi, pèlerin, où demeures-tu donc? Si tu viens bellement de Jérusalem, ne sais-tu rien du grand Mystère? ne sais-tu pas ce qui s'est passé depuis trois jours? De toutes parts, des cris d'alarme et de pitié. Au lieu de l'événement, on le connaît assez.

JÉSUS.

De quoi donc s'agit-il?

CLÉOPHAS.

De Jésus, puisqu'il faut vous le dire; de Jésus de Nazareth, le cher, le grand, le parfait prophète. Il était toujours gai, toujours aimable en ses discours; il était très-puissant en paroles et en œuvres, en vraies œuvres de Dieu.

Eh bien! les Scribes et les Princes des prêtres se sont

---

†

JESUS.

Peoch cordial deoch, bugale!
Pebez compsou en compsou se
Ouz vale so evelse mist
A lyvirit enn hent entroch?
Quet gueffret ne deux nemed och
Hep paig na floch; hac esouch trist.

CLEOPHAS

Ha te, pirchyrin, ma minist?
A Hierusalem, ha te mist,
Na gousot tra mistr an Myster?
An hu a pep tu, han truez
So hoarvezet goude try dez?

En lech maz hoarvez ez vez sclaer.

JESUS.

Petra?

CLEOPHAS.

A Jesus, ma on quezlusquer [1],
A Nazaret, an prophet quer,
Meur hac antier. Pep amser voe
Seder, deboner en gueryou,
Galloudec meur en oberyou
En compsou hac en eufrou [2] *Doe;*

Pe heny, dre un afvy bras,
Hep quet a abec, ha dre cas,

---

[1] *Var.* En queulusquer. — [2] Eufrau.

pris de querelle avec lui, et, par envie, par haine, et sans aucun motif, ils ont mis fin à ses jours, en l'envoyant à un supplice atroce.

Et nous qui pensions tous qu'il serait réellement le Sauveur suprême, particulièrement celui des enfants d'Israël, le plus grand de leurs fils, qu'il serait le Messie! nous qui en étions si joyeux!

JÉSUS.

O stulti et tardi corde! « Insensés dont le cœur est lent » à croire ce que les prophètes ont annoncé! Pour entrer dans sa joie, ne fallait-il pas que le Christ fait homme souffrît? N'est-il pas écrit que cela devait arriver?

Moïse l'a marqué dans deux ou trois de ses livres, ensuite Isaïe, Jérémie, le bon Michée, Joël et Daniel; David surtout, puis Ézéchias, en ont parlé très-clairement.

Mais il faut que j'aille vers mon père; je vois le soleil

Out af a quemeras astrif
An scribet han prelladet bras,
Pe re dreize max finvezas
Dan marv glas en leuzras hastif.

Ny oll a predere real
Ez vihe Salver general
En specyal dan bugale
A Israel, ha buguel bras,
Hac en divise Messias !
Hac hon oa ioa bras dan dra se!

JESUS.

O stulti et tardi corde

Da cridif real evalse
An pez a re an profecy !
Da antren en ioa, an doa ret
Da Crist doen poan [1] *pan oa ganet ?*
Drex eu scryvet nen deu quet sy?

Moyses devry a scryvas
Lifryou dou, try; Ysaias
Hieremias, Micheas mat,
Johel ha Daniel ho heulyas;
David, membry, Ezechias
Glan a compsas an cas a stat.

Orcza me ya bede ma tat;

[1] *Var.* Da Christ douen poan.

qui s'abaisse. Paix à vous, braves gens, et vivez longtemps !

LUC.

Seigneur, n'allez pas plus loin ; pour manger et pour
vous refaire ôtez votre manteau, ne résistez pas; venez
prendre un peu de repos. Voilà la sôirée qui avance,
restez dormir avec nous cette nuit.

JÉSUS.

J'ai des raisons d'aller beaucoup plus loin; je dois
continuer ma route.

CLÉOPHAS.

Certes, vous vous arrêterez ici! Nous vous tenons et
ne vous lâcherons plus. Entrons dans l'hôtellerie du
bourg.

L'HÔTELIER.

Soyez les bienvenus, mes hôtes, et que ceux de ma
maison vous honorent par-dessus tous, ainsi que le pèlerin votre compagnon. Vous allez trouver, par ma foi, un
repas fort à votre goût, et le bon vin n'y manquera pas.
(*Ils se mettent à table.*)

An heaul men guel ouz yselhat;
Peoch deoch, tut mat [1]*, ha da pat pel!*

LUCAS.

Autrou, muy nag a da travell;
Max dibry ha max vizy guell
Lam da mantell, na rebell quet;
Deux allesse, quemer repos;
Chede an dez abredahez clos;
Chom guen eomp vez nos da cousquet.

JESUS.

Me meux dre raeson da monet

Un pell meurbet; rac effet so

CLEOPPAS.

Certes, en som te a chomo!
Ny az dalcho ne vezo muy;
Deomp en kaer dann ostalery.

AN OSTYS.

Deuet mat affet ra vihet huy
Ma ostysien, dreist pep heny
A re msy [2] *gant hoz pirchyrin,*
Hac ez queffet boet a deiry
. Auset doz guys, na lyquit sy,
Ha guyn adevry hiny fin [3]*.*

---

1 *Var.* Tut matha. — 2 A remsy. — 3 Hiny pur.

CLÉOPHAS (*au moment où Jésus, reconnu à la fraction du pain, disparaît*).

Ah! Dieu! notre bon Maître, quel pieux enseignement! quelles saintes paroles! Par quels signes vous me remettez ici dans le devoir! D'où vient cette faveur nouvelle? d'où vient que, bon et doux, et indulgent, vous vous soyez montré secrètement à nous?

LUC.

C'est le signe du pain! j'y crois! c'est Lui! il existe! il est revenu à la vie après avoir été mis à mort! Qu'est-il besoin d'autre témoignage? il est réellement ressuscité. Quel bonheur pour nous!

CLÉOPHAS.

Notre cœur n'était-il pas embrasé dans nous, et brûlant, quand Jésus, en personne, sous un autre visage, nous enseignait en chemin sa doctrine, et nous ouvrait les Écritures?

LUC.

Il l'était, certes, et tout en feu. Maintenant, je le reconnais! Oui, c'est lui! Notre bonheur est à son comble. Mais courons vite, ne balançons pas, allons apprendre cette nouvelle à ceux qui le pleurent encore.

CLÉOPHAS.

Ach Doe! peguen deuot doctrin!
Hon Maestr deboner, a guer din!
Aman dre sin moriginet!
Penaux ezeu, so tra nevez,
Doucc ha clouar e trugarex,
Deomp ny privez em discuezet?

LUCAS.

Dioux sin an barai me a cret!
Ezeu ef, eu, ha so bevet
Goude bout bezet lazet mic!
Ne fell deomp plen quen testeny;
Resuscitet eu a devry;
Dre se exomp ny guynvoudic!

CLÉOPHAS.

An doa en omp ny birvidic
A Jesu, en quic, difigur,
Hon calon ny, ha lisquidic,
En hent plen guen eomp, ha deomp ny
Pan disclaerye e matery,
Ha pan diguery an scriptur?

LUCAS.

Oa suramant, ac ardant pur,
Breman men exneu! ef eu sur!
Ny so dreist musur eurus.
Apret redomp, na sellomp rout,
Deomp affo da rei da gouzout
Dan tut so edivout hyrvoudus.

12.

RÉBECCA.

Votre écot! ne disputez pas; payez de bonne grâce avant de sortir; pas de refus.

CLÉOPHAS.

Hélas! ma chère, laissez-nous; nous n'avons pas un denier en poche; quand nous reviendrons, vous serez payée; vous ne perdrez rien, je vous jure.

RÉBECCA.

Et le troisième? où s'est-il enfui? Rappelez-le sans faute ici; je veux savoir ce qu'il est devenu.

LUC.

Il a continué son voyage, sans doute; nous ignorons où il est allé.

RÉBECCA.

Je m'en moque; payez-moi, payez-moi, vous dis-je, ou je vous arrête.

CLÉOPHAS.

Une autre fois, nous vous payerons, et vous serez contente de nous.

REBECCA.

Hox scot! na vexet riotus;
Quent ex ehet, paet hetus
Ha gracius; na refuset.

CLÉOPHAS.

Allas! ma cares, hon leset,
Rac ne deux diner en baguet:
Pan deuhymp arre paet vihet;
Ne quolhet netra, ma credet.

REBECCA.

Na max eu techet an trede?

Aman ez renthet [1] hep trete;
Ret ex gouffenn me max e aet.

LUCAS.

Aet eu en e rout, na doutet;
Ne gousomp pen lech ex eu techet.

REBECCA.

Ne graf forx a se; ma paet;
En guyr fet, pe moux arreto.

CLÉOPHAS.

Pan deuhymp arre, ny a paeo,
Ha hox contanto en hox grat.

---

1 *Var.* Aman en rentet.

RÉBECCA.

Est-ce bien sûr?

LUC.

Oui, brave femme.

RÉBECCA.

Je verrai, alors, si vous êtes d'honnêtes gens.

CLÉOPHAS.

Dieu sait si nous sommes honnêtes!

†

LUC.

Frères, prenez un air joyeux; oui, nous avons lieu de nous réjouir : Jésus, notre bon Maître, Jésus, nous l'avons vu ressuscité.

CLÉOPHAS.

Oui, il s'est montré à nous en personne par un effet de sa bonté, je vous l'affirme; nous en étions dans le bonheur; il s'est assis avec nous, et c'est seulement au moment où il a rompu le pain que nous l'avons reconnu.

SAINT MATHIEU.

Grâces en soit rendues au ciel! Après notre af-

REBECCA.
Sur ha certen?

LUCAS.
Ya, gruec mat.

REBECCA.
Me crethe ez vech ezech mat.

CLÉOPHAS.
Doe a goar peguen hegarat!

†

LUCAS.
Hon breudeur, gret seder cher mat;

Ni a dle seven louenhat :
Jesus hon Maestr mat ha natur
Honn eux guelet dacxorchet sur.

CLÉOPHAS.
Em discuezet net, credet pur,
Eu deomp ny adevry sigur,
Dre e pligiadur; eur voe ;
Guen comp asezet ez edoa;
Hac ouz terrif plen hep quen tra
An bara, ny hen aznavoe.

SANT MAZE.
Goude tristez, trugarez Doe!
A hon holl sourpren hac enoe

fliction, notre émoi, tous nos ennuis, le Fils de Dieu viendra nous consoler! Après avoir tant pleuré sur lui, adressons-lui de ferventes prières, et mettons en lui notre foi.

SAINT THOMAS.

Je ne suis pas si facile à persuader, et, plus je songe à lui, moins je puis ajouter foi à ce qu'on dit ici.

SAINT JACQUES.

Quant à nous, petits et grands, nous avons lieu de nous réjouir.

JÉSUS (*apparaît*).

Paix à vous tous en cette maison! Me voilà venu pour vous voir : regardez bien comment, apres mon martyre dans le monde, je suis debout, vivant, glorifié, et croyez en moi.

SAINT JEAN.

Quel parfum, quelle odeur suave répand notre Sauveur, et quelle clarté! n'est-ce pas? et que sa parole a de force! Entendre le doux son de sa voix réjouit vraiment toutes les âmes!

Ex duy mab Doe don [1] *avocaf!*
Goude edivout hirvout [2] *tenn*
Greomp dezaf pepret guyr peden.
Ha lequeomp hon creden en haf.

SANT THOMAS.

Ne douf quet en termen quen scaf,
Na ne gallaf, pan songiaf glan
En haf, cridif tam an dra man.

SANT JALM.

Bout reiouisset en pret man
A dleomp, ny, bras ha bihan.

JESUS.

Peoch deoch lo man guytebunan!
Chetu me deuet doz guelet glan;
Sellet aman pe en manyer,
Credet huy, ex ouf glorifiet,
Goude ma holl poan oar an bet,
Savet, resuscitet seder.

SANT IAHANN.

Pebez odeur a saour quer
So special gant hon Salver!
Na pebez sclaerder, leveret,
Na peguen cref eu moex e guer!
Clevet son e ton deboner
A reiouys sclaer pep speret!

---

1 Var. Do'n. — 2 Hirvot.

SAINT JACQUES.

Comme il reparaît triomphant! Mais par où donc est-il entré? Il n'a rien ouvert.

SAINT JEAN.

Certes, il fait tout ce qu'il veut. (*Jésus disparaît.*)

SAINT THOMAS (*survenant.*)

Bonheur à vous, mes frères!

SAINT PIERRE.

Ta dureté, Thomas, te porte toujours préjudice; prends garde à toi! Las! était-il besoin que tu nous quittasses tout à l'heure pour aller à tes affaires! Si tu étais resté, je l'affirme hautement, tu aurais vu notre doux Seigneur.

SAINT THOMAS.

Assez de paroles! donnez-moi la paix; votre empressement m'irrite.

SAINT JACQUES.

Il n'est pas assez grand, je pense.

SAINT THOMAS.

Je le jure, je ne croirai jamais, non, jamais, que je

SANT JALM.

Peguen crenn ez eu em tennet!
Na pe dre ezeu antreet?
Nen deveux dygoret netra.

SANT IAHANN.

Certes, evel a car a gra.

SANT THOMAS.

Breudeur [1], deoch pepret me pei ioa[1]

SANT PEZR.

Pepret [2] dit, Thomas, ez noasha
Da caleler; az evezha!

Allas! a ret oa ez azes
Breman ahanen dan quentel?
Pan vihes chomet, me cret hei,
Hon Autrou ufvel a guelses.

SANT THOMAS.

Lyst hoz compsou! couls eu pouez [3];
Hoz holl prcs eu ma eresaf.

SANT JALM.

Imparfet eu, a desevaf.

SANT THOMAS.

Bizhuyquen [4] parfet nen [5] credaf
Dre nep hefvel, quen na guelaf

---

[1] *Var.* Breuder. — [2] Bepret. — [3] Paouez. — [4] Bizvyquen. — [5] Ne'n.

n'aie vu et visité, sachez-le, les plaies faites à son côté, et à ses mains et à ses pieds.

†

LE CENTURION.

Bonjour à vous, Gamaliel. Jésus s'est levé du tombeau, n'en doutez pas; c'est un ange qui l'a annoncé, ce matin même, un peu avant le jour, aux trois Maries.

Mais je crains, je ne m'en cache pas, qu'on ne s'en aille disant que, d'accord avec ses disciples, je le leur ai vendu bel et bien. Voilà où en sont les choses : donnez-moi donc, s'il vous plaît, un conseil.

GAMALIEL.

Ne craignez pas; je sais le moyen de vous venir en aide. Écoutez-moi bien : dites-leur qu'ils commencent par vous rendre Joseph d'Arimathie, et ne vous inquiétez de rien; écoutez, vous dis-je :

Qu'ils vous rendent Joseph, sur l'heure, pour te-

No visitaf en guellhaf stat,
Na lequet sy, an gouliou
A voe graet frost en e costou,
Hac en e palvou, he dou troat 1.

†
CENTURIO.
Dez mat dihuy, Gamaliel;
Jesus so savet, credet hel,
Gant ann ael ez eu revelet
Hizyeu en beure, ne deu sy,
Quent bout pell en pez anezy,
Credet detry, dan Mariet.

Hac ez doutaf, nen nachaf quet,

Na ve nep safar lavaret
Em be ef guerzet dre trete
De disquiblyen, nep termen quet.
Rac se, cheiu so, me hoz pet,
Ma cusulyet oar an fet se.

GAMALIEL.
Nep aoun, me a goar an doare :
Entent dif res, lavar deze
Ez rentent dide da quentaf
Joseph ab Arimathia;
Ha naz em douet quet a netra,
Entent petra a lavaraf :

Roent ef tiz do em acuytaf,

1 Var. E daou troat.

nir leur engagement, et engagez-vous, de votre côté, à leur rendre à l'instant le Seigneur Jésus en personne, à le remettre sous leurs yeux sans faute. Tel est le moyen de vous tirer d'affaire,

Car, vendredi dernier, les cruels, ils ont jeté Joseph dans un cachot noir, dur, profond, rempli d'immondices, au moment où le bon Jésus s'élançait vivant du tombeau, par sa seule puissance.

Or il en a retiré Joseph sain et sauf, et puis il est parti pour la Galilée, où il est très-certainement en ce moment.

Faites ainsi, et, croyez-moi, ils seront tout épouvantés et extrêmement humiliés de ne plus retrouver Joseph.

LE CENTURION.

Votre avis est bon et me plaît; je vais hardiment vers eux, moi et les miens, sans perdre une minute. -

†

CAÏPHE.

Allons! dépêchez-vous! amenez-moi Joseph qu'on a

Hac ez renty hep faziaf
Deze ent scaf, hep tardaf pret,
Ent espres an courtes Jesu
Dirac ho drem, hep nep remu;
Chede da argu concluet,

Rac dez guener dre ho crueldet
En prison teval ha calet
Doun meurbet hac en lastez bras
Ez voe lequaet do apetit;
Jesu deboner dre merit
Ent escuyt, pan resuscitas,

Ahane dinam en lamas;
Ha da Galile en reas,

Certen bras eu en cas a se.
En faeczon man gra; ha ma cret,
Goall nen queffont [1], ez int spontet
Hac abaysset meurbet cre.

CENTURIO.

Hoz cuzul so mat, dam grat me;
Me ya mat ha [2] tenn bet enn he [3],
Ha me ham re, hep dale quet.

†

CAYPHAS.

Cza, it!
Querchyt Joseph so en effet

[1] Var. Goall ne'n quefont. — [2] Matha. — [3] Bet e'nhe.

laissé au fond du cachot, où il est puni comme il le mérite. Depuis qu'il y a été mis, il soupire ardemment, je
suppose, après celui qui l'en fera sortir.

LE GEOLIER.

Je cours le chercher de ce pas.

ANNE.

Quand il sera arrivé, nous lui ferons son procès, et il
sera puni comme il doit l'être; je veux le faire souffrir
selon ses mérites, car il est toujours contre nous : il
faut en finir avec lui une bonne fois.

LE GEOLIER (*revenant*).

Seigneur, se peut-il être? Voilà une chose bien extraordinaire, et un cas tout nouveau! Je ne le retrouve
plus dans la tour, en vérité, quelque bien murée qu'elle
soit; je n'en reviens pas; je ne sais qui l'a emmené.

CAÏPHE.

Comment? est-ce que tu te moques de moi? est-ce
qu'il s'est enfui? Parle sans fiction : pourquoi n'est-il
pas venu avec toi?

En prison don abandonet
En doan ha penet competant.
Aban eu laquaet, calet cre,
Da bout oar an maes nep en lshe,
Me a crethe, en deffe hoant.

AN GEAULYER.

Me a ya de querchat batant.

ANNAS.

Greomp e proces en e present [1],
Max punisset [2] dre e talant;
Rac mem be hoant de tourmantaf
Herrez ma en deveux dellezet,
Rac ema non enep [3] peprit;

Ret eu deomp un pret e tretaf.

AN GEAULYER.

Autronez, petra ez guell bezaf?
Chetu marvaill bras ha cas scaf!
Anezaf rac nen cafaf quet
En tour, men goar, nac eu mar cre;
Maz ouf soezet bras dren [4] dra st;
Ne gon pe gant re ef e aet.

CAYPHAS.

Petra!
A te gra goap? ac achapet
Eu ef? lavar yach, na [5] nach quet:
Perac nac eu ef deuet guen ede?

---

[1] *Var.* Presant. — [2] Maz punisser. — [3] O'n enep. — [4] Dre'n. — [5] Ne.

LE GEOLIER.

Parce que je ne l'ai pas trouvé, je vous le jure. Il est sorti de prison, mais je ne sais par quel endroit; je n'en suis pas moins surpris que vous et reste stupéfait de sa disparition; mon étonnement est à son comble.

ANNE.

Réponds-nous nettement et vite, : Est-ce que tu as laissé la porte ouverte?

LE GEOLIER.

Nullement. Vous savez bien qu'elle était close, qu'elle avait été fermée à quatre clefs, par vous-même, et que ces clefs vous répondaient de lui.

CAÏPHE.

Tout cela nous étonne grandement. Voilà un prodige effrayant! Il est bien contrariant pour nous qu'il se soit enfui sans que nous sachions comment; il faudra tenir la chose secrète.

ANNE.

Si elle venait à être sue des grands ou du peuple, ils nous feraient une rude guerre.

AN GEAULYER.
Rac nen cafaf quet, credet se;
Aet eu e hunan ahane,
Ha ne gon pe dre eze aet;
Soezet ouf yvez oar nezaf,
Hag abaff a goall nen cafaf;
Ham em marvaillaf a graf net.

ANNAS.
Respont deomp glan breman a pret :
Ac an nor a yoa digoret?

AN GEAULYER.
Nag oa quet,
Huy a goar tenn ez oa prennet

Gant pevar alhuez alhuezet
Guen eoch, ouz miret ez edont.

CAYPHAS.
Soezet omp gueffret meurbet pront;
Hennez so marvaill bras ha spon
Ha deomp ez redont en contrel
E bout aet breman ahane
Hep gouzout caux penaux ve[he] ;
An dra se ez falhe tevel.

ANNAS.
Mar hen entent an nep quentel
An tut a pris nan re yssel
Ez rohint deomp cruel bresel tenn.

13

LE GEOLIER.

Je n'y puis que faire; je souffrirais tous les supplices du monde, et même la mort, sans parvenir à le retrouver.

LE CENTURION (*arrivant*).

Çà! Messeigneurs, apprenez-le : il est parti, il est ressuscité! Jésus, avant le jour, s'est levé! Oui, n'en doutez pas, celui que vous avez si cruellement crucifié est sorti de lui-même du tombeau.

ANNE.

Expliquez-vous.

LE CENTURION.

Voici l'exacte vérité :

Au point du jour, certaines femmes sont venues au tombeau, sachez-le, et un ange à l'aspect terrible, parlant à trois d'entre elles, leur a dit :

« Femmes, celui que vous cherchez est parti et ressuscité; regardez, il n'est plus ici. Quittez ce lieu, et allez

---

AN GEAULYER.

Ne gon pebez tra a grahenn;
Eguyt quement reux max quevzxenn;
Pan marvhenn crenn, nen caffenn quet.

CENTURIO.

Orcxa, Autronez, gouxvezet :
Ex eu aet cuyt resuscitet !
Ha savet quent eguet an dex
Jesus; credet flam an dra man,
A cruciffat ha gant poan,
E hunan glan emaes an bez.

ANNAS.

Pe en faecxon?

GENTURIO.

An guyryonez
Eu, hep nep gou : en dexrou des
Penaux pennac ex deu graguez
Da quichen an bez, gouxvezet,
Ha neuse un ael, cruel cre,
Oux an teyr grec a prezegue
Hac a lavare gant effet :

« Graguez, certes, nep a clesquet
So aet cuyt ha resuscitet;
Aman quet, sellet, ned edy .
Eth alesse [1]*, ha leveret*

---

[1] Var. Et.a lesse.

apprendre à ceux qui le pleurent qu'il est vraiment revenu à la vie. »

CAÏPHE.

Quelles étaient ces femmes? pourquoi ne les avez-vous pas arrêtées à l'instant? pourquoi ne les avez-vous pas conduites ici? Nous les aurions fait mettre sans égards en prison et interrogées avec soin.

LE CENTURION.

Nous avons été si effrayés, que nous n'aurions pas eu la force de marcher, ni même de dire une parole; nous sommes demeurés stupides comme des muets; nous n'étions pas trop braves!

ANNE.

Il n'est pas ressuscité! il ne l'est pas! Vous êtes un menteur, un imposteur, un mal avisé! Gardez-vous bien de répéter cela! Si vous le publiez, mal vous en prendra; sans parler du tort que cela nous fera.

CAÏPHE.

Pas de mauvaise excuse! vous savez fort bien où il est; il vous en coûtera ou vous nous le rendrez, sachez-le.

De re so edivout hyrvoudet
Ez eu dacxorchet, hep quet sy. »

CAYPHAS
Piou oan ¹ groaguez se adevry?
Perac en lech no dalchech huy,
Ha ho diquacc deomp ny da miret?
Ha ny a caffe ² acc faeczon
Do lacat dispris en prison,
Max vient don questionet.

CENTURIO.
Quent divergont ex viomp spontet,
Non oa quet a nerz da querzet,
Na hoaz quet da lavaret guer;
Quen astut evel tut mudet

Ez ez oamp neuse en effet;
Non em cafemp quet re seder.

ANNAS.
Ne deu quet resuscitet sclaer!
Quent se ho compsou so gouyer ³,
A prefer, a druc ⁴ pridiry!
Na leveret quet en fet se!
Rac mar publiet, drouc graet ve;
Ha prejudicc cref ve deomp ny.

CAYPHAS.
Lyst ho digarez anezy!
Rac huy goar affet max edy;
Ha deomp ny, ma en gouviet,
An despet do dent en renthet.

¹ Var. Oa'n. — ² Cafse. — ³ Hoz compsaou so gaouyer. — ⁴ Drouc.

LE CENTURION.

Quand je vous dis qu'il est ressuscité! Mais si vous voulez qu'il vous soit rendu, je vous le rendrai, je l'affirme; cependant commencez par nous rendre, sain et sauf, à nous-mêmes, Joseph d'Arimathie.

ANNE.

Pour celui-là, ne t'inquiète pas de lui; il est toujours dans la tour où on l'a enfermé, sois-en sûr, et il y est tenu si à l'étroit et si durement, qu'aucun sectaire ne pourrait le délivrer, ni même n'essayerait de le faire.

LE CENTURION.

Jésus est en Galilée; j'ai entendu l'ange le dire de la manière la plus positive aux trois Maries.

CAÏPHE.

Nous ne le croyons pas.

LE CENTURION.

Bien des témoins, cependant, pourraient attester et certifier le fait, sachez-le.

ANNE (*bas à Caïphe*).

Ce serait pour nous un grand sujet de honte et d'op-

CENTURIO.

Resuscitet eu ma clevet!
Ha deoch [ez] renther [1], mar quæret,
Ma credet, na doutet netra,
Salv ez renthet hep contredy
Breman plen a cërten deomp ny
Joseph ab Arimathia.

ANNAS.

A hennez spes nax em esma;
Rac en tour prennet maz edoa,
Eno ema, cret an dra se,
Rac dalchet eu berr quen terribl
E quacc en maes ne ve aesibl.
Da nep disquibl impossibl ve [2].

CENTURIO.

Ha Jesus so en Galile;
Me clevas an ael evel se
En certifie gant effet
Hep quet a sy, dan Mariet.

CAYPHAS.

..... Nen crethemp [3] quet.

CENTURIO.

Dre cals a testou, hep gou [4] quet,
Ez galhe douf beza preufvet
Ha certifflet, credet se.

ANNAS.

Mesequaet net, iffamet re
Vihomp re diblas dren drase :

---

1 Var. Reaher. — 2 Impossib ve. — 3 Cretemp. — 4 Gaou.

probre, en vérité, si ce fait venait à être connu ; il faut donner beaucoup d'argent à ceux qui l'ont gardé, afin qu'ils démentent tous les meneurs.

CAÏPHE.

Hommes d'armes, soyez-nous fidèles, et tenez. (*Il leur donne de l'argent.*)

Maintenant, dites hautement et hardiment à tout le monde, et ne vous lassez pas de dire qu'il vous a été enlevé par ses disciples, qui ont pénétré dans le tombeau.]

LE CENTURION.

Cet arrangement ne me convient pas, apprenez-le, car Il est plein de vie. Il est ressuscité, j'en suis certain et je le jure. Il a été vu par deux hommes d'honneur, qui l'ont reconnu à merveille quand il leur a rompu le pain.

Dans cette ville et dans tout le pays, on sait parfaitement et certainement ce que vous avez fait et ce qui est arrivé. Rentrez en vous-mêmes! N'avez-vous pas lieu,

Y a ha mar be gouzvet;
Rac'e reif archant enn antier
Eguyt nach repouz pep re[ner]
Da nep en mire a ve ret.

CAYPHAS.
Tut a armou,
Bezet ouz omp leal; dalet.
Cref ha fier ha levezet
Da pobl an bet, ha na gret quen,
Ez voe lazret [1] hep contredy
Dioar an lech diguen ech huy·
Adevry gant e disquiblyen.

CENTURIO.
Me nem deur quet, ententet plen;
Rac dacxorchet eu beu seven;
Ha me so certen, hac en toue.
Ha gant dou den [2] net ez edoa,
Ha dren fraction an bara
Dreist pep tra y en aznavoe.

En kaer [3] man glan, ha oar an ploe,
Ez gouz a certen [4] hep enoe
Evel maz hoarvoe, drex voe graet.
Aviset! a noz eux quet lech,

[1] *Var.* Laezret. — [2] Daou den. — [3] Ker. — [4] Ez gouza certen.

peuple entêté, de vous repentir d'avoir commis un pareil crime?

ANNE.

Ces paroles m'inquiètent beaucoup.

CAÏPHE.

Moi de même; en l'écoutant, je me sens tout troublé dans mon âme, et jusqu'aux racines de mon cœur.

ANNE.

Vous voyez la difficulté; si vous savez le moyen d'en sortir, parlez, n'hésitez pas.

LÉVI.

Écoutez et comprenez bien ce que j'ai vu et entendu, et ajoutez foi à mes paroles.

Dans le temps où naquit Jésus, et où on le vit dans le temple, il y fut présenté à Siméon.

Celui-ci était un homme loyal et sage, qui, dès qu'il l'aperçut, le prit avec bonheur entre ses bras très-vénérables, en adressant ces paroles textuelles à sa sainte mère:

Pobl obstinet, da quempret [1] *nech,*
Bout graet guen ech e seurt pechet?

ANNAS.

An compsou man am gra doanyet.

CAYPHAS

Ha me so seder em speret,
Ha bede griziou ma coudet [2]*,*
Ous ho clevet, perturbet bras.

ANNAS.

Entroch a cleu aman an cas;
Lyviril, na refusit pas,
Mar gousoch nep compas a se.

LEVY.

Ententet, clevet un trete
A guylis hac a clevis me ;
An dra se ma credet me sur.
En amser glan max voe ganet
Jesus, hac en templ contemplet,
Ex voe presentet, credet pur,

Da Symeon, den guyrion fur,
Pe heny pan en guelas assur
En quemeras pur assuret
Entre he diou brech hep nech tam
En un lavaret, credet flam,
En compsou [3] *dinam de mam net :*

---

[1] *Var.* Quemeret — [2] Caoudet. — [3] An compsaou.

« Votre fils, que voici, est, en vérité, l'homme qui doit racheter le monde; c'est lui qui délivrera du mal la race humaine, qui la retirera de l'abîme glacé, qui sauvera toutes les nations de la terre. »

CAÏPHE.

Voici que notre ardeur cruelle se change en gémissements. Maudit soit le jour où nous sommes nés! La crainte et l'effroi me confondent. Que ne puis-je mourir à l'instant! C'est merveille que je ne tombe point malade!

ANNE.

Par ma foi, je voudrais apprendre ce qui en est vraiment de Joseph. Connaissons-nous quelque moyen capable de nous le faire retrouver? Ses paroles, ô Anciens du peuple, seraient pour nous un témoignage certain.

UN CHEVALIER.

Si vous le mandiez formellement par quelqu'un qu'il aimerait beaucoup, je crois qu'il viendrait bientôt; si vous lui envoyiez un homme comme il faut, qui le prierait avec courtoisie et lui parlerait poliment,

---

« Heman, da mab, nen beu [1] goap quet,
Eu redempteur humen an bet;
Dreiz af affet redimet glan
Vezo lignez den a penet.
Hac ann abym yen dazprenet,
Ha salvet net pobl an bet man. »

CAYPHAS

Convertisset eu an pret man
Hon couraig cruel en goelvan;
Goa ny lo man pan viomp ganet!
Gant aoun a spount ez confontaf
Ha mervell mic a quennygaf!
Soezaf a grafnac ouf clafvet!

ANNAS.

Dre ma le, me carhe clevet
Diouz Joseph an guyr effet.
Ha ne gon quet pe dre fet ve
Ez galhemp e cafout souden?
Da testaf deomp ny, Ancien,
Compsou certen an termen se?

AN MAREC.

Mas ve huy crenn en quemennhe
Dre un re dispar a carhe,
Me a crethe ez deuhe prest;
Ha gant quacc un den a faeczon
De pidif gant affection
A compshe dre raeson onest,

---

[1] *Var.* Da map nen du goap quet.

J'affirme qu'il ne vous repousserait pas, malgré les traitements honteux que vous lui avez fait subir. Dépêchez-lui donc la personne dont je parle, qui le trouvera, si elle en prend la peine, et vous instruira de tout.

CAÏPHE.

Nicodème, qui prit sa défense, est, je le sais, un de ses grands amis; c'est, de plus, un homme de qualité, et tel qu'il nous le faut dans le cas présent; je crois qu'il ferait ce que nous désirons, s'il le mandait. Allons, parle-lui donc le plus tôt possible.

LE CHEVALIER.

Je vais m'informer de Nicodème.

†

JOSEPH.

Je me rends à Jérusalem; je vais devant moi d'un pied leste et dégagé, jusqu'à la demeure de Nicodème, où je m'arrêterai. Lui et Gamaliel sont mes parents, mes amis et mes conseillers; je vais donc les voir.

LE CHEVALIER.

Noble et aimable Nicodème, les Princes sont très-

Ha nos refuse quet, me dest,
Non obstant huy re manifest
Ha disonest en molestas :
Eguyt se un re dre moean
En cafhe, mar lacahe poan,
Hac es compshe deoch glan an cas.

CAYPHAS.

Nichodemus, hen excusas,
So desaf, men goar, un car bras,
Ha so den a choas en cas lem;
Ef ve a grahe, a credaf,
Mar en quemennhe daved af;
Deomp, comps out af an quentaf tem.

AN MAREC.

Me gouxvexo dioux Nichodem.

†

JOSEPH.

Me a ya da Hierusalem
Tizmat, devoat, rac ma drem,
Bede Nichodem hep remet;
Ef, hep sy, ha Gamaliel,
Ma tut ham querent em quentel;
Ha rac se me yel do quelet.

AN MAREC.

Nichodemus gracius net,
Goall comps oux Joseph en effet

contrariés de ne pouvoir parler à Joseph. Si vous vouliez bien le décider à une entrevue avec eux, vous les rendriez extrêmement heureux.

JOSEPH (*entrant chez Nicodème*).

Bonjour, bonjour, Nicodème.

NICODÈME.

Bonjour, mon cher neveu. Comment cela va-t-il?

JOSEPH.

Très-bien, par la grâce du doux Jésus, mon très-aimable Maître.

NICODÈME.

Sois le bienvenu. Voici un messager des Princes, qui voudrait savoir s'il te conviendrait, vu l'embarras où ils se trouvent, d'aller un peu jusqu'à eux.

JOSEPH.

Je ne m'occupe point de leurs rêveries; je ne veux pas leur parler; je n'irai point les trouver; mais qu'ils viennent ici eux-mêmes, si cela leur convient, et j'écouterai avec attention leur affaire, sans aucun délai.

NICODÈME (*au chevalier*).

Allez, et dites-leur qu'ils viennent tout de suite, que

Ez eu an princet morchedus;
Maz ve huy ve oux deurfe quet
E quemenn dre nep tenn en bet,
Ho gra'iech diremet hetus.

JOSEPH.
Dez mat deoch lem, Nichodemus.

NICHODEMUS.
Hu dihuy, ma ny gracius;
Penaux, pe en stat?

JOSEPH.
Ebatus,
Trugarez en courtes Iesus,
Ma Maestr gracius diuset.

NICHODEMUS.
Deuet mat a devry ra vihet.

Chetu cannat an Prelladet
So deuet da guelet, credet se,
A huy oar se ho deurfe quet,
Rac ma int y pridiriet,
Monet un nebeut daved e.

JOSEPH.
Nem emellaf tam ho rambre;
Ne mennaf nep rout comps out e,
Monet entreze ne dleaf;
Hoguen deuent aman dre manyer
Ha me a clevo, a tro sclaer,
Ho mecher, hep guer differaf.

NICHODEMUS.
Eih avancet, leveret scaf
Deze donet hep arretaf

13.

je les invite à dîner. S'ils désirent vraiment lui parler, qu'ils fassent diligence; à table, ils pourront s'entendre avec lui.

LE CHEVALIER.

Je cours leur dire où en sont les choses; je ne veux pas perdre un instant; mais en leur parlant de nouveau, je ne leur rapporterai, en homme prudent, qu'une partie des bonnes vérités qu'il a dites.

NICODÈME.

Allez donc, et courez vite.

GAMALIEL.

Je vous souhaite le bonjour, à vous que j'aime plus que personne au monde, assurément, ô Joseph d'Arimathie.

JOSEPH.

Je vous le rends bien. Depuis que je suis sorti de prison, tous mes soucis se sont changés en joie; non, je n'aurai plus jamais de chagrin.

†

LE CHEVALIER (*aux princes des prêtres*).

Seigneurs, je vous l'annonce, vous allez retrouver

Hac en ho couviaf affet.
Mar mennont nep rout comps out af
Deuent tixmat, oar son ebataf,
Da communicaf gant af net.

AN MAREC.

Me ya hep mar da lavaret
Deze an doare, gouzvezet,
Na ne mennaf quet arretaf;
Quent se clouar, hep digarez,
Me compso dezo a nevez
Darn a an guiryonez [1] *anezaf.*

NICHODEMUS.

It oar se apret, querzyt scaf.

GAMALIEL.

Dex mat dich [2] *guefret a peda₁*
Nep a caraf gant muyhaf ira
So enn [3] *holl bet, na lequet sy,*
Joseph ab Arimathia.

JOSEPH.

Ha deoch pleñ. Goude estrenva,
Quement amoa a amloary
So troet breman en levenez:
Bizhuyquen tristez nem bez muy.

†

AN MAREC.

Autronez,
Joseph a queffet, na ret sy,

---

[1] *Var.* Daru a'n guyrionez. — [2] Deoch — [3] So e'u.

Joseph que vous désirez tant revoir; j'arrive de chez Nicodème.

ANNE.

Quelle réponse ont-ils faite ?

LE CHEVALIER.

Aimable, gracieuse pour chacun de vous; nul refus de leur part et même, apprenez-le, Nicodème vous invite à venir dîner chez lui.

CAÏPHE.

A quelle heure ?

LE CHEVALIER.

A l'instant; le dîner est prêt; il vous prie de ne pas le faire attendre; ainsi donc, hâtez-vous, ne tardez pas.

ANNE.

Quels sont ses hôtes?

LE CHEVALIER.

Gamaliel est l'un d'eux.

CAÏPHE.

Mettons-nous donc en route; c'est convenable; allons le voir tout de suite.

Nep a mennet huy curius :
Me tha lem hant [1] *Nichodemus.*

ANNAS.

Pe leveront y?

AN MAREC.

Gracius,
Oux pep hetus, na reffuset;
Nichodem, credet lem hep muy,
A menn ex eheut [2] *bet e ty,*
Gant af exouchuy couviet.

CAYPHAS.

Pe da heur?

AN MAREC.

Hep fellell quet;
Da leyflaf [3] *scaf, hep tardaf pret,*
Oux pet ex eheut; dan pret se
Houx em haslet hep quet dale.

ANNAS.

Piou so en ty?

AN MAREC.

Gamaliel.

CAYPHAS.

Deomp oar se hon hent en quentel;
Emtromp [4], *hep fellell, de guelet.*

---

1 *Var.* Gant. — 2 *Ez ehet* — 3 Da leynff, *lege* Leiffaff. — 4 Entromp.

GAMALIEL (*à Nicodème*).

Je cours, entendez-vous, je cours prévenir les princes des prêtres de venir tout de suite au rendez-vous.

ANNE (*rencontrant Pilate*).

Venez avec nous, mon seigneur Pilate; vous serez bien aise, j'imagine, de voir Nicodème.

PILATE.

Allons gaiement où vous voudrez; oui, ce sera pour moi un grand plaisir.

GAMALIEL (*aux princes des prêtres*).

Je vous salue, grand Prévôt, et vous aussi, Anne et Caïphe, chacun selon votre dignité; hâtez vos pas, nous voici rendus chez Nicodème.

PILATE.

Bonjour à tous en cette maison, et à vous d'abord, Joseph; j'avais un grand désir de vous voir.

JOSEPH.

Je vous souhaite toutes sortes de bonheurs. Moi aussi, je l'avoue, je désirais vous voir en particulier.

GAMALIEL.

Me ya ma hent, hac ententet,
Eguyt querchat an prelladet
Da donet affet a pret mat.

ANNAS.

Deuet guen empny, matrou Pylat,
Huy so a poellat[1] ebatus
Da guelet lem Nichodemus.

PYLAT.

En lech max querhet deomp hetus;
Me yel hep reffus joaus bras.

GAMALIEL.

Dez mat dihuy tost, provost bras,
Ha deoch splann pep queserann, An-
Ha Cayphas; pep pas hastet,   [nas,
Chetu ny en ty arriuet.

PYLAT.

Dezmat en ty man bremun net.
Ha dihuy, Joseph, gant effet ·
Hoant meur doux guelet me amoa.

JOSEPH.

Ha deoch en effet me pet joa.
Ivez hoant amoa, me a cret,
Entroch un quentel doux guelet.

---

1 *Var.* A poyellat.

NICODÈME.

Or ça, seigneurs, asseyez-vous.

CAÏPHE.

Joseph, sans vous faire un discours, nous vous disons brièvement que nous vous souhaitons bonne santé.

JOSEPH.

Maintenant, grands seigneurs, gens de condition, anciens du peuple et vous, princes des prêtres, veuillez m'apprendre, je vous le demande, pourquoi vous m'avez adressé un message.

ANNE (*bas à Nicodème*).

Nicodème, ayez l'obligeance de lui demander qu'il nous explique, en quel état, comment, et par le secours de qui, il est sorti de prison.

NICODÈME.

Joseph, mon ami, parlez : dites selon les faits, la raison et la vérité à ceux qui sont ici présents, qui vous a mis hors de la grande tour? Parlez-nous particulièrement de Jésus, et de vos rapports avec lui.

JOSEPH.

Je parlerai sans aucune feinte, seigneurs.

NICHODEMUS.
Orcza, Autronez, asezet.

CAYPHAS.
Joseph, hep guer, bref en effet
Ni a pet ez vihet cafet mat.

JOSEPH.
Ha huy, princet bras, tut a stat,
Pobl dereat, ha prelladet,
Leveret huy, me ouz dimenn,
Pe da penn ez ouf quemennet.

ANNAS.
Nichodemus, na reffuset,

Out af goulennet a fet don,
Pe en stat no pe dre atis
Na pe en guys ez deuz an prison.

NICHODEMUS.
Joseph, compset huy, ma mignon,
En present ho facc an faecxon
An raeson hac on guiryones
An tour bras piou ouz lamas hu[1]?
Ha compset espres a Iesu,
Hac an contenu ouz buhez[2].

JOSEPH.
Hep nep finction, Autronez.

1 *Var.* Piou ouz lamas chuy. — 2 Hoz buhez.

CAÏPHE.

Joseph, voici la Loi; jurez hautement sur elle que vous dites la vérité.

JOSEPH.

Je commencerai par là, croyez-le bien.

ANNE.

Joseph, nous avouons que nous vous avons trop rudement traité et châtié pour avoir pieusement enterré Jésus, sans notre permission et notre aide, après l'avoir trop tôt descendu de la croix.

JOSEPH.

Je vais vous raconter les choses comme elles se sont passées, sans les altérer, et le prodige tel qu'il a eu lieu. En vérité, le vendredi, quand j'eus été pris et jeté au fond du cachot des gémissements, je trouvai mon sort bien dur, croyez-moi ;

J'étais là renfermé dans un lieu ténébreux, noir et horrible, où j'avais mille ennuis, faim et soif, où je ne voyais pas un rayon de lumière; et j'y restai plongé dans

---

CAYPHAS.

Joseph, chelu aman an Rez;
Touet en parfet oar neze
Ez compset leal evalse.

JOSEPH.

Hennez, credet, prim a grif me.

ANNAS.

Joseph, ny a goar an doare
Ez gresomp ny rustony re
Ouz ide ha se az grevaz,
Rac bezhat Iesu a tu glan
Hon congie na hon moean,

E disquenn re buhan an croas.

JOSEPH.

Me a lavar deoch glan an cas
Ha, hep guer gou, marvaillou bras
Evel maz coezas [1]. A tra sur,
Dan guener, pan viouf quemeret,
En an toull a hyrvout boutet,
Viouf re callet, credet don;

Eno ez oann clos hac obscur,
Du hac euzic, bezet sigur,
Ma emoa sur displigiadur re,
Sechet ha naon, hep guelet gleur [2]

---

[1] *Var.* Sonyaz. — [2] Den.

une grande angoisse, jusqu'à une heure, le dimanche matin.

Alors, voici ce que je vis : La grande tour ronde où j'étais s'enleva de terre, et une grande clarté brilla au haut des airs, et une si bonne odeur se répandit de toutes parts que personne jamais n'en sentit de plus agréable ;

Je fus si fortement secoué qu'un grand effroi s'empara de moi, que je commençai à suer et à trembler, et que je tombai la face contre terre, comme un homme mort ou blessé. Mais je fus relevé soudain,

Et une voix, qui me rassurait, se mit à me parler ainsi très-doucement : « Ouvre tes yeux avec bonheur, et tu verras clairement par qui tu es délivré.

« Va, pour te confirmer dans ta foi, va au tombeau où tu portas et couchas mon corps ; tu y verras plié le linceul dans lequel je fus enveloppé, ce linceul acheté par toi-même. »

Quen na viouf plen en ancquen meur
Bede ann heur diczul beure.

Neuse fournis ez guylis se :
An tour meur crenn maz e doenn me
A gourree ahane plen,
Uhel enn aer ha sclaerder bras,
A sante pep stat quen mat blas
Bizcoaz guell choas ne guelas den.

Nen doann quet quen ferm dan termen
Nam boe divergont un spont yen,
Maz huesenn certen ha crenaf,
Ha coezaf dan douar parfet,
Evel marv myc pe pystiguet.

Hac ez viouf net savet scaf;

Neuse un voez, ne fell soezaf,
A troas da prezec an huecaf.
Oux ifme crenn, hep quen affet
« Digor gant joa da doulagat
« Hac ez guyly adevry mat
« Nep pe gant ezout translatet;

« Quae, maz vizy certifflet,
« Beden bez maz voe gourvezet
« Ma corff en lech net te en tretas ;
« Eno ez guyly an lien
« Maz viouf dastumet drecet plen;
« A tra certen te en prenas. »

Il dit encore qu'il viendrait, cruel, terrible, impitoyable, épouvantable, accompagné de mille fléaux; oui, qu'il viendrait bientôt venger durement sa mort par la main d'un peuple étranger.

CAÏPHE.

Voilà des paroles de blâme trop effrontées, trop étranges, odieuses et désordonnées! Est-ce que vous pensez effrayer ceux qui vous écoutent par l'expolsion de votre fureur? Vous vous trompez fort en cela.

JOSEPH.

Peu m'importe que vous vous fâchiez; et, d'abord, je ne vous crains pas; vous perdez ici vos caquets; car celui dont la main me protége vous enverra, quand il lui plaira, à vous et à nos compatriotes, un châtiment de sa façon.

NICODÈME.

En voyant le monde si méchant, je ne puis, en aucune manière, blâmer cet homme de vous tenir ce langage, car il vous connaît; c'est le dépit d'avoir commis une injustice qui vous le rend trop importun.

Ha hoaz [1] *hep mar ez lavaras*
Ex deuzye gant crueldet bras
Da revangiaf glas, diblas yen,
Ya, e maro gant mil garvder,
Ha gant estlam, en berr amser,
Ent fier, dre estrangerien.

CAYPHAS.

Re manifest, ha re estren
A compsou eusyc bizhuyquen
Ha disordren on reprenet!
Huy a desef nep ho clevhe
Gant an boat [2] *ouz gront ex sponthe?*
En se exouch re decevet.

JOSEPH.

Ne raf estim mar venimet, [?]
Rac da quentaf nouz [3] *dougiaf quet;*
Coll poan a ret ma quaquetaf,
Rac nep am goarant dre coantis,
Pan caro hâ huy hon broys
A ray de guys hoz punissaf.

NICHODEMUS.

An bet a cruel ouz guelaf [4]
En rep hent e reprehendaf
Rac disclaeryaf deoch scaf affet
Ha comps deoch, pan goar an doare;
Dren depit ouz iniquite,
Coufhat se ous gra re grefvet.

---

1 **Var.** Ha choaz. — 2 Gant an bout. — 3 Noz. — 4 Hoz gueiaf.

ANNE.

Quelque parti qu'on prenne, on doit cacher la faute, s'il y en a, et ne pas tant bavarder.

PILATE.

Je comprends maintenant votre méchanceté et celle de Caïphe, ô Anne; quoi! sous des cheveux blancs! Hélas! malheur à moi! à moi qui ai fait la folie d'y participer! Lorsque je vous cédai, j'avais perdu la tête, et j'ai eu tort de ne pas résister davantage à vos projets.

O hommes que rien ne corrige, oui, c'est un acte infâme et détestable, un acte qu'on ne peut réparer, quelque désir qu'on en ait, un acte inouï, sans remède, je le reconnais, que celui que j'ai commis de sang-froid à votre demande; je vous le dis avec un extrême regret;

Et jamais je ne dirai bien, croyez-le, ni quel chagrin, ni quelle douleur, ni quel remords, ni quel tourment m'arrachent le cœur jusqu'à la racine. Quand j'y songe, je deviens furieux et intraitable, et c'est merveille que je n'en perde pas la santé.

ANNAS.

Dre faecxon ex dlehech [1] monet,
Mar deux drouc, e dle bout douguet
Secret, hep quet a quaquet bras.

PILAT.

Me entent splan, ha huy guen cann!
        [Annas,
Hox fallony ha heny Cayphas;
Goa me! allas! pan viof dan cas assant
Dre fall squient! Dan poent ma ho
        [syntis
Un follex oa, ha memoa drouc avis
Na resistis doux an pris [2] souvissant.

Un cas yffam leun a blam suramant,
Na ell bout quet reparet competant
Eguyt nep hoant, tut neant amantet,
Ameux gret yen hare estren, men quar,
En hox requet, diremet, hep quet mar;
Deoch men lavar dre un glachar par-
        [fet;

Ha bizhuyquen an anquen nan penet
Nac an cafvou [3] a grizyou ma coudet,
Pe vex lamet, nan regret, credet se.
Dren dissemper fier a quemeraf
Hac an hyrder, pan en consideraf,
Ez marvaillaf dreiz af na clavaf me.

[1] *Var.* Ez dlech. — [2] Doz ampris — [3] An cafvaou.

O peuple inepte, méchant, né dans le mal, peuple haineux et injuste, qui vous pendrait ne ferait que son devoir! je vous châtierai quelque jour ou j'y perdrai mes peines, je vous en donne ma parole d'honneur; je sais comment il faut se prendre pour cela!

N'êtes-vous pas mal pensants, mal appris, mal avisés, malveillants, malfaisants, et mal nés, remplis de vices, d'erreurs, de déraison, de rapine et de profonde méchanceté;

N'êtes-vous pas pires que des chiens, un vrai type de grossièreté, un peuple maudit, entêté, brûlé d'envie et de désirs coupables; un peuple léger, enclin au mal, perverti, cruel, à moitié fou, enlacé par mille péchés?

Vous ne voyez donc pas, en étudiant la loi de votre croyance, que ce qui est marqué dans vos livres, dans vos prophéties, dans vos grandes Écritures, commence à s'accomplir? N'y trouveriez-vous point, soit dit sans

---

Pobl ynorant, mechant, a drouc antre,
Leun a depit hac a iniquite,
Nep oux ⸤ crouche a rahe e dever!
Moz punisso undro pe a collo poan,
Credet seder ha fier an guer man;
Rac me goar glan an moean han
                              [manyer!

An douchuy [2] [leun] meurbet a drouc
                              [preder,
A drouc speret hac... [3] caleter,
A drouc esper hac [a] drouc pridiry,
A drouc study, a drouc condicion,
Leun a exces, puignaes ha diraeson,

Estorcion hac a don fellony.

Goax eguyt con [4], patron a rustony,
Pobl milliguet, obstinet, hep quet sy,
Claf gant afoy ha drouc pridiriou,
Tut variant, a drouc hoant, mechantet,
Leun a crizder, hanter disemperet,
En mil pechet torticet hep quet gou [5].

Na sellech rez diox ho fez, ex dexrou
An matery a ho prophecion,
Ho lefryou ha ho scrypturiou bras?
A huy cafse evelse enn hey [6]

---

1 *Var.* Hoz. — 2 *An douchuy.* — 3 Hac a...., *probabl.* hag a drouc. — 4 Goax euyt con. — 5 Gaou. — 6 E'nhey.

vous blesser, ancune mention, aucun témoignage concernant clairement le Messie?

La chose est évidente aujourd'hui pour chacun; nous avons commis un grand crime, un crime précipité, odieux; nous avons condamné un homme à la mort la plus cruelle qui pût être rêvée, sans être sûr qu'il fût coupable.

Que maudite soit votre nourriture! que mille gémissements et mille tourments, que le malheur et l'infortune soient votre partage! voilà les vœux que je ne me lasse pas de former. Quant à moi, aucun homme ne me réjouira plus jamais, quelque caresse qu'il me fasse, tant que je vous verrai; et je crois fermement que je ne vivrai pas longtemps.

†

JÉSUS.

La paix soit avec vous, hommes choisis ! je reviens pour vous voir, tandis que vous êtes assemblés en grand secret.

Nep mention, quent ober rustony,
Na testeny devry a Messias?

Sclaer en breman da pep unan an cas
En onreux graet parfet un torfet bras
Hastif, diblas; hac un trepas assur
An cruelhaf a guell bezaf affet
En nep manyer fier consideret.
Na ne domp quet bezet en andret sur.

Me [a] pet hoax ma malloz do mezurl
Mil huanat ha mil displigiadur,

Drouc avantur, ha drouc eur furmet !
Rac bizhuyguen dre den ne louenhif
Eguyt nep cher, pan hox considerif;
Avis eu dif, nep sy, na bevif quet [1].

†

JÉSUS.

Peoch dihuy, pep guys diuiset!
Deuet ouf adarre do guelet [2],
Pan ouch gueffret en secret bras.

---

[1] *Var.* Na deuif quet. — [2] Doz guelet.

Ah ! Thomas, écoute-moi : tu devais croire en moi, en me voyant, disais-tu ; eh bien, me voici.

Bienheureux mille fois celui qui a cru humblement en moi, avant de m'avoir vu ! Pour toi, tu as failli en ceci : Regarde ce trou ; quelle plaie ! examine-la bien, Thomas ; la voilà, touche-la, et tu croiras.

THOMAS.

Mon bon Maître ! mon Dieu ! ma joie ! mon espoir ! mon vrai Roi ! ô vous qui êtes, qui fûtes et qui serez ! Mon Seigneur glorieux et béni ! je vous en supplie du fond de mon cœur, pardonnez-moi sans réserve !

Vous êtes le bien éternel ; vous n'aurez jamais de fin. Vous êtes et vous serez à jamais, Seigneur, la joie du Ciel et de la foi, et du monde d'un bout à l'autre ; vous êtes sans fin et sans commencement.

Je vous rends grâces pour vos bienfaits et pour toutes vos consolations ! Oui, le ciel et la terre sont à vous,

---

A! Thomas, entent an cas man :
Pa em guelez ez credez glan
En ouf; breman me guel an cas.

Guenn e bet parfet a credas
En ouf ufvel, quent em guelas !
Ha te a fallas en cas se :
Chede an toull, pebez gouly !
Thomas, sell vaze; chede hy,
Touig out y, ha maz credide.

THOMAS.

Ma Autrou hegarat, ma Doe !
Ma joa! ma desir ! ma guir Roe !

Nep so, a voe hac a vezo!
Ma Maestr glorific, benniguet !
A coudet huec me ho requet [1],
Em pardonhet na fellet tro !

Huy eu mat pep stat a pado;
Bizhuyquen finvez nous [2] bezo;
Huy eu nep so, dre vezo gnou,
Autrou, an joa dialahez,
An bet, het ledan [3], hac an fez;
Huy so hep divez na dezrou.

Me rent deoch soullacc ho graczou
Ha propicc oux [4] beneficzou !

---

[1] *Var.* A caoudet chuec me hoz requet. — [2] Noz. — [3] Helledan. — [4] Hoz.

vous êtes le vrai Fils du Dieu saint, le Créateur de l'univers, vous avez racheté la race humaine, je le crois de toute la force de mon cœur.

ICI FINIT LA PASSION.

Huy liou [1] knech ha tnou louen,
Guyr map Doe glan, Croer an bet,

Oux [2] eux hat humen daxprenet;
Men cret parfet a coudet plen.

Var. Chuy biaou. — [2] Hox.

AMAN EZ ACHIEF AN PASSION.

TROISIEME PARTIE

LES DIALOGUES

DE LA PASSION

FRAGMENTS POPULAIRES INÉDITS

LES DIALOGUES

DE LA PASSION

SCÈNE PREMIÈRE

L'AGONIE DE JÉSUS

LE RÉCITATEUR.

Venez entendre les dialogues de la Passion de notre vrai Seigneur.

Le Jeudi saint, quand la nuit fut close, Jésus monta sur la colline.

✝

SAINT PIERRE.

Tous les autres ont beau dormir, moi je ne dormirai point, je veux veiller avec mon Maître.

Divizou ar Basion

I

ANKEN JEZUZ.

ANN DISKANER.

Deud da glevet ann divizou
A Basion hor gwir Aotrou

D'ar Iou amblud, pa serras nos,
E pignas Jesus war ar ros.

✝

SANT PER,

Pa gousk ann holl me na gouskinn,
Beilla gand va Mestr e fell d'in.

14

Le voilà qui dit sa prière là-bas appuyé contre un arbre

Dont les feuilles sont dorées et les extrémitées argentées;

Les racines couleur de sang, et le long duquel l'eau ruisselle.

L'eau ruisselle de chaque feuille, elle tombe sur l'herbe goutte à goutte.

Malheur à nous! Ce n'est pas de l'eau qui ruisselle, c'est le sang du Sauveur Jésus!

Il sue le sang et l'eau; il est étendu dans une mare.

Il sue à grosses gouttes; hélas! j'ai pitié de lui!

Il sue à gouttes grosses et larges! l'herbe est toute rouge autour de lui!

Seigneur Dieu, Sauveur des hommes, quel Mystère terrible commence pour vous!

'Ma o lavaret he beden
Va hont e harp troad eur wexen,

Deliou anexhi alaouret
Blenchou anexhi arc'hantet;

Griou anexhi liou d'ar goad;
Ann dour o ver' a hed he xroad.

Ann dour a ver a bep delien
War ar geot poken ka poken.

Goa ni! Ne d-eo ket dour a ver

Nemet goad Jexus ar Salver!

C'huexi ra ann dour hag ar goad;
Hag hen kouexet enn eur poullad.

C'huexi ra a bannegou bras;
Truex am eux out-han, siouax!

Bannegou bras ha ledanet!
Ar geod enn -dro d'ezhan ruxiet!

Aotrou Doue, Salver ann dud,
Derru gan- e-hoc'h eur gwall-Vurxid!

JÉSUS.

Pierre, ne vous étonnez pas si vous me voyez suer le sang;

Avant qu'aucun coq chante le jour, vous me renierez avec serment,

Et vous direz : «Je le jure, je ne connais pas cet homme-là. »

La plus grande douleur qui frappe mon cœur est de me voir renier en face.

SAINT PIERRE.

Vous renier! Je ne le ferai jamais! j'aimerais mieux étre pendu.

JÉSUS.

Pour pendu vous ne le serez point, Pierre, mais bien moi Jésus votre Maître.

Oui, vous serez infidèle envers moi, une fois, deux fois et jusqu'à trois.

Écoutez tous, peuples du monde, écoutez mon cri d'angoisse!

JEZUZ.

Per, na vezit ket souezet
Ouc'h ma gwelet o c'huezi goaed.

Kent na gano killok d'ann de,
Am dianzafot dre ho le,

Hag e leverrot : « M'hen toue,
N'anavezann ket ann den-ze.

Gwasa glachar eo em c'haloun,
Gober dianzav dirag oun.

SANT PER.

Ho tianzav! me na rinn ket!
Gwell vez gan-in beza krouget!

JEZUZ.

Evit krouget na vezit, Per,
Nemet me Jezuz, ho Mester;

Ha c'houi gaouiad enn ma c'henver
Eur weach, di-weach, ha beteg teir.

Selaouit holl, poblou ar bed,
Selaouit va leo estlammet!

Je vous ai créés, je vous rachèterai, quoi qu'il en puisse advenir;

Je veux vous empêcher, petits et grands, d'aller dans l'enfer de glace avec Satan;

Je veux empêcher la gueule de l'enfer de vous engloutir chair et os, le jour de votre jugement;

La gueule de l'enfer, toujours ouverte, large et spacieuse comme la mer.

(*Aux apôtres.*)

Vous dormez et vous êtes silencieux; le monde et le vent font silence.

Quel long gémissement j'entends! La terre a le frisson.

Du fond de la mer blanchissante s'élève un grand cri au-dessus des forêts.

La mer s'élance hors de son lit; le cri de douleur domine le bruit des flots.

M'eux ho krouet, me ho preno,
N'eus forz petra a c'hoarvezo;

Mir na iefac'h, bihan ha braz,
D'ann ifern ien gand Satanaz;

Mir n'ho lonko geus ann ifern,
E deiz ho parn, kik hag eskern;

Geus ann ifern, bepred digor,
Frank ha ledan evel ar mor.

(D'ann ebestel.)
C'houi so kousket, hag o taguel,
Kousket ar bed hag ann aguel.

Pe skrijaden hir a glerann?
Ema ann douar er grildran.

Ann inaou euz ar mor gwenn
E teu eur goa hir dreist pop prenn;

Ma ar mor o tont euz he lec'h;
Ar moror dreist han a so trec'h.

Les montagnes s'ébranlent; le ciel regarde et pleure d'angoisse.

Les étoiles du ciel s'obscurcissent, la lune tombe et bout dans la mer.

O pêcheurs, vous verrez de vos yeux dresser demain la croix du Sauveur,

La croix du Sauveur sur le calvaire à la vue de toute la terre,

Et toute rouge du haut en bas du sang sacré du cœur du Fils de l'Homme.

Vous reverrez un jour les clous qui ont cloué votre vrai Seigneur;

Vous verrez les épines de sa couronne briller comme des étoiles autour de son front.

Et on vous entendra dire : « Secourez-nous, Sauveur du monde!

Ar menesiou en em zispenn.
Ann oabl u wel hag a c'hoel tenn.

M'ar stered enn env o koenvi,
M'al loar er mor don o virvi.

Pec'herien, c'houi a welo skler
Gwinta' war c'hoaz kroaz ar Salver,

Kroaz ar Salver war ar C'halvar,
Hag hi anat mad d'ann douar;

Hag hi ruziet a-benn-da-benn
Gant goad santel kalon Mab-den.

C'houi a welo c'hoaz ann tachou
Ho deuz griet ho kwir Aotrou,

C'houi a welo ar gurun spern
O steredenni war he gern.

Hag ho klevor o lararet;
« Hor sikourit, Salver ar bed!

14.

Tirez-nous du puits de Lucifer, où la fureur est éternelle.

Ayez pitié de nous! nous ne savions pas que c'était vous qui étiez pendu là. »

De pitié, hélas! vous n'en trouverez point, quoique j'aie pris votre fardeau,

Quoique je n'aie été que plaie et sang depuis la tête jusqu'à la plante des pieds,

Quoique mes larmes aient coulé comme la source de la montagne dans la rivière.

Seigneur Dieu, roi de l'univers, que feront les âmes que se perdre?

Quand j'irais mille fois à la mort, mille fois elles pécheraient encore.

Éloignez de moi, mon Seigneur, ce calice plein d'immondices!

Dioc'h punz Lusifer hon tennit,
Ma zo dizemper disempit.

Truez ouz-omp! ne c'hoviemp ket
Ez oa c'houi oa vaze krouget. »

Truez, allaz! n'ho pezo tamm.
Evid oun da gemer't ho samm,

Evid oun met gouli ha goad
Adale penn bet plant ann troad,

Evit ma daelou da ziver
Evel ar waz oc'h kreac'h d'ar ster.

Aotrou Doue, Roue ar bed holl,
Pe rei ann eneou ne met koll?

Pa'z afenn mil gweach d'ar maro,
Mil gweac'h e pec'hent war eunn dro.

Pellait ouz-in, va Aotrou,
Ar c'halur leun a viltansou!

Lorsque j'en approche les lèvres, mon pauvre cœur est prêt à défaillir.

L'ANGE.

Hélas! hélas! ô doux Jésus, c'est ceci une lamentable agonie!

Prenez courage, et buvez au salut de ceux que vous avez créés.

JÉSUS.

Quand je n'en sauverais qu'un seul, je boirai ce calice.

Oui! je te bois, calice de salut! Mon Père, que votre volonté soit faite!

SCÈNE II

LE CHEMIN DU CALVAIRE

LE RÉCITATEUR.

Le vendredi saint, à midi, ce fut pitié de voir Jésus,

Pa dostann va genou out ha,
Va c'haloun baour a venn fata.
ANN EAL.
Allaz! allaz! klouar Jezuz,
Hou-ma eunn anken druezuz!

Kemeret kaloun, hag evet
Da iac'hat re oc'h euz krouet.
JEZUZ.
Na pa iac'hfenn nemet unan,
Me a evo ar c'halur-man.

Da! kalur a zilvidiges!
Da rinn, va Zad, ho polountez!

II

HENT AR C'HALVAR.

ANN DISKANER.

Da wener ar groaz, da greiz-tez,
Gwelet Jezus oe eunn druez.

Sa lourde croix sur ses épaules, et allant au mont du Calvaire.

†

SAINT JEAN.

Il serait cruel, le cœur qui ne pleurerait pas en passant par le chemin !

En voyant Jésus tout brisé, en voyant mon cousin béni !

Il va par vaux, il va par monts ! je le suivrai n'importe où il ira.

Que la montagne du Calvaire est haute !... Que le chemin est rude, qu'il est long !

A chaque détour du chemin, il s'affaisse ; à chaque mare il tombe dedans !

Jésus ! c'est ceci une tournée ! Parmi la boue, parmi le sang !

Vos traces à vous sont reconnaissables, vos traces ont une bonne odeur.

He groas bouner sammet gant ha,
O vont da venez Golgotha.

†

SANT IANN.

Kriz vez ar galoun na c'hoelfe
E biou ann hent neb az afe!

Gwelet Jezuz a zo torret,
Gwelet va c'henderv benniget!

Mont ra d'ann traon, mont ra d'ann
[neac'h !

Hen heulia rinn n'euz forz pelsac'h.

Menez Kalvar nag hen huel !
Na tenn ann hent, na da bad pell !

E pep korn ann hent e soupa;
Kément poull zo e kouez enn ha!

Jezuz! ou-ma zo eunn droad !
Etouez ar fank, etouez ar goad !

Ho roudou-t'nouia zo anat,
Ho roudou zo antt-hq c'houez-vad.

A mesure que j'avance, je les trouve ; à mesure que je les trouve, je les baise ;

Je les baise, en pleurant beaucoup ; je ne puis que cela, pauvre malheureux Jésus !

Je pleurerai jusqu'à la mort ; les filles du pays pleurent aussi.

JÉSUS.

Taisez-vous, jeunes filles, ne pleurez pas, en me voyant sous mon fardeau ;

C'est sur vous seules que vous devez pleurer amèrement désormais.

Avant peu, on entendra dire : « Bienheureux le ventre stérile,

Bienheureux le ventre stérile et les mamelles infécondes ! »

SAINTE VÉRONIQUE.

Avec la coiffe qui couvre mon front, je vais lui essuyer le visage.

Tre ma'z ann araog me ho c'haf,
Ha tre m' ho c'havann me ho aff;

Me ho aff, enn eur c'hoela druz;
Ne c'hallann ken, paour-kaez Jezuz !

Goela rinn beteg ar finvez,
Merc'hed ar vro ar ra ivez.

JEZUZ.

Tavit, merc'hed, na c'hoelet tamm,
Ouc'h va gwelet dindan va zamm;

Nemet war-n-hoc'h-c'houi hoc'h unan,
Eo red goela tenn a-vreman.

Abarz nemeur e vo klevet :
« Gwenvidik ar c'hov na zoug ket,

Gwenvidik ar c'hov na zoug ket,
Kouls hag ann divron na vag ket ! »

SANTEZ VERON.

Ar c'houricher diwar va fenn
E torchinn gant-han he gerc'hen.

Essuyez la sueur de votre front, cher Jésus, avec un pan de ma coiffe.

Pauvre agneau de Dieu, aussi blanc que neige; il sera cruel celui qui vous égorgera sur la montagne!

(*A sa sœur.*)

Tenez ma coiffe, ma sœur, emportez-la à la maison;

Mettez-la au fond de votre coffre et conservez-la bien.

N'allez pas la laver dans l'eau de la rivière, car elle garde le sang du Sauveur;

N'allez pas la laver dans l'eau de la prairie, car elle garde le sacré sang de notre Père;

N'allez pas la laver dans l'eau du torrent, ou c'en est fait du monde.

LA SŒUR DE SAINTE VÉRONIQUE.

Ma chère petite sœur, donnez-la-moi, je la mettrai au fond du coffre;

Dic'huezit ho tal, Jezuz ker,
Gond ar penn euz va c'houricher.

Oanik Doue, ker gwenn hag erc'h;
Na kriz neb ho lazo ouc'h kreac'h !

(D'he c'hoar.)

Dalit, va c'hoar, va c'houricher
Kasit-han gan-e-hoc'h-c'houi d'arger;

E kornik ann arc'h likit-han,
Ha pezet preder anezhan.

Na d-it ket gant-han d'ann dour-ster,
Rag ema 'barz goad ar Salver;

Na d-it ket gant-han d'ann dour-prad,
Rag e ma 'barz goad glan hon Tad;

Na d-it ket gant-han d'ann dour-red;
A-hend- all eo great gand ar bed.

C'HOAR SANTEZ VERON.

Va c'hoarik ker, list-han gan-in,
E kornik ann arc'h he likin;

Au fond du coffret d'ivoire, qui est entouré de trois cercles d'argent,

Et où il y a des herbes odoriférantes, de la lavande, du thym et du muguet.

SCÈNE III

L'ARBRE DE JUDAS

LE RÉCITATEUR.

QUAND il vit son Maître portant la croix, Judas prit la fuite.

✝

L'ANGE GARDIEN DE JUDAS.

Dis-moi, Judas, je te prie, où vas-tu donc et d'où viens-tu ?

JUDAS.

Je viens de vendre mon Maître, et je m'en vais me pendre.

L'ANGE.

Écoute-moi, Judas, moi ton bon ange, moi le messager de Jésus :

E korn ann arc'hik olifant,
Zo war-n-ezhi tri c'hib arc'hant,

Enn diabarz louzou c'houez-flour,
Lavan, ha tim, ha lili-dour.

III
GWEZEN JUZAZ.

ANN DISKANER.

Pa welaz he Vestr gand ar groaz
Tec'het kuit a reaz Juzaz.

✝

EAL MAD JUZAZ.

Lavar d'in, Juzaz, me az ped,
Ma'z ez te, na ma'z out-te bet ?

JUZAZ.

Ma Aotrou oun bet d'he werza.
Ha mont a rann d'en em grouga.

ANN EAL.

Kleu te me, Juzaz, da eal mad,
Aberz Jezuz ha me kannat ;

Judas, Judas tu vas te perdre; demande pardon au souverain Maître;

Demande pardon au souverain Maître, et il te pardonnera souverainement.

Il ne créa aucun homme pour le perdre, pas plus le sage que le fou.

JUDAS.

Comment pourrait-il me pardonner? Trop grand est le crime que j'ai commis!

L'ANGE.

Dieu est aussi prompt à pardonner que l'homme à pécher.

JUDAS.

Comment pourrait-il me pardonner? j'ai envoyé son fils au gibet.

L'ANGE.

Quoique ce soit malheureusement vrai, il te fera miséricorde, si tu regrettes ton péché.

Si tu regrettes ton péché, il te fera miséricorde : reviens vers lui et tu verras :

Juzaz, Juzaz, te za da goll;
Goul pardoun digant Penn-ann-holl;

Goul pardoun digant Penn-ann-holl,
Hag az pardouno dreist ann holl;

Na grouaz den da vont da goll,
Na nikun fur na nikun foll.

JUZAZ.

Penaoz ouffenn bout pardounet?
Re vraz ann torfed am euz gret.

ANN EAL.

Ker prim eo Doue da bardouni
Eget ann den d'hen offensi.

JUZAZ.

Penaoz ouffenn bout pardounet?
Kas he vab d'ar groug am euz gret.

ANN EAL.

Evit out da rout great, dre reuz,
Truez e kavi, mar 't-euz keuz;

Mar 't-euz keuz truez e kavi;
Distro out-ha, hag her gweli.

Son sang n'est pas encore tari, il coule encore le long de ses joues.

JUDAS.

S'il coule, ce n'est pas pour moi, j'ai vendu ce sang trente deniers.

J'aperçois là-bas un sureau ; je vais m'y pendre.

Je m'y attacherai de mes deux mains, à la plus haute branche que je trouverai.

Les bourreaux sont prêts ; ils vont jouer leur rôle de chiens furieux, pour m'enlever du monde.

Maudit soit le monde ! maudite soit la lune ! maudit soit le jour ! maudite soit la terre !

Maudit soit le père qui m'a nourri, maudite soit la mère qui m'a enfanté, maudits soient les Juifs, et damnés !

Maudit soit tout être créé, hors Jésus ; je ne le maudis pas.

N'eo ket eat c'hoaz he c'hoad da hesk,
Hed he ziou jod a ziver fresk.

JUZAZ.

Mar ziver evid-on n'eo ket,
Tregont diner m'eus hen gwerzet.

Eur skaven tu-hont a welann,
D'en em grouga oui-hi ez ann.

Gant va daouarn en em staginn,
Ouc'h ann huella skour ma kavinn.

Ann diranted a zigaset,
C'hoari ho chas da zirempred,
Kas ma lemel diwar ar bed.

Mallos d'ar bed! mallos d'al loar!
Mallos d'ann heol, ha d'ann douar!

Mallos d'ann tad 'n eus ma maget,
Mallos d'ar vamm eus ma ganet,
Mallos d'ar Juzevien daonet!

Mallos da gement zo krouet,
Nemet da Jezus, na rann ket.

SCÈNE IV.

LA CROIX

LE RÉCITATEUR.

Cᴏᴍᴍᴇ Jésus était sur la croix, sa mère dans la douleur vint, ·

Sa mère bénie vint à se rencontrer avec son neveu saint Jean désolé.

✝

LA VIERGE.

Saint Jean, mon neveu, dites-moi, pourquoi ne me saluez-vous pas ?

SAINT JEAN.

Ma sainte tante, je vous en prie, excusez mon impolitesse,

Je ne pouvais pas bien voir, tant j'ai de larmes dans les yeux;

IV

AL LAMGROAZ.

ANN DISKANER.

Pa oa Jezuz war al lamgroaz,
Digouezas he vamm enn he gloaz;

Digouezat he vamm benniget
Gant he niz sant Iann glac'haret.

✝

AR WERC'HEZ.

Sant Iann, va niz, d'in leveret;
Pe rag tra n'am saludet ket ?

SANT IANN.

Va moerep santel, me ho ped,
Trugarez ouz-in ho pezet:

Ne oann ket evit gwelet mad,
Gand ann daelou em daoulagad;

Mon esprit est égaré, et mon cœur est fendu en deux;

Je reviens de la montagne et j'y ai vu une croix nouvelle;

Une croix nouvelle et très-haute — malheur à mon cœur! — qu'on est en train de dresser.

A elle est suspendu un Prophète qui n'a fait que du bien au monde;

A elle est attaché un Roi; à elle est cloué un Dieu.

Quinze cent seize Juifs ont entendu lire la sentence de votre divin fils.

Hélas! oui, ma tante, je ne peux plus vous le cacher, votre pauvre fils est cloué à cette croix.

LA VIERGE.

Mon saint neveu Jean, je n'y puis croire; ne me mettez pas la mort dans l'âme.

Je vais voir par moi-même si c'est vrai ou si c'est faux.

Va speret a zo dianket,
Ha va c'haloun daou-kanteret.

Me zo o tont dioc'h ar menez,
Hag a weliz eur groaz nevez,

Eur groaz nevez hag hi huel,
Siouaz d'am c'haloun! o sevel.

Out-hi eo krouget eur Profoed,
N'en deuz great nemet mad d'ar bed;

Out-hi eo staget eur Roue;

Out-hi eo griet eunn Doue.

C'houezek Juzev mil ha pemp kant
O klevet lenn barn ho map sant.

Allaz! moerep, n'hallann nac'h mui,
Ho mabik zo griet out-hi.

AR WERC'HEZ.

Sant Iann, va niz, n'her gredann ket,
Glac'har em c'haloun na leket.

Me za ma unan da welet
Hag ef eo gwir, hag ef n'eo ket.

Je vois trois croix élevées dans les airs, et trois hommes attachés aux trois.

Saint Jean, saint Jean, ô cousin de Dieu, lequel est mon fils ?

SAINT JEAN.

C'est celui qui est le premier, et sur la croix la plus élevée, avec un juif de chaque côté;

C'est celui qui lance trois jets de sang, l'un à la mer, 'autre aux forêts, et le dernier aux plaines de la terre.

JÉSUS.

Saint Jean, saint Jean, cousin de Dieu, emmenez ma pauvre mère loin d'ici,

Emmenez-la chez vous; elle sera votre mère et vous serez son fils.

SAINT JEAN.

Retirons-nous tous deux, pauvre mère, à l'écart, puisque Jésus l'ordonne expressément.

Sauveur Jésus, montez au ciel! Le monde un jour vous verra triomphant!

Me wel teir groas savet enn er
Tri den staget out he ho zeir.

Sant Iann, sant Iann, kenderv Doue,
Pehini ann tri va mab-me?
SANT IANN.
Ann hini zo er penn-kenta
Hag hen war ar groaz huella,
Eur Juzev a bep tu d'ezha;

Ann hini daol tri banne goad,
Unan d'ar mor, unan d'ar c'hoad,
Hag unan all d'ann douar plad.

JEZUZ.
Sant Iann, sant Iann, kenderv Doue,
Kasit va mamm baour a le-se,

Kasit-hi gan-e-hoc'h-c'houi d'ho ti :
Hi vo mamm d'e-hoc'h, c'houi map
[d'ezhi.
SANT IANN.
Deomp hon daou, mamm baour, a
[gostez,
Pa c'hourc'hemen Jezuz a brez.

Salver Jezuz. pignit d'ann ear !
Ar bed enn-dro he kwelo sklear!

ÉPILOGUE

LE RÉCITATEUR.

Que nous gardons peu la mémoire de la douleur et de la haine que Jésus endura pour nous!

Convertis-toi, pécheur, et toi pécheresse, et toi juif et toi juive, et toi païen et toi païenne!

Regarde Marie qui sort de chez Pilate où elle a été demander son fils en soupirant et les yeux noyés de larmes.

Une telle douleur lui frappe le cœur qu'aucune semblable ne frappa jamais le cœur d'aucune femme: un glaive transperce ses deux seins.

Ar C'himiad

ANN DISKANER.

Ken nebeut a goun hor beuz-ni
Euz ar boan nag ar gasoni.
Gouzanvaz Jezuz 'vit hon-ni!

Distro, pec'hour ha pec'hourez,
Na te Jusev ha Juzevez,
Na te pagan ha paganez!

Sel ouc'h Mari a di Pilat,
O klask he mab enn huanat,
O strinka'nn dour he daoulagat.

Eur c'hlac'har o skei he c'halon,
Mar skoaz biskoaz kalon itron;
Treuzet gand eur c'hlenv he divron.

Otons nos bonnets à la croix, en nous prosternant avec respect, et en pleurant de vraie pitié.

Quand Jésus a versé son sang jusqu'à la dernière goutte, versons des larmes de bon cœur.

Maintenant, en l'honneur des cinq Plaies, nous allons prier.

Disons d'abord le *Pater Noster;* et ensuite l'*Ave, Maria.*

†

Dimanche matin, en me levant, je vis trois anges sur la colline, puis Pierre, Jean et Jésus-Christ.

Tous trois étaient assis sous un arbre, le plus beau qu'on ait jamais vu; et force fruits pendaient au-dessus de leur tête.

Que l'âme de notre père, que l'âme de notre mère (Dieu les garde de toute peine!) soient entre les bras de mon seigneur saint Jacques!

Diwiskomp hor boned d'ar-groez,
Enn eur stoui gand azaouez,
Enn eur c'hoela gant gwir druez.

P'en deuz skuillet Jezuz he c'hoad,
Beteg ann diveza berad,
Skuillomp daelou a galoun vad.

Brema enn enor d'ar Gouliou
Ni lavaro ar pateriou.

Ar Pater noster da genta;
Ha goude Ave, Maria.

†

Disul vintin aba zaviz
Tri eal war ar roz a weliz
Ha Per ha Iann ha Jezuz-Krist.

Hag ho zri dindan eur wezen,
Ar c'haera welaz den biken,
Froueziou eleiz a uz d'ho senn.

Ene hon tad, ene hor mamm,
(Doue d'ho miro a estlamm!)
Etre divreac'h m' Aotrou sant Ialm.

Que notre corps aille en terre bénite, et notre âme à la cour de la Trinité avec Jésus-Christ, lé Sauveur du monde !

†

Quiconque joue la Passion ou la récite d'un cœur pur, obtient trois cents jours d'indulgence.

Qui ne la joue pas et l'écoute a part aux mérites qu'on gagne dans les Confréries.

FIN.

Hor c'horf d'ann douar benniget,
Hon ene e lez ann Drindet
Gant Jezuz-Krist, Salver ar bed !

⁝

Neb a c'hoari ar Bazion

Pe he diskan a wir galon
En deuz tri-c'hant deiz a bardon.

Neb n'he c'hoari hag he selaou
En deuz lod euz ann dellidaou
A c'hounez ar Breuriezacu.

DIVEZ.

TABLE DES MATIÈRES

TROISIÈME PARTIE.

FIN DE LA TABLE.

Lightning Source UK Ltd.
Milton Keynes UK
UKOW07f1907041017

310424UK00005B/522/P

9 781143 302176